D1731132

Iusti Lipsii *De Amphitheatro* et *De Amphitheatris quae extra Romam libellus*

Brill's Studies in Intellectual History

Brill's Texts and Sources in Intellectual History

Iusti Lipsii
De Amphitheatro et *De Amphitheatris quae extra Romam libellus*

*Lipsius' Buch über Amphitheater,
eine textkritische Ausgabe mit Übersetzung,
Einführung und Anmerkungen*

von

Andrea Steenbeek

BRILL

LEIDEN | BOSTON

Cover illustration: Iusti Lipsii De Amphitheatro liber in quo forma ipsa loci expressa et ratio spectandi cum aeneis figuris, Antuerpiae apud Christophorum Plantinum MDLXXXIX, S. 7

Library of Congress Cataloging-in-Publication Data

Steenbeek, Andrea.
    Iusti Lipsii De Amphitheatro et De Amphitheatris quae extra Romam libellus : Lipsius' Buch über Amphitheater, eine textkritische Ausgabe mit Übersetzung, Einführung und Anmerkungen / von Andrea Steenbeek.
        pages cm. – (Brill's studies in intellectual history ; volume 236) (Brill's texts and sources in intellectual history ; 14)
    Includes bibliographical references, appendices, and index.
    ISBN 978-90-04-28517-0 (hardback : alk. paper) – ISBN 978-90-04-28558-3 (e-book) 1. Colosseum (Rome, Italy) 2. Amphitheaters–Rome. 3. Lipsius, Justus, 1547-1606. 4. Lipsius, Justus, 1547-1606. De amphitheatro liber. 5. Lipsius, Justus, 1547-1606. De amphitheatris quae extra Romam libellus. I. Lipsius, Justus, 1547-1606. De amphitheatro liber. II. Lipsius, Justus, 1547-1606. De amphitheatris quae extra Romam libellus. III. Title. IV. Title: Lipsius' Buch über Amphitheater, eine textkritische Ausgabe mit Übersetzung, Einführung und Anmerkungen.

DG68.S74 2015
    937'.63–dc23

2014044576

This publication has been typeset in the multilingual "Brill" typeface. With over 5,100 characters covering Latin, IPA, Greek, and Cyrillic, this typeface is especially suitable for use in the humanities. For more information, please see www.brill.com/brill-typeface.

ISSN 0920-8607
ISBN 978-90-04-28517-0 (hardback)
ISBN 978-90-04-28558-3 (e-book)

Printed by Printforce, the Netherlands

Inhaltsverzeichnis

Liste der Bilder

Vorwort

Nach der Publikation der *Saturnales Sermones*, möchte ich *De Amphitheatro* folgen lassen. Die Bücher gehören zu einander. In den *Saturnales Sermones* beschreibt Lipsius alle Aspekte und alle Arte der Gladiatorenspiele und Tierhetzen und auch schon die Orte, wo sie platzfanden, aber in *De Amphitheatro* gibt er eine viel detailliertere Beschreibung dieser Bauen, die historisch und archeologisch sehr interessant ist. Die *Saturnales Sermones* und *De Amphitheatro* gehören beide zu Lipsius' Vorhaben eine vielumfassende *Fax Historica* über die Geschichte und die Bräuche vieler Kulturen zu publizieren.

Lipsius hat die *Saturnales Sermones* und *De Amphitheatro* kurz nacheinander am Anfang seiner erfolgreichen Periode in Leiden herausgegeben. Genau darum erschien es mir interessant in der Einleitung Lipsius' Leben in Leiden so zu beleuchten, dass es begreiflich werden könnte, dass Lipsius, der in Leiden sehr hochgeschätzt wurde, sehr erfolgreich war und viele Freunde hatte, während beinahe dieser ganzen Periode so fest entschlossen war, wieder abzufahren.

Professor dr. Christoph Auffarth danke ich für sein Interesse und speziell für seine wertvollen Hinweise und Korrekturen und das alles größtenteils während seiner Sommerferien auf Kreta!

Professor dr. Henk Jan de Jonge danke ich herzlich für seine vernünftigen Ratschläge und hilfreichen Informationen.

Auch bin ich Pater Ignaz Maria Ringhofer csj sehr dankbar, der mit Engelsgeduld mein Deutsch korrigiert hat. Es war für mich von unschätzbarem Wert, dass er das wiederum tun wollte.

A.S.

Lipsius' Leben bis zu seinem Aufbruch aus Leiden

In diesem Kapitel möchte ich, nach einem kurzen Resümee der Phase vor seiner Berufung nach Leiden, erklären, wie Lipsius in Leiden lebte, wie er seine Aufträge entledigte, wie er sein Amt und seine Beschäftigungen erlebte, wie sehr man ihn schätzte, wie sehr man ihn liebte und vor allem warum er, dessen ungeachtet, wieder aufbrach. Obwohl es über Lipsius' Periode in Leiden eine reichliche Menge Literatur gibt, ist hier die entscheidende Quelle doch seine Korrespondenz, durch die man chronologisch die Abfolge der Ereignisse verfolgen kann. Daneben sind wegen der damaligen Verflochtenheit der Kirche mit der Universität die Akten des Kirchenvorstandes eine wichtige Quelle[1].

Löwen, Köln, Rom und Wien

Lipsius wurde am 18. Oktober 1547 in Overijse bei Löwen geboren. Seine Eltern hießen Gillis Lipsius und Isabella Petirivia. Sie hatten auch eine Tochter, Maria, und waren gutsituierte Leute. Zwischen 1553 und 1564 besuchte Justus Lipsius nacheinander die Parochialschule in Brüssel, die Lateinschule in Ath und die Jesuitenschule in Köln[2].

In Köln studierte Lipsius Altphilologie und begann mit dem Noviziat des Jesuitenordens[3]. Das gefiel aber seinen Eltern nicht. Darum brach er das Noviziat ab, so behauptete Lipsius[4]. Nach seiner Abreise aus Köln begann er an der Universität Löwen mit dem Jurastudium und schaffte das Baccalaureat. Daneben studierte er noch weiterhin Altphilologie. Als seine Eltern 1565 starben, setzte er das Studium fort. Seine erste Publikation, die *Variarum Lectionum libri*

---

1 Von diesen Akten gibt es vier Bände im regionalen Archiv Leiden (Nederlandse Hervormde Kerkenraad, Bd. 1, 21, 141 und 160). Diese Bände geben Informationen ab 1574. Am Beginn des letzten Bandes (160) steht: Aantekeningen getrokken uit Geregts en Burgemeestersdagboeken, Rekeningen en het Kapittel ten Hooge Lande en der zeven Getijde goederen en andere stukken op het Raadhuis te Leiden voorhanden. Der Inhalt ist ausschließlich kirchlich. Es handelt sich um Pfarrer, die kommen und gehen, Streitigkeiten zwischen Pfarrern untereinander, zwischen Theologieprofessoren und Pfarrern und so weiter. Aber leider gibt es keine kirchlichen Mitgliederlisten.

2 ILE XIII, 00 10 01, 42–64 und ILE I, 64 05 29 von Nicolaus Basilicus, Einführung.

3 Siehe auch J. De Landtsheer, *Pius Lipsius or Lipsius Proteus?* In *Between Scylla and Charybdis* ..., ed. J. De Landtsheer und H. Nellen, Leiden 2011, S. 307 und Anmerkung.

4 ILE XIII, 00 10 01, 65–66.

© KONINKLIJKE BRILL NV, LEIDEN, 2015 | DOI: 10.1163/9789004285583_002

iv, veröffentlicht bei Plantin, widmete er Kardinal Antoine Perrenot de Granvelle, der in Rom lebte. Lipsius wollte gerne auch nach Rom übersiedeln aus Liebe für die Antike, wie er in *De Amphitheatro*, aber auch in seiner autobiographischen Brief[5] schreibt. Er kam dort im Herbst 1568 an. Im Mai 1569 wurde Lipsius der Privatsekretär des Kardinals de Granvelle[6]. Lipsius nutzte seine Zeit in Rom intensiv. Er sammelte Inschriften, die er später herausgeben sollte[7] und besuchte viele Vorlesungen. Er hatte aber Heimweh, vertrug das Klima nicht und brach wieder auf.

So kehrte er am April 1570 wieder zurück nach Löwen, wo er 1571 das Bakkalaureat seines Jurastudiums erzielte. Wie er später erzählte, hatte er in Löwen das Leben genossen[8]. Seine Zimmerwirtin, Anna van den Calstere heiratete er zwei Jahre später, als sie Witwe geworden war[9]. Zuvor jedoch reiste er weiter. Er reiste unter anderem via Lüttich Richtung Wien[10]. In Lüttich begegnete er Carolus Langius. Mit ihm diskutierte er über die Stoa. Carolus Langius kommt in Lipsius' erstem stoischen Werk vor, in *De Constantia* ist er der Lehrer, der Lipsius unterrichtet. Lipsius erreichte nach dieser Reise Wien und blieb da kurze Zeit. Er amüsierte sich, fand aber keine Anstellung und reiste wieder ab.

Jena

Auf der Rückfahrt landete er 1572 in Jena. Er war seines Erachtens auf der Flucht vor einem drohenden Krieg[11]. Mit deutlichen Worten gab er Alva an seiner mittellosen Situation die Schuld und fragte den Senat um Hilfe[12]. Das hatte Erfolg: Er wurde als Professor für Geschichte und Rhetorik berufen. Nach den Statu-

---

5   ILE XIII, 00 10 01, 83.

6   ILE I, 69 00 00 an Nicolaus Florentius, Einführung.

7   *Inscriptionum Antiquarum quae passim per Europam liber, accessit auctarium a Iusto Lipsio*, Antuerpiae 1588. Lipsius' Sammlung erschien also als Beitrag zum Werk von Martinus Smetius.

8   ILE XIII, 00 10 01, 98–99.

9   ILE I, 71 07 06 an Marcus Antonius Muretus, Anmerkung 88 und J. IJsewijn, *Justus Lipsius, (1547–1606): Verdiensten en betekenis van een groot geleerde*, in: Lipsius en Leuven, catalogus van de tentoonstelling in de centrale bibliotheek te Leuven, 18 september–17 oktober 1997, ed. G. Tournoi, J. Papy en J. De Landtsheer, Leuven 1997, S. 11.

10   ILE I, 72 06 00 an Nicolaus Biesius, Einführung.

11   J. Papy, *Lipsius and the German Republic of Letters*, 2002 (Internetausgabe), gibt in Anmerkung 6 Literatur über Lipsius' Aufenthalt in Jena.

12   ILE I, 72 09 15 J an dem Senat der Universität, vgl. ILE I, 72 10 15 an Johann Wilhelm von Sachsen.

ten der Universität in Jena waren Mitarbeiter verpflichtet, die Konfession von Augsburg zu unterschrieben. Zweifellos hat er das getan oder jedenfalls den Eindruck gemacht, der *Confessio Augustana* zuzustimmen, denn dies wurde über ihn gesagt:

> Der Senat verlieh ihm die Befähigung, Vorlesungen zu halten, unter der Bedingung: Er musste einerseits rein im Bekenntnis sein, als auch die formale Qualifikation haben und einen Beweis seines guten Lebenswandels beibringen. Er sprach ein eindeutiges Glaubensbekenntnis aus, auch über das heilige Abendmahl[13].

Denn die dogmatischen Differenzen zwischen dem Katholizismus und den beiden protestantischen Konfessionen bedeuteten ihm nichts[14]. Manchmal bringen Gelehrte die Reden, die Lipsius in Jena gehalten hat, ein, um seinen überzeugten Protestantismus, oder hier seine lutherische Konfession, zu beweisen, jedenfalls seine damalige Loyalität dem Luthertum gegenüber[15]. Aber die Reden zeigen nur seine Aversion gegen Kriegsgewalt und auch gegen theologische Streitigkeiten, worin er sich, auch später noch[16], nie einmischen möchte. Und außerdem begriff er immer ganz gut, dass er durch öffentlich ausgetragene Uneinigkeiten geschädigt würde. Mitten im Streit kann man nicht ruhig arbeiten.

Beobachten wir die *Oratio De Duplici Concordia*[17]: Wie Lipsius in der Einführung dieser Rede auseinandersetzt, handelt es sich hier um Eintracht, einerseits die Eintracht innerhalb der Kirche und andererseits die innerhalb der Universität. Erst fordert Lipsius die Studenten auf, seriös und beharrlich zu studieren.

---

13 ILE I, 72 09 15 H an Tilemann Hesshusen. In der Einführung wird Tilemann Hesshusen, der Lipsius bei seiner Bewerbung in Jena half, zitiert als er Lipsius dem Fürst empfiehlt: *Senatus Lipsio concessit facultatem legendi modo et purus esset in confessione et gradum haberet et testimonium vitae adferret. Insignem edidit confessionem, etiam de caena domini.*

14 Siehe: *Iusti Lipsii Saturnalium Sermonum libri duo, qui de gladiatoribus, Lipsius' Saturnaliengespräche, eine textkritische Ausgabe mit Übersetzung, Einführung und Anmerkungen,* Leiden, Boston 2011, S. 40–43.

15 Zum Beispiel: A. Gerlo, M.A. Nauwelaerts, H.D.L. Vervliet, ILE I, S. 78–79; J. Roegiers, *Justus Lipsius Academicus,* S. 24, in Lipsius en Leuven, catalogus van de tentoonstelling in de centrale bibliotheek te Leuven, 18 september–17 oktober 1997, ed. G. Tournoi, J. Papy und J. De Landtsheer, Supplementa Humanistica Lovaniensia 13, S. 19–31; M. Morford, *Stoics and Neostoics, Rubens and the Circle of Lipsius,* Princeton 1991, S. 127.

16 ILE I, 82 05 14 H an Jan van Hout, 6–7: ... *decretum illud meum ... rebus religionis non misceri.* (dieser Beschluß von mir ... mich nicht in religiösen Themen zu mengen.)

17 *Iusti Lipsi de duplici concordia oratio, non prius edita,* Tiguri 1600, Internetausgabe.

Studenten ohne eine gute Studienhaltung findet er unnütz[18]. Dann fährt er mit dem Wunsch nach Frieden und Eintracht fort und wendet sich gegen die Streitigkeiten in der Kirche und zwischen den Theologen an der Universität[19]. Um in Jena überzeugend zu wirken, brauchte er natürlich die Stütze Luthers und Melanchthons. Also ruft er sie aus dem Grab. Er führt sie sprechend ein: Sie sind wütend auf ihre undankbaren Nachfolger: Sie haben den Menschen nach Jahren des römischem Aberglaubens und römischer Unterdrückung die Wahrheit und das Licht des Evangeliums gebracht[20]. Das war hoffentlich doch nicht umsonst. Also müsse man in Jena die Einheit bewahren gegen die römische Kriegsgewalt und nicht sich gegenseitig bekämpfen. Lipsius ruft auch zur Würde auf. Er versucht, das nationalen Selbstwertgefühl anzustacheln, und spricht über die Freiheitsliebe der Germanen: Sie haben doch keine sklavische Natur ...[21]!

Hier handelt es sich um die Ruhe, die Lipsius für sein Leben und Werken brauchte. Selbst formuliert er das in der Rede so, dass er nichts über die Theologie erörtere. „Streit habe ich mir an diesem Ort eingehandelt, nicht eine spezifische Lehre."[22] Diese Reden haben nichts mit seiner religiösen Überzeugung zu tun, jedenfalls spricht diese nicht hieraus, wohl aber eine Abneigung gegen Gewalttätigkeiten und Streit.

Die Unruhen und die Kriegsgewalt, die aus der katholischen Kirche hervorgingen, verwendete Lipsius in seiner Argumentation als abschreckendes Beispiel für die Lutheraner, die immer stritten. Auch als er viele Jahren später Leiden für Löwen tauschte, zeigte er, wie einfühlsam er sein konnte, um glaubwürdig zu wirken.

Und es gab in Jena sicherlich Probleme und Streit. In Briefen klagt Lipsius über die Uneinigkeiten innerhalb der lutherischen Kirche[23]. Und bezüglich der Universität erzählt Lipsius zum Beispiel mit Abscheu über den Hinauswurf der vier Professoren, die strikter lutheranisch waren als die anderen, wie Lipsius, und die wohl bleiben konnten[24]. Er wäre selbst auch noch ge-

---

18   *Ibidem*, S. 3–4. Vgl ILE I, 73 06 01 (an den Studenten der Universität von Jena), von ab Z. 50.

19   *Iusti Lipsi de duplici concordia oratio*, non prius edita, Tiguri 1600, Internetausgabe, S. 2–3, die Ankündigung und dann von ab S. 6.

20   *Ibidem*, S. 16–20.

21   *Ibidem*, S. 20.

22   *Ibidem*, S. 12: *Nihil de Theologia disputo: querelam mihi sumsi hoc loco, non doctrinam.*

23   Zum Beispiel ILE I, 73 01 01 an Joachim Camerarius. Vgl. auch die Anmerkungen zu Z. 17 und 30.

24   ILE I, 73 07 03 an Joachim Camerarius, 5–7: *Qui status Academiae nostrae sit, audisse te iam opinor ab aliis. Professores omnes veteres abdicare coacti sunt, quatuor exceptis, in quibus Doctor Ellingerus et ego remansimus.* (Wie die Situation unserer Universität ist,

blieben[25], 1574 reiste er aber ab. Er behauptete, dass er gehen musste, weil seine Frau nicht in Jena leben wollte[26]. Auch litt er unter der Kritik weil man es in Jena nicht schätzte, dass er seinen Magister noch nicht innehatte, nur den Baccalaureus, den aber hatte er erworben sowohl aus dem Jurastudium und der Altphilologie[27].

Er hat in Jena nichts publiziert, aber doch hat er dort seine Tacitusausgabe und seinen *Antiquarum Lectionum Commentarius* druckfertig gemacht. In dieser Zeit erwog man in Rom, die Ausgabe des Tacitus auf den Index zu setzen[28]. Also ging Lipsius ein Risiko ein, zumal weil er wieder ins katholische Löwen zog.

Wiederum in Löwen; Einladung von Dousa

Lipsius absolvierte das Jurastudium und wurde Dozent für römische Geschichte in Löwen. Anfänglich wohnte er noch eine Weile in Overijse, wo seine Familienbesitztümer waren, aber durch die Kriegsgefahr war das nicht länger möglich und darum übersiedelte er nach Löwen[29].

Janus Dousa, Kurator an der Universität Leiden, lud ihn September 1577 für eine Professur in Leiden ein[30]. Für Dousa war es wichtig, gute Wissenschaftler zu haben, zugunsten des Rufs der Universität. Die Anziehungskraft fähiger Professoren konnte die Anzahl der Studenten vergrößern.

Anfang 1578 schrieb Lipsius Dousa, dass er die Unruhe in der Umgebung von Löwen nicht länger ertragen wollte[31] und er teilte ihm seinen Entschluss mit,

---

hast du, denke ich, schon von anderen gehört. Man hat alle langjährigen Professoren gezwungen, ihr Amt niederzulegen, mit Ausnahme von vieren. Zu ihnen gehören der Gelehrte Ellingerus und ich, die bleiben konnten.)

25   ILE I, 73 07 03 an Joachim Camerarius, 9–10: *mihi quidem stat, nisi procellae illae patriae nostrae deserint, nihil mutare.* (für mich jedenfalls steht es fest, sicherlich nicht zu übersiedeln, wenn die Angriffe auf unsere Vaterstadt nicht aufhören.)

26   ILE I, 74 04 01 an Andreas Ellinger, Einführung.

27   ILE I, 73 02 26 J an Johann Wilhelm, ins Besondere die Einführung, ILE I, 73 02 26 M an Gervasius Marstaller, ILE I, 73 02 26 T an Eberhard von der Tann und ILE I, 73 03 11 an Gervasius Marstaller.

28   ILE I, 74 07 00 an Maximilian II, die Widmung der Tacitus Ausgabe von Lipsius, Einführung.

29   ILE I, 75 11 20 an Cornelius Valerius.

30   J. De Landtsheer, *Lieveling van de Latijnse taal, Justus Lipsius te Leiden herdacht bij zijn vierhonderdste sterfdag*, Leiden 2006, S. 28.

31   *Ibidem*, S. 29.

die Einladung anzunehmen und an der Universität Leiden arbeiten zu wollen bis die Sonne in seiner Heimat wieder scheinen würde. Auch in zwei anderen Briefen erklärt er seine Übersiedlung nach Leiden so[32]. Auffällig genug bringt er also jetzt schon, vor seiner Berufung, eindeutig zum Ausdruck, dass er Leiden wieder verlassen wird, sobald der Krieg aus seiner Heimat gewichen ist[33]. Er plante von vornherein, das Amt nur zeitweilig innezuhaben.

Lipsius' geniale Ausstrahlung war in der Tat günstig für die Universität. Als Lipsius ungefähr 13 Jahre später Leiden verließ, fürchteten viele, auch Dousa, darum einen Rückgang an Studenten.

Lipsius' Periode in Leiden; Grund für einen Aufenthalt in Leiden

Am 5. April 1578 wurde er in Leiden zum Professor der Geschichte und Rechts-wissenschaften berufen[34]. In der Historiographie war er sehr produktiv, in den Rechtswissenschaften ganz und gar nicht. Als Lipsius gerade in Leiden ange-kommen war, zeigte er sich zufrieden: In Leiden kann er endlich Ruhe genie-ßen, er bekommt eine gute Position und wird gut bezahlt. Er betrachtete seine letzte Arbeit und seine Unterkunft in Löwen, wahrscheinlich wegen der Kriegs-gefahr, als unbeständig und unsicher, dennoch trauerte er um Löwen[35].

Doch auch Leiden erfüllte ihn mit wichtiger Sinngebung. Er hat das Beste daraus gemacht in zweierlei Hinsicht: Einerseits durch seine Publikationen, in denen er seine stoische Lebenslehre dem internationalen gelehrten Publikum mitteilte, andererseits durch seine konstruktiven Beiträge am Wachstum und am europaweiten Ruf der Universität.

---

32 ILE I, 78 04 01 an Janus Lernutius und Viktor Giselinus und ILE I, 78 09 03 an Andreas Schottus.

33 ILE I, 78 04 01 an Janus Lernutius und Viktor Giselinus, 3–7 und Anmerkungen: ... *nunc vita frui quasi per umbram. Circumagunt me hae turbae in Numidae morem* (sc. *wie ein Nomade*) *et adhuc discurri sine lare, sine certis sedibus, quas tamen positurus in Batavis videor, ordinum vocatu et stipendio sanequam honesto. Sed temporaneas, non perpetuas: saltem, dum hae consilescunt turbae atque irae leniunt.* Die letzte Zeile ist ein Zitat aus Plautus: *Miles gloriosus* 583.

34 ILE I, 78 04 03 an Philippe de Lannoy und P.C. Molhuysen, *Bronnen tot de geschiedenis der Leidsche universiteit*, 1. Bd., 1574–7 februari 1610, Den Haag 1913, S. 6.

35 ILE I, 78 10 27 an Theodorus Canterus, 5–10: *Nam ego post discessum meum a vobis, hic Lugduni haesi: non alia caussa, quam ut patriae meae procellas audirem potius, quam cum periculo meo spectarem. Professio mihi historica oblata est cum stipendio honesto, quam visum est non spernere, donec rebus nostris adfulsisset melior aliqua lux. Nam turbae quo-modo augeantur in dies, vides. Lovaniensium ruinam* (ita enim dicendum est) *sane doleo ...*

Widerwärtigkeiten an der Universität

Beobachten wir seine Erfahrungen in Leiden! Manchmal behauptet man, Lipsius sei die ersten Jahren in Leiden glücklich und zufrieden gewesen und die letzte Jahren nicht mehr und wollte darum dann aufbrechen[36]. Vielleicht war er in den ersten Jahren glücklicher als später, aber in seiner ganzen Korrespondenz aus der Periode in Leiden dominiert doch der Eindruck, dass die Situation und seine Arbeit ihm dort durch alle Streitigkeiten und Probleme ziemlich schwer fielen.

Er hatte in Leiden auch viel Ärger durch die Streitigkeiten. Für das Wohl der Universität sah er sich gezwungen zu intervenieren, aber er wollte am liebsten studieren und publizieren und die Stoa weltbekannt machen. In Leiden wurde genau das sein Ziel[37]. Natürlich empfand er dann alle anderen Beschäftigungen als unnötig viel. Aber er hatte und zeigte viel Verantwortungsgefühl. Außerdem tat er alles offenbar immer mit Hingabe. Anders hätte er sich auch nicht so unentbehrlich für die Universität gemacht. Studenten kamen speziell seinetwegen nach Leiden, selbst dann, als er schon aufgebrochen war, und manche das noch nicht glauben konnten[38]. Als er dann wirklich endgültig verschwunden war, dachten viele, dass die Universität zugrunde gehen würde und alles in Leiden farblos würde[39].

Denn er plante konstruktiv mit, dachte einen Lehrstuhl für Anatomie aus[40], versuchte Professoren zu gewinnen[41] und bei Streit zu vermitteln[42]. Er stellte

---

36   Zum Beispiel J. De Landtsheer, *Pius Lipsius or Lipsius Proteus*, in Between Scylla and Charybdis, ed. J. De Landtsheer und H. Nellen, Leiden 2006, S. 315–316. Ich dachte das auch, siehe *Iusti Lipsii Saturnalium Sermonum libri duo, qui de gladiatoribus, Lipsius' Saturnaliengespräche, eine textkritische Ausgabe mit Übersetzung, Einführung und Anmerkungen*, Leiden, Boston 2011, S. 37.

37   *Iusti Lipsii Saturnalium Sermonum libri duo ...*, 2011, S. 13–33.

38   ILE IV, 91 03 17 von Johann Wilhelm Stucki.

39   ILE IV, 91 05 17, ILE IV, 91 06 24 V, ILE IV, 91 06 30 Z, ILE IV, 91 07 02 L und ILE IV, 91 07 06.

40   H.J. Witkam, *Introductie tot de dagelijkse zaken van de Leidse Universiteit van 1581 tot 1596*, s.l. 1969, S. 4.

41   Zum Beispiel ILE I, 78 05 01: Franciscus Hotomannus aus Genf. (Das ist ihm nicht gelungen, siehe auch P.C. Molhuysen, *Bronnen tot de geschiedenis der leidsche universiteit*, 1. Bd, 1574–7 februari 1610, Den Haag 1913, S. 6–7) und seinen Freund Viktor Giselinus, siehe unten.

42   J. De Landtsheer, *Lieveling van de latijnse taal, Justus Lipsius te Leiden herdacht bij zijn vierhonderdste sterfdag*, Leiden 2006, S. 53.

sich dem Leitungsgremium der Universität zur Verfügung: Mehrmals war er Rektor, 1579–1581[43], 1581 und 1583 wurde er Assessor[44] und in 1587–1588 war er wiederum Rektor[45]. 1591 wollte man ihn noch einmal zum Rektor machen, aber er war beizeiten aufgebrochen[46]. Aber auch als er kein Rektor war, fühlte er sich mit verantwortlich und hatte darum mit allen Problemen an der Universität zu tun[47]. Und nicht nur innerhalb der Universität: Regelmäßig gab es Streitigkeiten zwischen Theologen der Universität und Pfarrern[48]. P.C. Molhuysen gibt hiervon ein gutes Bild, ebenso die Akten des Kirchenvorstandes, aber noch mehr Informationen erfährt man aus Lipsius' Briefen, an denen man aus vielen Bemerkungen beobachten kann, wie sehr er unter den Uneinigkeiten litt. So schrieb Lipsius 1581 in Briefen über drohende Unruhen in der Kirche im Allgemeinen und den Streit um Caspar Coolhaes im Besonderen, der letztendlich exkommuniziert wurde[49]. Später wurde Coolhaes wie-

---

43   P.C. Molhuysen, *Bronnen tot de geschiedenis der Leidsche universiteit*, 1. Bd., 1574–7 februari 1610, Den Haag 1913, S. 7 und 13.

44   *Ibidem*, S. 17.

45   *Ibidem*, S. 47 und 53.

46   J. De Landtsheer, *Pius Lipsius or Lipsius Proteus*, in *Between Scylla and Charybdis*, ed. J. De Landtsheer und H. Nellen, Leiden 2006, S. 314, Anmerkung 25.

47   Zum Beispiel P.C. Molhuysen, *Bronnen tot de geschiedenis der Leidsche universiteit*, 1. Bd., 1574–7 februari 1610, Den Haag 1913, S. 31.

48   *Ibidem*, S. 9, 22 und 27. Und die Akten des Kirchenvorstandes. Von diesen Akten gibt es vier Bände im regionalen Archiv Leiden (Nederlandse Hervormde Kerkenraad, Bd. 1, 21, 141 und 160). Diese Bände geben Informationen ab 1574. Am Beginn des letzten Bandes (160) steht: Aantekeningen getrokken uit Geregts en Burgemeestersdagboeken, Rekeningen en het Kapittel ten Hooge Lande en der zeven Getijde goederen en andere stukken op het Raadhuis te Leiden voorhanden. Dessenungeachtet ist der Inhalt ausschließlich kirchlich. Die vier Bände haben leider keine Paginanierung. Schon bald nach Lipsius' Ankunft in Leiden hatte 1579 Caspar Coolhaes, ein Pfarrer, bei dem Lipsius häufig zur Kirche ging, ein Konflikt mit einem Student, Hendrik Geysteranus (Molhuysen, S. 9). Auch entließ man ihn und einen anderen Pfarrer, Pieter Corneliszoon im selben Jahr aus dem Predigtamt. Das tat man um ein Schisma in der Kirche zu vermeiden. Die Probleme mit den Pfarrern hatten mit ihrer Lehre zu tun. Man stellte eine Konfliktkommission ein. Die Pfarrer mussten eine confessio (also Geständnis und Bekenntnis) ablegen. In den Akten stehen unter diesem Geschehen die Namen von Justus Lipsius als Rektor der Universität, Jan van Hout als Kurator, Casper Coolhaes als Beteiligter und anderen. Akten des Kirchenvorstandes im regionalen Archiv Leiden, N.H. Kerkenraad, 160, s.p.

49   ILE I, 81 06 04 an Theodorus Leeuwius, 17–18: *Ego hic in ecclesiastica re iterum nubem video, quae erumpet in nimbum.* (ich sehe hier in der kirchlichen Situation wiederum eine Wolke, die in einen Sturm ausbrechen wird.) Über diese Probleme mit Coolhaes, siehe ILE I, 81

der rehabilitiert; darum hatten auch 75 Mitglieder der Kirche gebeten. Aber 1583 kam es erneut an der Person Coolhaes einen Konflikt, jetzt mit Adrianus Saravia, Professor der Theologie[50]. Aber es gab noch mehr Probleme: So etwa die Nachricht über Professoren, die aus finanziellen Gründen fortgingen oder, weil sie sich ungerecht behandelt fühlten. Offenbar geschah das regelmäßig[51].

Einige Jahre später bekam er selbst von Dousa den Auftrag, zwei zum Weggehen entschlossene Professoren zum Bleiben zu überreden:

> Aber was sagst du dazu? Fürchtest du auch den Aufbruch des donnernden Juppiters (sc. Donellus), ja ist er sogar schon auf der Reise? Auch unser Adrianus (sc. Saravia), der Star der Theologen? Was? Das lässt du geschehen? Hältst du sie nicht zurück? Musst du nicht mit ihnen schimpfen, dass sie sich fluchtartig davonschleichen? ... Hole sie zurück, mein Lipsius, – ich werde dich dafür lieben –, hole diese deine Kollegen aus der Familie der Schlangen zurück, die mit solch einem großen Wert (den sie dank unserer Universität gewonnen haben) sich davon machen ...[52]!

---

07 26 v an [Pierre de Villiers], 9–11 (und Anmerkungen), wo Lipsius dieselbe Metapher verwendet: *Adhuc quidem nubes, sed quae erupturae videntur in apertam tempestatem.* (Es sind ja immer noch Wolken, aber die werden in einen offenen Sturm ausbrechen.) und für detaillierte Informationen über Coolhaes' Exkommunikation: H.C. Rogge, *Caspar Janszoon Coolhaes, de voorlooper van Arminius en der Remonstranten*, 1. Bd., Amsterdam 1865 und die Akten des Kirchenvorstandes im regionalen Archiv Leiden (N.H. Kerkenraad, 141). s. p.

50 Akten des Kirchenvorstandes im regionalen Archiv Leiden (N.H. Kerkenraad, 141). s. p.

51 Allein von der theologischen Fakultät reisten nach einander Guilielmus Feugeraeus (1579), Lambertus Danaeus (1582) und Hubertus Sturmius (1584) ab. Lipsius erzählte auch in Briefen von April und Juni 1580 über Professoren die durch Uneinigkeiten mit Pfarrern nicht an der Universität bleiben wollten und abreisten. Er meldet hier auch andere Probleme mit Pfarrern. P.C. Molhuysen, *Bronnen tot de geschiedenis der Leidsche universiteit*, 1. Bd., 1574–7 februari 1610, Den Haag 1913, S. 9–10. W. Otterspeer, *Groepsportret met dame*, Amsterdam 2000, S. 144. ILE I, 80 04 01 an Rhembertus Horaeus und ILE I, 80 06 02 an Theodorus Leeuwius.

52 ILE II, 85 10 06, 16–29: *Sed quid ais? Etiamne Juppiter ille tonans in metu, immo in via? Etiamne Adrianus noster, Alpha Theologorum? Quid? tu id pateris? non retentas? Non reprehendis a fuga? ... Retrahe mi Lipsi, retrahe amabo colubrini generis collegas istos tuos tanto cum pretio fugitivos ...* Warum diese zwei Professoren wegziehen wollten, erweist sich aus verschiedenen Briefen, denn Saravia wollte nach England und Donellus bekam einen Ruf der Universität Heidelberg. ILE II, 85 10 06 Einführung und 16–34, ILE II, 85 09 14 M an [Arnoldus Mylius], 7–9 und ILE II, 85 09 14 D an Janus Dousa sr., 7–12.

Das gelang ihm auch: Dank Lipsius machten die beiden ihre Kündigung rückgängig. Weiter unten wird noch klar, dass die Kuratoren der Universität sie nach der ziemlich kurzer Zeit, ungefähr zwei Jahren später, letztendlich beide doch kündigten.

Zurück ins Jahr 1582: Lipsius sah voraus, dass die Probleme in der Kirche in Leiden die Ruhe an der Universität zerstören würden[53]. Er verfertigte einen durch und durch stoischen Brief, sogar der Einsturz der Welt findet sich darin. Er tröstete sich mit stoischen Gedanken[54]. In März 1582 erzählte Lipsius Theodorus Canterus (Utrecht) über den Streit:

> Ich weiss nicht, zu welchen Aufregungen uns der Aufstand zwischen den Pfarrern und dem Senat bringen wird. Die verderbliche Ansteckung damit nähert sich auch unserer Universität. Und es gibt vorzügliche Professoren, die ernsthaft mit ihrer Kündigung drohen. Sie sagen, dass sie von euch schon vorgeladen sind, namentlich Herr Danaeus. Ich habe noch nicht dazu durchgerungen, das zu glauben. Wenn da was dran ist, würde ich das gern von dir erfahren[55].

Verzweifelt bat Lipsius Marnix van St. Aldegonde, Frieden zu stiften, mit dem Argument, dass, wenn die Situation sich nicht schnell verbessere, die Uneinigkeiten großen Schaden in der Kirche und an der Universität verursachen würden. Nur seine Autorität könnte die Lösung bringen[56].

In vielen Briefen aus dieser Zeit sieht man, dass Lipsius sich in der Pflicht sah und gerne half, aber nachdrücklich und immer wieder ankündigte, dass er sich nicht in religiöse oder theologische Angelegenheiten einmischen wollte[57]. Er klagte über zuviele Verpflichtungen und zu wenig Zeit zum Studieren[58]. Auch der Versuch, eine Position für Viktor Giselinus zu vermitteln, misslang[59]. Er

---

53   ILE I, 82 01 20 an Theodorus Canterus, 9–10: *Nobis hic turbae in Ecclesia ortae molestae sunt et vereor ne Scholae nostrae disturbatae.*

54   ILE I, 82 01 23 L an Janus Lernutius, 1–13.

55   ILE I, 82 03 15 C an Theodorus Canterus, Einführung und 10–15: ... *nescio quid turbarum hic nos exercet inter ecclesiastas et senatum ortum; cuius rei contactus pervenit etiam ad scholam nostram. Et sunt e primariis professoribus, qui discessum serio minentur. Aiunt a vobis iam vocatos esse, nominatim dominum Danaeum. Quod nondum induxi animum ut credam. Si quid tale est, gratum mihi si per te cognoscam.*

56   ILE I, 82 03 17, 17–30.

57   Zum Beispiel ILE I, 82 05 14 H an Jan van Hout.

58   ILE I, 83 05 25 an Theodorus Leeuwius.

59   ILE II, 84 01 08 G, ILE II, 84 01 08 L und ILE II, 84 02 03.

spricht in einem Brief an seinem Freund Janus Lernutius über Paulus Buys, einen eigenwilligen Kurator der Universität:

> Für unseren Giselinus haben wir auf diesem Weg nichts erreicht. Wir zögern trotzdem nicht Belagerungsgerät auszustellen, aber ich weiss nicht, ob wir schließlich triumphieren werden, wenn wir diese harte Mauer eingenommen haben werden. Denn er ist wirklich ein Felsbrocken, kein Mensch; nicht zuletzt, um ihn meinerseits mürbe zu machen, beschloss ich, den drei Kuratoren *De Amphitheatro* zu widmen[60].

Schließlich wollte Lipsius seinem Freund Janus Dousa gerne helfen, Bibliothekar der Universität und Historiograph von Holland zu werden. Dafür brauchte er die Einstimmung von Buys, die Lipsius natürlich versuchte zu erlangen. Das gelang ihm aber ebenso wenig und er erklärte Dousa, dass Buys ihm Steine in den Weg legte wegen seiner Freundschaft mit Jan van Hout[61]. In diesem Brief schrieb er auch über andere Streitigkeiten und kleidete sein Gefühl dann so in Worte: „Ich war wie immer der Verfechter von Frieden, erreicht habe ich nichts …"[62]

„Unsere Universität schwankt inzwischen," so schreibt er in dieser Zeit seinem Freund Abraham Ortelius[63]. Einige Monate davor erzählte Lipsius über einen Konflikt an der Universität, weil Buys einen neuen Professor, Thomas Sosius, ohne Überlegung berufen hatte, obwohl Sosius katholisch war und blieb[64]. Paulus Buys war seit 1581 Kurator der Univerität. Man warf ihm Begünstigung des Katholizismus vor und 1586 verhaftete man ihn, ließ ihn aber wieder nach einiger Zeit und mit Hilfe von unter anderem Lipsius frei[65]. 1591, Zur Zeit von Lipsius' Abreise spielte er eine unangenehme Rolle. Man wollte ihn schließlich nicht mehr als Kurator.

---

60 ILE II, 840108 L, 9–12: *De Giselino nostro nihil confecimus illa vi. Machinas nihilominus admovere non cessamus nec scio an triumphabimus tandem duro illo muro expugnato. Nam revera lapis ille, non homo, quem ut molliorem mihi in parte faciam, de Amphitheatro statui inscribere curatoribus tribus.*

61 ILE II, 84 02 09, 4–13.

62 *Ibidem*, 11.

63 ILE II, 84 08 05, 19–20: *Academia nostra interea titubat.*

64 ILE II, 84 02 03 an Janus Lernutius, und Anmerkungen.

65 ILE I, 83 05 19, an Paulus Buys, Einführung.

Studien

In einem Brief an Abraham Ortelius[66], erzählte Lipsius, dass er nur in seinen Studien noch Trost fand: „Gerade in diesen so verwirrten und verstörten Zeiten liegt mein einziges Vergnügen und Ruhe im Studium von Weisheit und Literatur[67]." Natürlich wendete er gerade das positiv: So zeigt er sich in einem Brief sehr froh über seine Möglichkeiten zum Studieren und Publizieren! Er führt hier begeistert Bücher auf, die er eben publiziert hatte oder bald publizieren möchte[68]. Speziell über die Ausgabe von *De Constantia* war er sehr glücklich, denn sie war sehr erfolgreich und wurde häufiger als alle andere Bücher von Lipsius neu aufgelegt und übersetzt. Er war dankbar für das Angebot vieler, *De Constantia* zu übersetzen wollen. Nur verlief auch das nicht sorgenlos: er hatte große Probleme mit Dirck Volckertszoon Coornhert, der *De Constantia* auf Niederländisch übersetzen wollte, aber sich weigerte, Lipsius' Passagen zu akzeptieren, die den freien Willen und die Vorsehung betreffen. Letztendlich ließ Lipsius sogar diese Passagen lieber weg, als sie nach Coornherts Ansichten auf Niederländisch zu korrigieren[69]. Weiter unten wird Coornherts Wiederborstigkeit nochmals auftauchen.

Einladungen, die Kinder seiner Schwester und unangenehme Umstände

In dieser Zeit, April 1584, ließ er wissen, dass er eigentlich wegziehen wollte:

> Meine Seele hat sich überhaupt nie von jenem Land und Himmel (sc. der Umgebung von Löwen) entfremdet. Einmal werde ich vielleicht doch mich zum Umzug entscheiden, wenn diese Intrigen ewig dauern[70].

---

66   Abraham Ortelius hatte ihm mit vielem Material sehr geholfen bei der Verfertigung von *De Amphitheatro* und *De Amphitheatris quae extra Romam Libellus* und für ihn nahm Lipsius im letzten Büchlein einen Dankbrief auf.

67   ILE II, 84 01 10 O, 12–13: *His quidem tam turbatis confusisque temporibus in solo sapientiae et litterarum studio nobis voluptas et quies.*

68   ILE I, 83 12 11 M an Franciscus Modius, 10–18.

69   ILE II, 84 04 09, ILE II, 84 04 12, ILE II, 84 04 15, ILE II, 84 04 18, ILE II, 84 04 21 und ILE II, 84 04 24 C.

70   ILE II, 84 04 05 E, 29–31: *Alioquin animus mihi nunquam alienus ab illo solo et caelo. Consilium tamen fortasse aliquod capiemus aliquando, si turbae haec aeternae.*

In derselben Zeit bekam Lipsius Einladungen nach Breslau und Rom, die er trotz der Probleme nicht annehmen wollte, weil er in Leiden sein Gehalt und die freundlichen Menschen schätzte[71] und auch, wie er behauptete, wegen seiner Frau und der kleinen Kinder seiner Schwester.

Lipsius fühlte sich verantwortlich für die Kinder seiner Schwester Maria, nachdem sie am 22. Dezember 1583 gestorben war[72]. Sie wohnte mit ihrem Mann und Kindern in Overijse. Lipsius bat den Pastor, Johannes van Engelandt, ihm zu helfen und den Vater der Kinder anzuspornen, für die Kinder zu sorgen und alles, was die Kinder brauchten, zu tun[73]. Auch sein Familienmitglied Willem Breugel, bat er dringend, solange er selbst noch nicht in der Umgebung wohnte, bei der Erziehung der Kinder zu helfen[74]. Er fühlte diese Verantwortlichkeit um so mehr, weil er den Vater der Kinder nicht allzusehr schätzte, wie er in einem Brief an seinem Freund Viktor Giselinus auseinandersetzte:

> Meine Trauer, die mir durch den Tod meiner Schwester vor kurzem zugefügt ist, verheimliche ich nicht. Diese, die von mir einzig geliebte, starb, erschöpft durch die Sorgen dieser Zeit und die Entkräftung. Sie hinterließ mir die schwere Aufgabe für zwei Kinder. Mir! Denn was kann ich von dem Vater erwarten oder hoffen? Der gute und einfache Mann schafft es nicht einmal, sich selbst zu organisieren, geschweige denn mit ihrer Kindheit. Doch wir tragen es und wir werden es tragen und unserer Constantia nicht unwürdig sein ...[75]

Dann beschäftige Lipsius Ende August 1584 die Abwesenheit von Dousa. Dousa war gleich nach dem Tod von Wilhelm von Oranien, genannt der Schweiger, nach England abgereist. Dousa hatte selbst nicht erklärt, warum er wegging. Lipsius schrieb ihm, dass sein Leben ohne Dousa der Mühe nicht wert wäre: ohne ihm gäbe es nur Finsternis. Er bat ihn zurückzukommen und erklärte, vielleicht um ihn zu locken, dass die Situation jetzt ruhig war:

---

71   ILE II, 84 04 00.

72   ILE II, 84 02 28, Einführung.

73   ILE II, 84 01 03 E.

74   ILE II, 84 02 28, 15–18.

75   ILE II, 84 01 08 G, 21–24: *Luctum meum non celo, qui recens in morte sororis. Periit mihi illa unica curis horum temporum confecta et languore. Onus mihi duorum liberorum reliquit. Mihi. Nam de patre quid expectam aut sperem? Bonus ille et facilis, ne sibi quidem regendo par est, ne dum ut pueritiae istorum. Sed ferimus et feremus nec indigni Constantia nostra erimus ...*

Komm zurück, ohne dich gibt es für uns mitten am Tag nur Finsternis ... ohne dich ist das Leben für uns nicht lebenswert! Bislang ist die Situation hier ruhig[76].

Später erklärte Dousa in der Tat, dass er abgereist war, um den Streitigkeiten zu entkommen[77]. Dousa litt offenbar unter denselben Problemen und war ebenso wie Lipsius geneigt, davor zu flüchten. Schon am 20. September war Dousa wieder zurück.

Es ist faszinierend, wie sehr diese Abreise von Dousa und Lipsius' Reaktion darauf dem Verschwinden von Lipsius und den Erwiderungen der Zurückgebliebenen gleicht, schon bei Lipsius' Abreise von 1586, aber mehr noch nach der von 1591. Vor allem ist Lipsius' Empörung über Dousa's Stillschweigen auffällig ähnlich: Sie hätten doch zusammen alle Problemen lösen können. Vielleicht wusste auch Dousa, dass man in jener Zeit nicht in aller Öffentlichkeit aus Leiden aufbrechen konnte.

Aus verschiedenen Briefen über eine längere Periode[78] erwies sich, dass manche Menschen zu Unrecht dachten, dass Lipsius tot sei, also sollte er in einem Rundbrief schreiben, dass er lebte!

Einige Monate später erklärte er, dass er wieder über seine eigene Produktivität entäuscht war. Er schrieb an Theodorus Canterus, dass er zu wenig Zeit für seine Studien hatte:

Ich bin froh, dass *De Amphitheatro* dir gefällt. In allem Übrigen sind wir im Verzug. Ist das was Wunder in dieser bevorstehenden Wendung der Dinge[79]!

Ein Jahr später schrieb er wiederum so etwas, nun diesmal begründet mit seiner schwachen Gesundheit[80]. Anfang 1585 widmete Lipsius den Magistraten von Leiden die *Critica*[81] und sagte in schmeichelnden Worten, wie froh er sei, dass er

---

76 ILE II, 84 08 23 D, 25–26: ... *redi, sine quo tenebrae nobis in media luce ... vita sine te nobis non vitalis. Res adhuc hic quietae.* Siehe auch die Einführung dazu.

77 ILE II, 84 09 00.

78 Zum Beispiel ILE II, 84 12 17 R an Franciscus Raphelengius, Einführung und 5–10, ILE II, 85 01 00 an Janus Dousa, 3–5 und ILE II, 85 03 00 an Andreas Dudith, *passim*.

79 ILE II, 85 07 31 (S. 25), 4–6: *Amphitheatrum nostrum probari tibi gaudeo. In ceteris cessamus. Quid autem mirum in hac impedente mutatione rerum.*

80 ILE II, 86 07 22, 21: *In studiis cessamus, quia valetudo bona quidem, sed non firma.* (Mit den Studien sind wir im Verzug, weil die Gesundheit zwar gut, aber nicht gerade kräftig ist.)

81 ILE II, 85 02 03 an die Magistraten von Leiden.

in Leiden lebte, und dass er nicht die Absicht hatte aufzubrechen. Anderthalb Jahre später fuhr er fort.

Lipsius' Abreise nach Deutschland

Und wenn ich jetzt sogar an meiner Flucht arbeiten muss (was Gott verhüten möge), und wenn ich einen Platz für mein Exile suchen muss, wird neben meinem Vaterland mein Vaterland dieses euer Deutschland sein[82].

Das ist ein Zitat aus einem von Lipsius' Briefen an Joannes Caselius, der in Deutschland lebte. Lipsius schrieb dies in Juli 1586 und macht hier den Eindruck, dass Deutschland für ihn die Rettung sein könnte. Er wollte abreisen. Er entschuldigte sich mit seiner Gesundheit und bot seinen Rücktritt an. Der wurde ihm verweigert, aber er bekam Urlaub zur Erholung für fünf oder sechs Monate[83]. Im September 1586 ist es deutlich, dass er nach Deutschland gezogen ist[84]. Wie er nachher selbst zugab, hatte er in Wirklichkeit 1586 schon den Plan, endgültig aufzubrechen und in den Süden zu übersiedeln[85], obwohl das doch durch den Krieg und den Fall von Antwerpen im September 1585 ziemlich gefährlich sein könnte. Er wählte diese Route, weil die ihm sicherer schien. Die Reise wurde jedoch ein großer Reinfall. Er schrieb Briefe voller Enttäuschung und Heimweh[86]. Durch den Krieg kam er nicht weiter. Lipsius kehrte zurück. Der nächste Versuch abzureisen, sollte fünf Jahre später sein.

Übrigens war 1586, vielleicht auch wirklich durch seine Abwesenheit, die Anzahl der Studenten zurückgegangen[87]. Auch diese Tatsache machte ihn natürlich umso wichtiger für die Universität. Aber er war nicht glücklich:

Charmant reiztest du mich, Clusius, mit deinen Briefen und Geschenken, die ich beide vorfand, als ich von der deutschen Reise zurückkam, die ich

---

82   ILE II, 86 07 22, 16–17: *Et si etiamnunc fuga paranda sit (Deus vetet) et exilii quaerenda sedes, iuxta patriam patria mihi erit Germania illa vestra.*

83   P.C. Molhuysen, *Bronnen tot de geschiedenis der Leidsche Universiteit*, 1. Bd.: 1574–7 februari 1610, Den Haag, 1913, S. 134*.

84   ILE II, 86 09 23 an William Cecil Lord Burghley, Einführung.

85   Siehe J. De Landtsheer, *Lieveling van de Latijnse taal, ...* Leiden 2006, S. 73–75.

86   ILE II, 86 10 05 an Dousa, ILE II, 86 10 07 an Petrus Colvius und ILE II, 86 10 07 LE an Theodorus Leeuwius.

87   H.J. Witkam, *Introductie tot de dagelijkse zaken van de Leidse Universiteit*, s.l. 1969, S. 78.

unternommen hatte, doch Gott war mir nicht wohlgesonnen. ... Schau
mich doch an! Wieder sitzte ich im batavischen Gefängnis, das jedoch
die Liebe für mich, die freundschaftliche Gesinnung der Bürger und der
Jugend, für die wir unsere Studien verfertigen, für mich angenehmer
macht. Ich höre, dass du Wien verlassen hast. Wenn das so ist, hast du
nicht Lust, in diese Gegend zu kommen? Ich bitte darum, ich empfehle
es nicht (ich sehe die Ambivalenz der Situation) und doch, wenn du Lust
hast, können wir dir, glaube ich, eine dir angemessene Position an der
Universität besorgen[88].

Also versuchte er, Freunde um sich zu sammeln, wie wir auch schon sahen, dass
er Viktor Giselinus nach Leiden zu holen versuchte. Carolus Clusius kam aber
nicht, ebensowenig wie Giselinus.

Einige Zeit später war Lipsius unruhig und ließ Dominicus Lampsonius das
Folgende wissen:

Manche Freunde laden mich nach Germanien und jenseitig ein, ich be-
sinne mich und hüte mich, nichts unbesonnen zu tun ... Warum würde
ich nicht ringsum schauen? Überall gibt es Umstände, die einen absto-
ßen und andere, die anlocken ... Doch verwirren manche Südwinde mich
hier, aber noch im Verborgenen. Wenn sie weiter wehen und sich mehr
öffnen, gibt das für mich auch eine Möglichkeit zu anderen Entscheidun-
gen[89].

Juli 1587 lud Franciscus Bencius ihn vergeblich nach Italien ein. Er wollte ihm
gerne eine Stelle an einer italienischen Universität besorgen[90]. Über Lipsius'
erste Periode in Rom ist bekannt, dass er das Klima unangenehm fand. War

---

88   ILE II, 87 06 03 L an Carolus Clusius, 2–13: *Amanter me, Clusi, et litteris tuis provocas et*
      muneribus, quae utraque repperi rediens e germanico itinere quod susceperam Deo me non
      favente ... sed nunc ecce me iterum in carcere batavo, quem mihi tamen iucundiorem facit
      amor in me et benivolentia civium et iuventutis, cui studia nostra laborant. Te deseruisse
      Viennam audio. Si ita est, animusne tibi veniendi ad haec loca? Rogo, non suadeo (ancipitia
      haec rerum video) et tamen si animus, possimus, credo, conficere tibi honestum in Academia
      locum.

89   ILE II, 87 06 19, 8–18: *Amici quidam in Germaniam et ultra me vocant, ego delibero et caveo*
      nequid temere. ... Quid ni circumspiciam? Ubique sunt quae arceant, quae alliciant ... Tamen
      Austelli nonnulli nos hic turbant, sed adhuc occulte. Si pergunt et magis se aperiunt, mihi
      quoque ad alia consilia viam.

90   ILE II, 87 07 12.

das der Grund seiner Weigerung? Hieraus erweist sich jedenfalls, dass, wenn er an eine Übersiedlung dachte, es sich für ihn sicherlich nicht nur um die katholische Kirche handelte. Vielleicht war es eher Heimweh.

Stets häufiger äußerte Lipsius in seinen Briefen den Wunsch aufzubrechen, obwohl er auch Angst hatte, dass die Situation in seiner Heimat noch zu unruhig und eine Übersiedlung zu gefährlich war[91]. September 1587 brachte er zu Papier, dass er ergebungsvoll standhalten musste, bis Gott ihm einen anderen Ort zuredete[92]. Aber am nächsten Tag fasste er seine Empfindungen so in Worte:

> Hier bleiben ist für mich wenig gewiss, im Gegenteil, nicht bleiben ist gewiss, wenn die Situation so bleibt[93].

Kündigung und Verbannung der Professoren

1587 war Lipsius wiederum Rektor der Universität. Und damit begann eine schwierige Zeit. Nach einer Untersuchung von Dousa und Buys kündigten die Kuratoren der Universität und die Magistraten von Leiden Hugo Donellus ohne Angabe des Grundes[94]. Van Hout benachrichtigte Lipsius und verbot allen Professoren, sich einzumischen[95]. Obwohl Lipsius' beste Freunde, Dousa und Van Hout, Kuratoren der Universität waren, haben sie ihn nicht konsultiert, während Lipsius doch Rektor war. Die Studenten warfen Lipsius vor, zu wenig getan zu haben. Am 26. Mai 1587 erzählte Lipsius in einer akademischen Versammlung über diese Frustration, dass man ihm den schwarzen Peter zuschob und er außerdem die Situation nicht verstand[96] und nicht verändern

---

91   ILE II, 87 09 13, 15–16: *Quanquam et Respublica nos nonnihil commovit et facit metum migrationis.* (Obwohl die Republik uns manchmal beunruhigt und Angst vor einer Übersiedlung verursacht.)

92   ILE II, 87 09 21 an Theodorus Leeuwius, 15–22.

93   ILE II, 87 09 22 an Josias Mercier, 21–22: *Mihi parum certum est hic manere, imo certum non manere, si haec manent.*

94   P.C. Molhuysen, *Bronnen tot de geschiedenis der Leidsche Universiteit*, 1. Bd., 1574–7 februari 1610, Den Haag 1913, S. 51–52.

95   *Ibidem*, S. 52–53.

96   In den Briefen findet sich eine Explikation für die Angelegenheit: dass Donellus sich positiv ausgesprochen hatte über den Freiheitsentzug (1586–1587) von Buys. Aber Donellus schien auch beleidigende Worte über wichtige Staatsmänner und Maurits von Oranien gesprochen zu haben: ILE II, 87 09 20, Anmerkung 27. Und W. Otterspeer, *Groepsportret met dame I*, Amsterdam 2000, S. 147.

konnte[97]. Alle Mühe, die Lipsius unternahm, um die Kündigung rückgängig zu machen, war vergeblich. Dieser Zwischenfall machte auf Lipsius einen unauslöschlichen Eindruck. Die Freundschaft mit Dousa und Van Hout schien Bestand zu halten, aber vielleicht nur wegen der Angst Lipsius', zuviel zu verlieren.

Lipsius meldete im Oktober 1587 eine bedrohende Verschwörung[98]. Ende Oktober wurde es klar, dass Adrianus Saravia an der Verschwörung teilgenommen hatte und verbannt worden war[99]. Das war nicht die schlimmste Möglichkeit, denn gemäß den Akten des Kirchenvorstands wurden mindestens drei Menschen enthauptet[100]. Die Verschwörung entstand aus Kritik an der Regierung von Leiden, die der wahren Religion feindlich gegenüberstehe. Jedenfalls bekannten das die Häftlinge auf der Folterbank. Man hat keine Zeugen gehört. Das Gerichtsverfahren erweckte überhaupt keinen sorgfältigen Eindruck. Lipsius hat sich bemüht, es zum Guten zu lenken und hat versucht, den Prozess zu verhindern, aber das ist ihm nicht gelungen[101].

Obwohl es politische Gründe für die Kündigung und die Verbannung gab, wirken die Situationen befremdlich, denn Lipsius hatte Adrianus Saravia genauso wie Hugo Donellus einige Jahren zuvor mit Mühe in Leiden gehalten, weil Dousa ihn das nachdrücklich gebeten hatte. Einige Monaten nach seiner Verbannung klagte Adrianus Saravia gegenüber Lipsius, dass die Magistraten von Leiden und die Kuratoren der Universität, gegenüber Donellus undank-

---

97   P.C. Molhuysen, *Bronnen tot de geschiedenis der Leidsche Universiteit*, 1. Bd., 1574–7 februari 1610, Den Haag 1913, S. 48. Und ILE II, 87 04 29 L an Theodorus Leeuwius, 23–26: *At apud nos hic turbae. Curatores et consules Donellum missum fecerunt certis de caussis (ita dixerunt) nec iis expressis. Rogas? Magni fluctus. Ego gubernator ille scilicet et anni huius rector imprimis involvor nec scio an tempestati sedandae.* (Aber hier bei uns gibt es Intrigen. Die Kuratoren und Magistraten haben Donellus aus gewissen Gründen gekündigt (so sagten sie es), aber sie haben diese nicht ausgesprochen. Du fragst es mich? Große Unruhen. Ich bin natürlich als der Leiter und der Rektor dieses Jahres am meisten und ganz besonders involviert und ich weiß nicht, wie ich die stürmische Zeit besänftigen kann.) Siehe auch ILE II, 87 05 05 an Dominicus Baudius, 2–6, und Anmerkung 3.

98   ILE II, 87 10 16 an Theodorus Canterus, 12–14: *Hic fuimus in armis, detecta coniuratione quorundam qui hoc oppidum voluerunt opprimere. At nos vicimus et vivimus. De pace multus sermo, sed adhuc sermo.* (Hier standen wir unter Waffen, da eine Verschwörung entdeckt war von manchen, die diese Stadt überwältigen wollten. Aber wir haben überwunden und wir leben. Es gibt viele Gespräche über Frieden, aber bislang bleibt es bei Gesprächen.)

99   ILE II, 87 10 31 von Adrianus Saravia, auch die Einführung.

100 Akten des Kirchenvorstandes (N.H. Kerkenraad, 141 und 160 im regionalen Archiv Leiden), s. p. Die Namen der drei Exekutierten waren: Jacques Volmaer, Cosmo de Pescargensis und Nicola de Maulde.

101 Akten des Kirchenvorstandes im regionalen Archiv Leiden (N.H. Kerkenraad, 160), s. p.

bar, aber gegenüber ihn, Saravia, ruchlos waren[102]. Lipsius bezeugte ihm seine Treue, aber sagte auch, dass er wenig tun könnte, da er sich in dergleichen politischen Sachen nie einmischen wollte. Der Vollständigkeit halber fügte er hinzu, dass er ganz gut wusste, dass diese Haltung nicht der Stoa gemäß war[103]. Zu bescheiden war er hier, weil er versucht hatte, den Prozess anläßlich der Verschwörung zum Guten zu lenken[104].

Stütze der Universität bei einem Konflikt

Mit einem öffentlichen Brief[105] begann 1590 der Federkrieg mit Coornhert. Lipsius hat 1589 seine *Politica* publiziert. Zwei Standpunkte waren für Coornhert anstößig: Lipsius fand, dass man sich in einem Land bei einer Religion halten sollte und der Herrscher des Landes sollte die Religion wählen. Um die Ruhe zu wahren, sollte man die Ketzer verfolgen, so Lipsius. Also wollte er die Glaubensfreiheit zugunsten religiöser Ruhe beschränken. Weil es Lipsius wirklich nur um Frieden und Ruhe ohne Religionsstreitigkeiten ging, vermied er sehr konsequent anzugeben, welche Religion er bevorzugen würde. Wenn er, wie manche meinen, die katholische Kirche hier im Auge gehabt hätte, dann hätte er das doch gern für seinen guten Namen hinterher, als er wieder in Löwen war, bekannt gemacht. Es war ihm offensichtlich egal. Das erklärt auch die Leichtigkeit, mit der er selbst wiederholt seine Kirche wechselte.

Coornhert kehrte sich gegen das Antasten der Religionsfreiheit. Er assoziierte Ketzerverfolgungen mit katholischen Übelständen. Begreiflich, obwohl die verschiedenen protestantischen Richtungen eigentlich nicht mehr Toleranz kannten[106].

---

102   ILE III, 88 01 26/02 05 von Adrianus Saravia, 13–14: ... *in illum fuere ingrati, sed in me impii* ...

103   ILE III, 88 03 23 S an Adrianus Saravia, *passim*.

104   Für Donellus, siehe oben, für Saravia, siehe P.C. Molhuysen, *Bronnen tot de geschiedenis der Leidsche Universiteit*, 1. Bd., 1574–7 februari 1610, Den Haag 1913, S. 101.

105   ILE III, 90 03 19 von Dirk V. Coornhert.

106   P.C. Molhuysen, *Bronnen tot de geschiedenis der Leidsche Universiteit*, 1. Bd., 1574–7 februari 1610, Den Haag 1913, S. 22, 27, 77, 92, 93, 97, 102, 113, 144, 149, 158 und 159 und H.C. Rogge, Casper Janszoon Coolhaes, de voorlooper van Arminius en de remonstranten, 1. Bd., Amsterdam 1865, S. 87–109, 113–115, 121–130, 167–228 und 2. Bd., 64–69. Auch die Akten des Kirchenvorstandes (N.H. Kerkenraad 1, 21, 141 und 160 im regionalen Archiv Leiden, s.p.) geben hierüber Information: Es gab viel Wechsel von Predikanten und regelmäßig wurde ihnen das Predigen verboten.

Lipsius fand diese öffentliche Polemik sehr unangenehm, auch weil Coornhert auf niederländisch schrieb, so dass Menschen, die nichts vom Thema verstanden, es auch lesen konnten[107]. Lipsius sah das schwarz. Er versuchte sein Image noch zu retten und formulierte maßvoller: Nur die Ketzer, die die Ruhe zerstörten, sollten verfolgt werden[108]. Wie sehr Coornhert auch versuchte, Lipsius zur Religionswahl zu drängen, das gelang ihm nicht[109]. Hinterher bedauerte Lipsius seinen eigenen Anteil an der Polemik: Er hätte besser können schweigen. Er fand, dass er sich zuviel durch seine Emotionen hatte mitreißen lassen[110].

Lipsius' empfindliche Reaktion auf den ganzen Streit erscheint unbegreiflich, weil er sich so gestützt wusste. Die Universität hat ihn mit einem Geschenk von 300 Florijnen verehrt wegen Lipsius' großer Verdienste für die Universität, insbesondere durch die Publikation der *Politica*! Also teilte man die Beanstandungen des Coornherts nicht. Im Gegenteil, die Publikation der Bücher, die Coornhert gegen Lipsius' *Politica* schrieb, wurde verboten. Coornhert wollte den Magistraten der Universität sein letztes Buch hierüber widmen, aber das wurde verweigert. Lipsius fasste es zufrieden und ergeben in Worte:

> Meine Freunde in Leiden sind endlich auch aufgestanden und haben mit einem gestern publizierten Edikt bekundet, dass ihnen dieses Buch und

---

107   ILE III, 90 08 30, 16–21: *audistine Cornhertium (credo notum tibi, hominem turbatorem) scribere et vulgare librum in Politica nostra? Et praesertim eam partem quae de religione est. Acerbe et calumniose agit, ut audio. Quod fero, sed illud aegre est, quod calumniatur me Belgica lingua apud plebem, quae mea ista nec legit, nec capit. Nam de iis qui sententiam nostram videre possunt et intelligere, securus sum: nihil delibabit sycophanta de mea fama. Ego sileo et silebo ....* (Hast du gehört, dass Coornhert (ich glaube, du kennst den Mann, den Unruhestifter) ein Buch gegen unsere Politica geschrieben und unter das Volk gebracht hat? Und besonders der Teil, der die Religion betrifft. Er bespricht es unfreundlich und böswillig, wie ich höre. Dieses ertrage ich, aber jenes ist unangenehm, dass er nämlich auf flämisch böswillige Kritik übt beim Volk, das diese Werke von mir nicht liest und nicht versteht. Denn über sie, die unsere Meinung beobachten und begreifen können, bin ich unbekümmert: Nichts kann der Ränkeschmied von meinem Ruf wegnehmen. Ich schweige und ich werde schweigen.)

108   ILE III, 90 03 23.

109   Zum Beispiel ILE III, 90 04 07 C.

110   ILE IV, 91 03 04, an Hendrik Laurenszoon Spiegel, den er als Schlichter angewiesen hatte, aber der konnte auch nichts ausrichten, Z. 2–5: 't Mishaegt mij dat ick met Dirck Volckertszoon Coornhert ghetwist hebbe. Indien ick 't wederom soude beginnen, mijn schrift soude matiger zijn. Maer de wind der Herztochten verruckt ons altemet. En ick sie hoe wanckelbaer ick stae op den wegh van onse standvastigheyd.

die Widmung von ihm missfällt. Dieses Edikt war ziemlich kränkend für ihn, höre ich[111].

Lipsius war sich also der Stütze und Loyalität der Machthaber in Leiden bewusst. Das konnte auch nicht anders sein, denn neben dem Geschenk von 300 Florijnen[112] bekam er eine Gehältserhöhung von 200 Florijnen pro Jahr. Er empfing das höchste Gehalt der Professoren in Leiden, ein Zeichen der Anerkennung. Auch im Ausland wurde Lipsius' *Politica* geschätzt: Zum Beispiel Isaac Casaubon schrieb, dass die Humanisten in Genf Lipsius' *Politica* phantastisch fanden[113]. Also hätte Lipsius Grund genug gehabt, mit dem Verlauf der Polemik zufrieden zu sein. Aber dennoch machte er sich über die Publizität und seinen Ruf Sorgen.

Bürgerkrieg

Man kann in der ganzen Korrespondenz aus Lipsius' Periode in Leiden lesen, wie er sich durch den anhaltenden Bürgerkrieg bedroht fühlte. Aber nicht nur damals. Er war eigentlich immer auf den Flucht. Die Angst vor Krieg hat verschiedene Übersiedlungen in seinem Leben einigermaßen bestimmt. Deprimiert seufzte er 1990 gegen Carolus Clusius:

> Gebe es doch nach sovielen Kämpfen einmal gemeinsamen Frieden! Du bist in der Ruhe Germaniens, das ist für einen alten Mann und für deine Studien geeignet; wir sind beschäftigt, mein Clusius, obwohl meine Gesundheit schon lange einen ruhigen Hafen verlangt, ja sogar dringend fordert. Wir werden das, was in diesem Sommer in Frankreich geschehen wird, sehen. Wenn ich mich nicht irre, wird da diesmal über die Freiheit in Europa gestritten und der wird eben durch einen Kampf entschieden werden. Wir werden nach diesen Erlebnissen auch etwas über unser eigenes Leben entscheiden[114].

---

111   ILE III, 90 10 19 an Cornelius Aerssens, 13–15: *Mei Leidenses tandem etiam excitati sunt et heri publico edicto testati libellum hunc eiusque dedicationem sibi displicere. Edictum audio satis asperum in illum fuisse.*

112   P.C. Molhuysen, *Bronnen tot de geschiedenis der Leidsche Universiteit*, 1. Bd., 1574–7 februari 1610, Den Haag 1913, S. 57: Vgl. ILE III, 89 12 18 an Theodorus Canter, Anmerkung 2.

113   ILE IV, 91 03 05, 39–40.

114   ILE III, 90 08 22 L, 8–12: *Utinam post tot pugnas una semel pax! Tu in quiete illa Germaniae, aptae avo et tuis studiis; nos iactamur, mi Clusi, etsi valetudo mea iamdiu postulat, imo*

Lipsius' gebrechliche Gesundheit

Lipsius' schlechte Gesundheit, über die er immer klagte und die er als Entschuldigung anführte, war ein Problem. Im Februar 1580 hatte Augerius Busbecquius ihm geraten, zugunsten seiner Gesundheit zu reisen und lud ihn darum auch ein[115]. Lipsius antwortete, dass er in Leiden bleiben würde, bis Gott Löwen wieder Frieden geben würde und ihm selber seinen alten Aufenthaltsort oder seine alte Stelle. Im November 1580 warnte Dousa, der Lipsius' Abschied offensichtlich schon früh vorfühlte, dass er es sich nicht in seinen Kopf setzen müsste, wegen seiner Gesundheit aufzubrechen. Schon damals behauptete Dousa, dass die Universität ohne Lipsius endgültig einstürzen würde, weil sie doch dank Lipsius blühte[116]. Die ganze Zeit in Leiden bis zu seinem Aufbruch klagte Lipsius regelmäßig über seine Krankheiten. Er litt an Lebersklerose und später wahrscheinlich an Gelbsucht und *hepatitis acer*[117]. Seine Gesundheit war also wirklich nicht gut und natürlich hatten alle Kümmernisse in Leiden keinen günstigen Einfluss darauf. Darum auch suchte er Ruhe.

Erfolg

Trotz der vielen Anstrengungen, Probleme, Streitigkeiten und seiner schlechten Gesundheit war Lipsius als Gelehrter und Professor an der Universität sehr

---

flagitat tranquilliorem aliquem portum. In Gallia quid hac aestate fiet videbimus; in qua certamen hoc de libertate Europae, nisi fallor, cernitur atque adeo decernetur. Nos pro eius fatis aliquid etiam de privato nostro statuimus.

115   ILE I, 80 02 12, 11–22.

116   ILE I, 80 11 00, Einführung und 111–119: *Deseret ergo Academiolae nostrae Praefecturam Lipsius? Nam quo? Aut quare? Ut ρευματισμοὺς effugiat scilicet! Heu me miserum! Et non omnes commeatu intercluso, vel corporum nostrorum obiectu, iter obstruimus fugitivo? Flecte istam, quaeso, fastidiosam stomachi tui obstinationem. Noli sinere Lyceum hoc nostrum, tuis potissimum tibicinibus suffultum sic subita ruina ad casum dari ...* (Wird Lipsius dann das Vorsteheramt unserer geliebten Universität verlassen? Denn wohin oder warum? Sicherlich um die Krankheiten zu entfliehen! Ich Unglücklicher! Und machen wir nicht allen die Reise für den Flüchtling unzugänglich durch den freien Durchgang abzuschließen und durch unsere Körper davorzulegen? Ich bitte dich, ändere diese eklige Hartnäckigkeit deiner Empfindlichkeit. Gestatte nicht, dass unsere Universität, die hauptsächlich durch deine Trumpeter gestärkt ist, so plötzlich durch den Einsturz zum Untergang preisgegeben wird ...)

117   Für mehr Information über seine Krankheiten, siehe J. De Landtsheer, *Pius Lipsius oder Lipsius Proteus*, in: *Between Scylla and Charybdis* ..., ed. J. De Landtsheer und H. Nellen, Leiden 2006, S. 314. Siehe auch ILE IV, 91 04 13 T.

erfolgreich. Das ist nicht nur klar, weil er fleißig war und man ihm mit allem zur Last fiel, sondern auch seine Publikationsliste in Leiden war imponierend. Seine Bücher erlebten meistens auch noch verschiedene Neuausgaben und Nachdrucke oder Übersetzungen.

Thrasea

In den letzten Jahren in Leiden beschloss Lipsius, seinen Plan, ein Buch über Selbstmord mit dem Titel *Thrasea* zu publizieren, nicht auszuführen. Aus Lipsius' Korrespondenz erweist sich, wie bekannt der Plan war, und wie gerne jedermann das Buch lesen wollte. Sehr häufig fragte man ihn, wann das Buch erscheinen würde und stets erklärte Lipsius, dass er es nicht vollenden wollte:

> Nach ihm (dem *Thrasea*) fragst du vergeblich und du bringst es doch nicht zur Welt. Er streckt den Kopf nicht heraus und in der Gebärmutter stirbt das Kind[118].

Die Vermutung, dass Lipsius den von vielen so gewünschten Thrasea nicht publizierte in Hinblick auf seine bevorstehende Fahrt in den katholischen Süden[119], ist unbegründet. Von protestantischer Seite würde ein nuancierter Standpunkt über Selbstmord sicherlich auch nicht geschätzt werden, und Lipsius selbst erklärte seinen Beschluss, den *Thrasea* nicht zu vollenden mit dem Ärger, den er durch die *Politica* mitgemacht hatte. Diesen Ärger hatte er in Leiden. Das folgende Zitat ist klar:

> Unser *Thrasea* schweigt und wartet stumm und er möchte nicht mit den Theologen, oder mit denen die sich so fühlen, plänkeln. Denn du hast die Probleme von Diodorus (sc. Theodorus Coornhert) gesehen, glaube ich. Wir wollen nicht wiederum in solche Arenen hinuntersteigen[120].

---

118   ILE III, 89 12 23 an Lupus Suarez, Z. 22–23: Thrasea ... de quo quaeris et elicis frustra. Ille caput non profert et in utero abortit hic infans.
119   ILE IV, 91 01 03, Anmerkung 14.
120   ILE IV, 91 01 13 O an Abraham Ortelius, Z. 18–19: *Thraseas noster silet et mussat, nec lubet illi velitari cum theologis aut theologastris. Nam illa Diodori, credo, vidisti. Non lubet nobis iterum in tales arenas.*

An Nicolas Libra de Humerolles schrieb er, dass er den *Thrasea* nicht publizieren möchte, weil man so schnell etwas Unfreundliches denkt[121].

Lipsius' Religion

Lipsius' Anpassungen an die Religion der Umgebung, wo er lebte und werkte, habe ich schon früher mit seiner gleichgültigen Haltung hinsichtlich kirchlichen Dogmen erklärt[122]. Diese Haltung ist auch im Einklang mit der Überzeugung, die er in den *Politica* kundgegeben hatte, dass man sich in einem Land am besten bei einer Religion halten kann. Er war in Leiden protestantisch, weil er meinte, dort nur als Protestant glaubwürdig wirken zu können. Das brauchte er, um seine stoische Lehre weltbekannt machen zu können. Christoph Auffarth fasst Lipsius' Weltanschauung und Einsicht schön in Worte:

> Lipsius ... represents the application of Stoic political philosophy in the early modern age, in the midst of a world torn apart by confessional strife. .... That, as he himself expresses it, was his conversion, namely a conversion to philosophy and not his shifts between formal confessions depending on the requirements of the university which currently employed him[123].

Was für ihn die eigentliche Priorität bildete, läßt sich mit einem Brief an Franciscus Bencius illustrieren, den er im April 1584 geschrieben hatte. Bencius ist in die *Societas Jesu* eingetreten und Lipsius spricht sein Vertrauen in die Richtigkeit seines Entschlußes aus, aber er relativiert auch, was er davon hält, und stellt dem gegenüber, was er wirklich bedeutungsvoll findet:

> Du hast deine Lebensweise geändert, hörte ich und ich hoffe zuversichtlich, dass die dich künftig durchaus bewahrt. Und wirklich, mein Bencius, was bedeuten diese menschliche Änderungen, wenn nicht nur Zufälle in ständigem Fluß? Hierin ist eigentlich keine echte Sicherheit, wenn du sie nicht am Anker der echten Frömmigkeit befestigen wirst. Von mir wich

---

121   ILE IV, 91 08 31 LI, Z. 17–21.
122   *Iusti Lipsii Saturnalium libri duo*, ... Brill, Leiden, Boston 2011, S. 40–43.
123   C. Auffarth, *Living Well and Living On: Matyrdom and the imago vitae in the Early Modern Age* in: J. Dijkstra, J. Kroesen und Y. Kuiper, edd., *Myths, Martyrs and Modernity: Studies in the History of Religions in Honour of Jan N. Bremmer* Leiden 2009, S. 584–587.

auch der jugendliche Leichtsinn und nur noch dieses eine Interesse habe
ich und das ist, dass ich die ganze Zeit meines Lebens, die mir noch übrig
ist, der Vorzüglichkeit und den seriösen Themen widme. Ich habe öffentlich den Anfang gemacht, das zu zeigen und vor kurzem die zwei Bücher
De Constantia publiziert, die, wenn ich mich nicht irre, eine gewisse
Frömmigkeit offenbaren, jedoch mit dem Segel der alten Philosophie ...[124]

Manche meinen dass Lipsius in Leiden katholisch geblieben ist[125]. Aber wenn
auch Mitgliederlisten der protestantischen Kirche in Leiden aus Lipsius' Zeit
fehlen, gibt es genügend Hinweise für seinen Protestantismus: 1583 hatte man
Lipsius gebeten, an einem Projekt für eine neue Kirchenordnung teilzunehmen[126]. Warum würde man Lipsius wählen, wenn man sich von der Richtigkeit
seines Glaubens nicht sicher war? Außerdem mußten nach den Statuten der
Universität alle Mitarbeiter die kirchliche Lehre unterschreiben[127]. Würde man
kaum drei Jahre nach dem Festlegen der Statuten eine Ausnahme gemacht
haben, ohne dies ausführlich begründen zu mussen? Thomas Sosius war katholisch und man wollte nicht, dass er auf einen Lehrstuhl berufen wurde und
Paulus Buys war wahrscheinlich auch katholisch und das sah man ebenfalls als
ein Problem[128]. Dann gibt es einen Brief von seinem Freund, dem Jesuiten Fran-

---

124 ILE II, 84 04 05 B, 6–12: *Genus vitae mutasse te audivi, quod salutare tibi futurum omnino*
     confido. Et revera, mi Bensi, quid haec humana sunt, nisi iactationes et fluctus? In quibus
     nihil firmum sit, nisi ad anchoram ea alliges verae pietatis. A me quoque abiit illa iuventus et
     una mihi haec cura, ut quicquid hoc est aevi in virtute et seriis iam studiis traducam. Publice
     id testari coepi et edidi nuper De Constantia libros duos, qui pietatem (nisi fallor) aliquam
     praeferunt, etsi priscae philosophiae velo ...
125 Zum Beispiel Jeanine de Landtsheer, *Pius Lipsius or Lipsius Proteus*, in: *Between Scylla and*
     Charybdis ..., ed. J. de Landtsheer und H. Nellen, Leiden 2006, S. 348.
126 ILE I, 83 01 23 R1, 22–23 und Anmerkung.
127 P.C. Molhuysen, *Bronnen tot de geschiedenis der leidsche universiteit*, eerste deel 1574–7
     februari 1610, Den Haag 1913, S. 19*: *In hunc ordinem, ut neque in scholam, cooptabitur nemo*
     nisi qui prius doctrinae consensum cum istis ecclesiis manus propriae subscriptione testatus
     sit et iis accenseri earumque disciplinae subiici se ferat. Deligentur autem de collegarum sen-
     tentia, non nisi tamen accedente magistratus auctoritate constituendi atque adeo presbyterii
     ipsius iudicio, quo sic etiam fiat academiae cum ecclesia coniunctio testatior.
128 In den Akten des Kirchenvorstandes, die sich im regionalen Archiv Leiden befinden,
     (N.H. Kerkenraad, 160), s.p., wird überliefert, dass Petrus Hackius Paulus Buys zitierte
     und erzählte, dass Buys die spanische Inquisition gegenüber der Genfer (kalvinistische)
     Disziplin bevorzugte, welch letztere er die Misthure (auf niederländisch heißt es: die
     pokkige hoer) nennte. Einer Baarsdorp sagte, dass Buys, obwohl er zur Kirche ging, wenn
     man ihn sezieren würde, würde man einen Doppelkatholiken in seinem Herz finden.

ciscus Bencius, der meldet, dass Lipsius die katholische Kirche in seinem Herzen nie verlassen hat[129]. Warum würde er „in seinem Herzen" zufügen, wenn
Lipsius die katholische Kirche ganz und gar nicht verlassen hätte?

Selbst wenn Lipsius sogar allein nach seinem eigenen Gefühl katholisch
geblieben war, hätte er dann mit trockenen Augen können ansehen, wie man
die Universität finanzierte und die Professoren bezahlte durch Enteignungen
von Klöstern, den Verkauf von deren Eigentum, das Einziehen von ihren Renten
und Pachtgeldern und das Auferlegen von Steuern? Auch ihre Bibliotheken
wurden eingezogen[130].

1585 publizierte er seine Tacitus Ausgabe nochmals. In der Einführung gra-
tulierte er der Bevölkerung von Leiden zu der Befreiung von der römischen
Unterdrückung[131]. Das könnte er nicht sagen als Bekräftigung seiner festen Ver-
bindung mit der katholischen Kirche. Lipsius' Pfarrer in Leiden, Caspar Coolhaes, erzählte, dass Lipsius mit Pfarrern verkehrte und häufiger als einmal pro
Woche zur Kirche ging[132]. Lipsius meldete selbst auch, dass er am Gottesdienst
der Protestanten teilgenomen hatte[133]. Dass Lipsius nicht zum heiligen Abend-
mahl ging[134], war kein Beweis für seinen Katholizismus. Man hatte seinerzeit
mehr Scheu, an dem Ritus teilzunehmen[135]. Erst als er 1591 an die Universität Löwen berufen wurde, kehrte Lipsius in Mainz in die katholischen Kirche
zurück. Davor mußte er doch protestantisch gewesen sein. Interessant ist die
Behauptung von H.T. Oberman, dass viele katholisch erzogenen Menschen, die

---

129   ILE IV, 91 11 30 von Franciscus Bencius, Z. 12–13: … catholicam religionem, quam semper
       animo retinuisti.

130   P.C. Molhuysen, *Bronnen tot de geschiedenis der leidsche universiteit*, eerste deel 1574–7
       februari 1610, Den Haag 1913, S. 1, 3, 4, 5, 11, 12, 19, 57, 59 und 60.

131   *Iusti Lipsii ad Annales Corn. Taciti liber Commentarius sive notae*, Lugduni apud Ant. Gry-
       phium, MDLXXXV, S. *4: *In ordinibus Bataviae I. Lipsius dedicat consecratque … Macti hoc
       laude, o Batavi, quod angelus unus Europae provocare Romanum imperium et quindecim
       legiones ausi sitis, non sine occulta lege fati, iam tunc vindices et assertores publicae liberta-
       tis.*

132   H.T. Oberman, Van Leiden naar Leuven, de overgang van Justus Lipsius naar eene Room-
       sche Universiteit, in: Nederlandsch Archief voor Kerkgeschiedenis 5, ed. J. Pijper, Den Haag
       1908, S. 74, Anmerkung 4.

133   A. Steuer, Die Philosophie des Justus Lipsius, Münster 1901, S. 2.

134   Gegen J. De Landtsheer, *Pius Lipsius or Lipsius Proteus*, in *Between Scylla and Charybdis …*,
       ed. J. De Landtsheer und H. Nellen, Leiden 2006, S. 328.

135   Der Pfarrer Caspar Coolhaes hatte in Lipsius' Zeit in einer vollen Kirche nur fünf Men-
       schen die zum heiligen Abendmahl gingen. H.T. Oberman, *Van Leiden naar Leuven: de
       overgang van Justus Lipsius naar eene Roomsche Universiteit*, in: Nederlandsch Archief voor
       Kerkgeschiedenis 5, ed. F. Pijper, Den Haag 1908, S. 206, Anmerkung 1.

protestantisch geworden waren, gegen Ende ihres Lebens wiederum katholisch wurden[136].

Freundschaften in Leiden

Über Lipsius' Kontakte mit seinen Freunden ist schon vieles geschrieben, das ich nicht verbessern kann[137]. Weil sie wichtig für Lipsius waren, möchte ich darüber doch etwas sagen. Es ist deutlich, dass er seine Freunde liebte und sie ihn liebten. Eine Illustration ist der ergreifende Brief von Dousa's Frau, den sie geschrieben hatte, als sie erkannte, dass sie Lipsius vielleicht nie mehr sehen könnte[138]. Aber Lipsius' eigene Briefe geben auch ein klares Bild, vor allem, als er schon aufgebrochen war und seine Freunde in Leiden nicht verlieren wollte. Er bot seine ganze Kraft auf zu erklären, dass sein Kontakt mit ihnen nicht abnehmen, sondern sich eher verbessern würde, weil es weniger Komplikationen durch die Universität gäbe. Er verwies auf seine schlechte Gesundheit und die Notwendigkeit seiner Heilung als Entschuldigung für seinen Fortgang, aber auch wollte er so seine Abreise begreiflich und akzeptabel machen, um seine Freundschaften zu behalten[139]. Die Trauer der Zurückgebliebenen, die ihm viele Briefe sendeten[140], deutet auf echte Freundschaftgefühle hin. Es handelt sich hier nicht nur um Besorgnis um die Qualität der Universität.

Schlußfolgerung

Justus Lipsius hat sich in Leiden seriös und gut seiner Aufträge entledigt. Er war ein erfolgreicher Gelehrter, der viel publizierte, vor allem auf dem Gebiet

---

136 *Ibidem*, S. 300–301, Anmerkung 2. Leider nennt er keine Quelle.

137 Zum Beispiel C.L. Heesakkers, *Justus Lipsius and the Dousa Family*, in M. Laureys e. a., eds., *The World of Justus Lipsius: A Contribution towards his Intellectual Biography*, Bruxelles-Brussel-Rome 1998 (Bulletin van het Belgisch Historisch Instituut LXVIII, 1998), pp. 255–271. Idem, *Lipsius, Dousa en Jan van Hout ...* in: *Lipsius in Leiden ...*, ed. C.L. Heesakkers und K.A.E. Enenkel, Voorthuizen 1997, S. 93–120.

138 ILE IV, 91 06 30, *passim*.

139 Siehe ILE IV, 91 06 18, 11–13, ILE IV, 91 02 02, 1–6, ILE IV, 91 02 22, 14–16, ILE IV, 91 01 23, 9–10, ILE IV, 91 07 11 D1, 1–7, ILE IV, 91 09 29 D1, ILE IV, 91 07 11 H, 8–10.

140 Zum Beispiel ILE IV, 91 05 07 von Justus Raphelengius, ILE IV, 91 05 09 R2 von Franciscus Raphelengius jr., ILE IV, 91 05 17 von Dousa sr., ILE IV, 91 06 24 V von Bonaventura Vulcanius, ILE IV, 91 07 06 von Dousa jr.

der Philosophie und der Historiographie. Er zeigte sich aktiv und hilfreich und er nahm meistens Teil am Vorstand der Universität. Er konnte gut mit seinen Kollegen und offensichtlich noch mehr mit seinen Studenten auskommen, die er in großer Zahl anzog.

Aus dem Ärger und der Trauer über seinen Aufbruch zeigte sich, dass man ihn sehr schätzte. Er hatte aber nie vorgehabt, endgültig zu bleiben. Aus seinen Briefen wird bald klar, dass er unter den politischen und theologischen Streitigkeiten litt. Die große Anzahl Konflikte und Kündigungen in jener Zeit in Leiden kann man leicht in allerlei Quellen antreffen. Lipsius versuchte – manchmal vergeblich – als Friedenstifter zu fungieren und das frustrierte ihn. Trotz der vielen positiven Seiten seines Aufenthalts in Leiden, die Lipsius sicherlich sah, fand er es schwer in Leiden und nicht allzu angenehm. Nach der Rückkehr von seinem ersten, gescheiterten Versuch 1586 abzureisen, wurde die Situation in Leiden nicht leichter oder reizvoller, obwohl er stets sehr gut wusste, dass er geschätzt wurde. Hinsichtlich der Religion hatte er keinen inhaltlichen Vorzug. Im Gegenteil, sein Ziel war die Bekanntmachung der stoischen Philosophie. Er verweigerte darum jede Einmischung in theologische Fragen, vielleicht auch aus Angst, in Zwist zu geraten. Er klagte oft über seine Gesundheit. Die Gründe seines Aufbruchs sind wahrscheinlich, dass er dachte, in der Umgebung von Löwen ruhiger arbeiten zu können und er hoffte, sich da auch gesünder zu fühlen. Vielleicht hatte er ja auch ein bißchen Heimweh.

Die Ausgaben von *De Amphitheatro* und *De Amphitheatris quae extra Romam Libellus* zu Lipsius' Lebzeiten[1]

Lipsius war befreundet mit Plantin und seinem Schwiegersohn Jan Moretus, die beinahe alle seine Werke publizierten. Seit der Plantinverlag sich 1583 auch in Leiden niedergelassen hatte, publizierten sie Lipsius' Ausgaben in der *Officina Plantiniana* in Leiden. Von 1583 bis 1590 erschien immer ein Teil einer Publiktion mit der Abbildung und Angabe von Leiden und der andere Teil ebenso mit den Daten von Antwerpen[2].

Die zwei Bücher, *De Amphitheatro* und *De Amphitheatris quae extra Romam Libellus* sind stets gemeinsam publiziert[3]. Wohl sind es zwei separate Bücher mit einzelnen Titelblättern. Lipsius publizierte vier unterschiedliche Ausgaben. Mehrere Illustrationen verleihen allen Ausgaben Glanz.

Die erste Ausgabe

Die erste Edition kam in Leiden heraus, am achten Juli 1584: *Iusti Lipsii De Amphitheatro Liber, in quo forma ipsa loci expressa et ratio spectandi cum aeneis figuris. Lugduni Batauorum ex officina Christophori Plantini* MDLXXXIV.

Voran stellt er den Widmungsbrief an die Kuratoren der Universität, Janus Dousa, Paulus Buys und Abraham van Almonde[4]. In dem Brief äußert Lipsius seine Dankbarkeit für die Gastfreundlichkeit und die Gunstbeweise. Das war angemessen, weil die Universität von Leiden ihm seine Stelle als Professor verliehen hatte. Dieser Brief steht in den ersten drei Editionen. In der vierten Ausgabe kam er nicht mehr vor[5], weil Lipsius dann schon in Löwen war.

---

1 Siehe L. Voet, *The Platin Press (1555–1589), a bibliography of the works printed and published by Christopher Plantin at Antwerp and Leiden*, 3. Bd., Amsterdam 1981, S. 1347–1352 und *Bibliotheca Belgica, bibliographie générale des Pays Bas*, fondée par Ferdinand van der Haeghen, réédité sous la direction de Marie-Thérèse Lenger, 3. Bd., Bruxelles 1964, S. 895–900.

2 L. Voet, *The Platin Press* … 3. Bd., Amsterdam 1981, S. 1347.

3 L. Voet, *The Platin Press* … 3. Bd., Amsterdam 1981, S. 1348: *In the Plantinian catalogues they are listed as one entity.*

4 Hier Appendix I.

5 Er hoffte auch zur Zeit der ersten Editionen seinem Freund Viktor Giselinus eine Stelle an der Universität zu besorgen. In ILE II, 84 01 08 L, 9–12 suggeriert Lipsius, dass er teilweise

© KONINKLIJKE BRILL NV, LEIDEN, 2015 | DOI: 10.1163/9789004285583_003

Das Exemplar das Lipsius Paulus Buys gegeben hatte, sieht man hier auf Seite 39. Lipsius hat seine Dedikation hier selbst mit einer Feder geschrieben: *Amplissimo viro digno Paulo Busio ordinum aduocato Iustus Lipsius donauit dedicauitque*: Justus Lipsius schenkte und widmete (dies) dem ruhmreichen würdigen Mann Paulus Buys, Ratspensionär.

Dann folgt ein Brief an den Leser[6]. Dieser Brief findet sich in allen Editionen. In humanistischer Untertreibung steht hier, dass der Leser diese Bücher nicht allzu seriös nehmen müsse, da Lipsius sie zur Entspannung in kaum zwölf Tagen geschrieben habe. Auch schreibt er, dass er eigentlich die Philosophie wichtiger findet.

Nach diesen zwei Briefen folgt der Text von *De Amphitheatro*. Am Ende steht eine Errataliste[7], die in den nächsten Editionen fehlt. Danach gibt es das Inhaltsverzeichnis und die Privilegien von Kaiser Maximilian II.[8] von Wien und von Henri III., dem König von Frankreich[9].

Das zweite Büchlein heißt: *Iusti Lipsii De Amphitheatris quae extra Romam Libellus, in quo formae eorum aliquot et typi. Lugduni Batauorum ex officina Christophori Plantini* M DLXXXIV.

Voran findet sich der Widmungsbrief an Abraham Ortelius[10]. Lipsius dankt ihm, weil Ortelius ihm wertvolle Informationen über Amphitheater gegeben hatte[11]. Auch äußert er seine Erkenntlichkeit für Sebastiano Serlio's *De Architectura*, das ihm auch beim Verfassen der Texte geholfen hatte. Dann bespricht Lipsius das bekannte stoische Motiv, dass Reisen für die Seelenruhe nicht gut sei. Dieser Brief steht in allen Editionen. Für die letzte geänderte Ausgabe (1598) hat Lipsius den Text des Briefes verbessert.

Dann kommt der Text von *De Amphitheatris quae extra Romam Libellus* und ein kleiner Brief an den Leser über ein anderes Amphitheater, über welches Lipsius Information gefunden hatte[12] und schließlich noch einmal das Privilegium des Königs Henri III.

---

darum den Kuratoren dieses Buch gewidmet hatte. Er sah zur Zeit der vierten Edition dieses Interesse wahrscheinlich nicht mehr, weil er dann schon nach Löwen abgefahren war. Siehe das Kapitel *Lipsius' Periode in Leiden*.

6   Hier Appendix II.

7   Hier Appendix III.

8   Hier appendix IV.

9   Hier Appendix V.

10   Hier Appendix VI.

11   ILE I, 83 12 28 ist ein Brief von Abraham Ortelius an Lipsius: Er sendet Lipsius via Moretus Informationen über Amphitheater, er vermeldet hier auch einige Amphitheater.

12   Hier Appendix VII.

Die zweite Ausgabe

1585 erschien eine zweite geänderte Ausgabe. Die Änderungen sind meistens
Verdeutlichungen, wie Übersetzungen von griechischen Zitaten, Verbesserungen oder Erweiterungen, die die Argumentation verstärken.

De Amphitheatro beginnt mit den zwei Widmungsbriefen, die es auch in
der ersten Ausgabe gab, dann folgen zwei Gedichte von Theodorus Eusochus,
die die Publikation empfehlen[13]. Die übrigen Widmungsbriefe, Privilegien und
dergleichen sind dieselben wie in der ersten Edition, auch in *De Amphitheatris
quae extra Romam Libellus*. Anders als in der ersten Edition sind die Texte der
zwei Bücher hier in einem Band zusammengebracht[14].

Im Museum Plantijn Moretus findet sich ein Exemplar dieser zweiten Ausgabe, worin Lipsius Notizen gemacht hat, die für die vierte Edition 1598 verwendet worden sind. Die Erweiterungen im neunten Kapitel, IX.3 und IX.6, gehören
zum Beispiel zu diesen Notizen[15].

Die dritte Ausgabe

Die dritte Edition erschien 1589. Hier wird als Verleger Franciscus Raphelengius
genannt. Die ersten zwei Widmungsbriefe sind dieselben, dann folgt ein überaus höfliches Gedicht von Justus Raphelengius[16]. Die zwei Gedichte von der
Ausgabe aus 1585 sind nicht aufgenommen. Weiter sind die Texte dieselben,
mit Ausnahme natürlich von allen Änderungen, Verbesserungen und Ausbrei-
tungen in *De Amphitheatro* und *De Amphitheatris quae extra Romam Libellus*.
Nach dem letzten Text sind die zwei Privilegien noch einmal abgedruckt.

Die vierte Ausgabe

Die letzte Ausgabe ist 1598 publiziert, nach Lipsius' Übersiedlung in den Süden.
Der Text des Titelblatts hat sich nun geändert: *Iusti Lipsii De Amphitheatro
liber, in quo forma ipsa loci expressa et ratio spectandi cum aeneis figuris, omnia*

---

13   Hier Appendix VIII.

14   L. Voet, *The Platin Press* ... 3. Bd., Amsterdam 1981, S. 1351.

15   Sieh K. Enenkel und Jeanine de Landtsheer, *Justus Lipsius. De Amphitheatro liber ... Ant-
      werpen, Christoffel Plantijn, 1585* in R. Dusoir, J. de Landtsheer und D. Imhof, edd., *Justus
      Lipsius (1547–1606) en het Plantijnse huis*, Antwerpen 1997, S. 170–173.

16   Hier Appendix IX.

auctiora vel meliora. Antuerpiae, ex officina Plantiniana apud Ioannem More-tum MDXCVIII cum priuilegiis caesareo et regio. Diese Ausgabe hat, wie ver-meldet, nicht den Widmungsbrief an die drei Kuratoren der Universität von Leiden, weil Lipsius sich nun in Löwen befand. Das Gedicht von Justus Raphe-lengius aus 1589 und die zwei Gedichte aus der Edition von 1585 fehlen. Die andere Texte sind dieselben: Der Brief an den Leser voran *De Amphitheatro* und das Inhaltsverzeichnis hinten in *De Amphitheatro* und der Widmungsbrief an Abraham Ortelius vorin *De Amphitheatris quae extra Romam Libellus.*

Auf dem Titelblatt gibt die Zufügung *omnia auctiora vel meliora* eine richtige Auskunft, denn Lipsius hat in dieser vierten Ausgabe vieles geändert, mehr als beim Fertigstellen der zweiten und dritten Edition.

Es gibt in dieser letzten Ausgabe zwei andere Privilegien[17]. Die vorigen sind verschwunden, weil Lipsius sich jetzt in Löwen befand und die Privilegien, die er in Leiden verwendete, nun nicht mehr gültig waren. Lipsius brauchte jetzt die Zustimmung der katholischen Kirche. Darum auch sind zwei kleine kurze Texte zugefügt: eine Bewilligung von Guilielmus Fabricius Noviomagus, dass diese zwei Bücher von Lipsius herausgegeben werden dürfen[18], und eine Erklärung von Lipsius selbst, dass nur die Verleger von Plantijn seine Texte publizieren dürften[19]. Diese aufs Neue zugefügten Texte finden sich alle hinten im zweiten Büchlein, *De Amphitheatris quae extra Romam libellus.* Nach dem sechsten und letzten Kapitel sieht man so nacheinander den kleinen Brief an den Leser (über ein Amphitheater das Lipsius noch gefunden hatte), die Bewilligung von Noviomagus, die zwei neuen Privilegien und dann Lipsius' Erklärung, dass er wollte, dass seine Bücher nur bei dem plantinischen Verlag ausgegeben wurden. Ein ungeänderter Neudruck dieses Buches erschien 1604.

---

17   Siehe Appendix X und XI.
18   Appendix XII.
19   Appendix XIII.

Marginalia

In allen Editionen gibt es *Marginalia*, kleine zusammenfassende Bemerkungen oder Ankündigungen am Rand. Manchmal sind es auch Erklärungen, zum Beispiel, im ersten Kapitel steht im Text *pater gentis* und am Rand: *i. e. Mars*. Formulierungen wie im vierten Kapitel *vt infra doceo* und *ita distinguo et capio* suggerieren, dass Lipsius die *Marginalia* selbst hinzugefügt hat. Einmal zeigt er sogar eine Erklärung in *De Venatione* an[1], ein Buch, das er niemals herausgegeben hat. Auch ergänzt er manchmal seine Information: zum Beispiel im zweiten Kapitel steht im Text: *Quod nomen quidem apud antiquos – libera republica dico – fere haesit*. Am Rand schreibt er dann: *Et vix aliter apud Ciceronem ac veteres*. Am Ende des siebten Kapitels gibt er im Text eine Übersetzung eines Zitats von Pindarus und am Rand gibt er den griechischen Originaltext.

Manchmal wollte er auch seine kritische Haltung zeigen: Wo im Text steht: *Quinimo ex Minutio colligas, sollemne quoddam ibi hominis sacrificium fuisse, velut ad committendos ludos*, schreibt Lipsius am Rand: *Mactatio horrenda nec Romanorum cultu digna*.

Die *Marginalia* sind nicht in allen Editionen genau dieselben Bemerkungen. Der weitaus größte Teil ist in allen Ausgaben identisch, aber es gibt einige kleinere Unterschiede, die immer Auslassungen sind. Es ist nicht immer deutlich, warum er welche *Marginalia* auslässt. Die vierte und letzte Ausgabe 1598 hat die wenigsten *Marginalia*. Zum Beispiel zitiert Lipsius im vierten Kapitel Tertullianus: *... Et Latio ad hodiernum Joui media in vrbe humanus sanguis ingustatur*. Hier schreibt er in der ersten, zweiten und dritten Ausgabe am Rand: *Ideo media, quia Titi Amphitheatrum in vrbe media, vt infra doceo*. In der vierten Edition lässt er das aus. Vielleicht glaubte er es später nicht mehr. Beim fünften Kapitel (*De Amphitheatro*) steht im Text *Antiquarii ... nostri*. In der ersten, zweiten und dritten Ausgabe steht hier am Rand: *Martianus aliique Archaeologi nostri*. In der vierten Ausgabe lässt er *Martianus aliique* aus. Vielleicht zweifelte er. Merkwürdigerweise gibt er in der dritten Edition im fünften Kapitel zweimal eine Übersetzung von Zitaten von Dio am Rand. Das tut er nur in der dritten Ausgabe. Auch sind die Übersetzungen in den anderen Ausgaben nicht in den Text aufgenommen, also verwendete er sie selbst in der vierten Ausgabe nicht mehr. Im sechsten Kapitel sagt er am Rand *qui campum Martium inclusit*, als eine Verdeutlichung, wo im Text steht: *At veterem finitionem et limitem si*

---

1 In allen Ausgaben, beim fünften Kapitel am Rand: *Quas promo libro I De Venatione*.

© KONINKLIJKE BRILL NV, LEIDEN, 2015 | DOI: 10.1163/9789004285583_004

inspicis. Diese Verdeutlichung findet sich nur in der ersten, zweiten und dritten Ausgabe, nicht in der vierten. Eine ähnliche Änderung gibt es auch im siebten Kapitel.

Als Lipsius wieder in Löwen wohnte, hat er die *Marginalia* wahrscheinlich noch einmal gut durchgesehen und manches weggelassen, was er nicht brauchte oder nicht wichtig fand.

Dialog, Darlegung und die Tradition dieser Literatur

De Amphitheatro

De Amphitheatro ist ein Dialog zwischen Nicolaus Florentius und Justus Lipsius. Florentius ist der Lehrer und Lipsius ist der Schüler. Der Dialog spielt sich in Lipsius' Periode in Rom ab. Am Anfang des Dialogs erzählt Lipsius, dass er aus Liebe für die Antike in Rom war und er spricht über seine wertvolle Freundschaft mit Nicolaus Florentius, der ihm sehr vieles gelehrt hatte. Florentius ist bescheiden, aber sehr gebildet, ein passionierter Wissenschaftler. Der Dialog ist eigentlich die Beschreibung eines Spazierganges, den Lipsius und Florentius zusammen in Rom gemacht hätten und auf dem Florentius dem jungen Lipsius sorgfältig unterrichtet hätte, vor allem über das Colosseum. Im ganzen Dialog gibt es zahlreiche Zitate der antiken und frühchristlichen Autoren.

Erst bespricht Florentius die Geschichte des Amphitheaters und die aufeinanderfolgenden Benennungen. Bald erörtert er die Gebräuche, zum Beispiel die Gladiatorenspiele und die Jagd mit wilden Tieren. Die Götter, denen das Amphitheater gewidmet ist, werden besprochen, das Material, womit Amphitheater früher und später gebaut wurden, und welche Personen die Amphitheater bauen ließen. Vom sechsten Kapitel an kommt das Colosseum sehr detailliert zur Sprache: die Form, der Boden, die Tore, die Abwasserkanäle, die Keller, die Nutzungsarten der Arena, die Mauer, die Balkone, die Sessel der verschiedenen Magistraten, die Anordnung und die Ränge beim Sitzen, die Tribünen, die Gänge und Treppe, das Sprengen mit Flüssigkeiten und Sonnensegel gegen die Hitze, die Filzkappen der Zuschauer und schließlich der Ablegeplatz und die Versenkungsmaschinen. Die Beschreibungen in den Titeln der Kapitel sind sehr präzise und umfassend, so dass man genau sehen kann, welches Thema in welchem Kapitel behandelt wird.

Am Ende des Dialogs gehen Florentius und Lipsius auseinander. In einem Brief vom 1. Januar 1584 schreibt Lipsius an Florentius, dass er *De Amphitheatro* publiziert und dass er darin Florentius mit ihm reden läßt[1]. Lipsius hat seine

---

1 ILE II, 84 01 01, Z. 10: *... iam nunc etiam edo De Amphitheatro librum, in quo facio te loqui mecum. Tam vane? Inquies. Vane, sed ex more scilicet diologorum, in quis a vero abire nobis fas etsi non a decoro!* (Jetzt gebe ich auch schon das Buch über das Amphitheater aus, worin ich dich mit mir reden lasse. So eitel? Sagst du. Eitel, aber nach dem Gebrauch der Dialoge, worin es uns zugestanden ist, von der Wahrheit abzuweichen, wiewohl dann nicht von der Anmut!)

© KONINKLIJKE BRILL NV, LEIDEN, 2015 | DOI: 10.1163/9789004285583_005

Bücher oft als einen Dialog dargestellt, zum Beispiel auch die *Saturnales Sermones*, worin er verschiedene seiner Freunde miteinander diskutieren lässt, und *De Constantia*, wo Carolus Langius als Lipsius' Lehrer funktioniert.

Lipsius war 1569–1570 in Rom. Dort ist er Nicolaus Florentius begegnet. Florentius war auch Niederländer, hatte auch in Löwen studiert und wohnte, als Lipsius in Rom eintraf, schon seit zehn Jahren dort. Lipsius hat auf dem archäologischen Fachgebiet vieles von ihm gelernt.

De Amphitheatris quae extra Romam libellus

Merkwürdigerweise ist das zweite Buch, *De Amphitheatris quae extra Romam Libellus* kein echter Dialog. Es ist eher eine Darlegung, aber vielleicht war Lipsius' Absicht nur weniger deutlich um im zweiten Buch denselben Dialog zwischen Florentius und ihmselbst zu behalten. Er nennt im ganzen zweiten Buch die Namen Lipsius und Florentius nicht. In manchen Kapiteln (zum Beispiel II.3.3, II,4,2 und II.6.4) wird wohl jemand unterrichtet, aber es ist nicht klar, wer das ist. In II.2.2 wird ein *guter alter Mann* (*o bone senex*) angesprochen, aber das ist sehr wahrscheinlich Torellus Sarayna, dessen Argumente Lipsius hier und in den folgenden Paragraphen entkräftet. In *De Amphitheatro* ist Nicolaus Florentius der alte weise Lehrer und Justus Lipsius der junge Schüler. Wenn die Rollen in *De Amphitheatris quae extra Romam libellus* umgekehrt wären, würde das doch deutlich gemacht worden sein. Also ist der gute alte Mann nicht Florentius.

In Übereinstimmung mit dem Titel *De Amphitheatris quae extra Romam Libellus* sind einige Amphitheater außerhalb von Rom das Thema dieses Büchleins. Aber bevor Lipsius diese Amphitheater bespricht, erörtert er die große Popularität der Spiele, wofür viele Amphitheater in beinahe allen Orten auf der Welt gebaut wurden. Er nennt auch einige, worüber er in den Kapiteln danach keine Beschreibung gibt, und einige, die er ausführlich bespricht. Dann behandelt er allerlei Aspekte des Amphitheaters in Verona, wonach er kurz die Amphitheater in Pola und in Nîmes belichtet. Sehr ausführlich behandelt er schließlich im letzten Kapitel ein Amphitheater an der Loire in der Nähe von Cahors.

Die Tradition dieser Literatur

Lipsius war nicht der erste, der über diese Themen publizierte. Autoren, die ihn wahrscheinlich inspirierten, sind Poggio Bracciolini, Leon Battista Alberti,

Flavio Biondo und Pomponio Leto. Genau wie Lipsius kombinierten sie ihre philologische mit ihrer archäologischen Sachkenntnis[2]. Als ein echter begeisterter Philologe schlägt Lipsius viele textkritische Emendationen vor, die er immer erklärt, und zitiert er oft antike Autoren, auch Dichter, und Kirchenväter.

---

2 Für eine gute und deutliche Darlegung dieses Themas, siehe J. Papy, *An antiquarian scholar between text and image? Justus Lipsius, humanist education and the visualization of ancient Rome*, das Kapitel *Lipsius in the antiquarian tradition*, S. 99–104. Sixteenth century journal XXXV/1 (2004). Er gibt auch die dazugehörige Literatur.

Diese kritische Edition

In dieser kritischen Edition habe ich die letzte revidierte Ausgabe, 1598, zu Lipsius' Lebenszeit herausgegeben, weil Lipsius die Texte im Lauf der Zeit beträchtlich erweitert und verbessert hat. Nach 1598 hat Lipsius den Text nicht mehr geändert. Im kritischen Apparat habe ich die verschiedenen Editionen mit ihrem Jahr des Erscheinens angegeben.

Für die Schreibung des Lateins bin ich auch hier so weit wie möglich den Editionen, die Lipsius selbst publiziert hat, gefolgt. Das kann beim Lesen kein Problem sein, weil ähnliche Abweichungen von den modernen Ausgaben antiker Texte sich auch in *Lewis and Short* finden. Ich habe die Buchstaben u und v am Anfang eines Worts stets als v und weiter als u geschrieben mit Ausnahme von den Großbuchstaben, wo ich immer U und V als V wiedergebe. Lipsius' Handschrift zeigt dieselbe Gewohnheit, wie man aus dem Beispiel auf der nächsten Seite ersehen kann. Es ist eine Abbildung der Seite, auf der Lipsius Paulus Buys ein Exemplar der ersten Edition dieses Buches widmet. Außerdem ist diese Schreibweise schon bekannt, weil mehrere modernen Ausgaben von Renaissancetexten sie haben, zum Beispiel *Erasmi Opera Omnia,* ASD.

Die griechischen Zitate habe ich nicht kursiv gegeben. Die Notwendigkeit fehlt, denn Lipsius schreibt eigentlich nur auf Griechisch, wenn er zitiert. In meiner Übersetzung der griechischen Zitate folge ich meistens Lipsius' lateinischer Übersetzung. Wenn Lipsius ein griechisches Zitat nicht übersetzt, gebe ich die deutsche Übersetzung zwischen Klammern.

Die Illustrationen sind Fotos von Abbildungen aus verschiedenen Editionen, weil diese oft dieselben Fotos haben und ich daraus stets das deutlichste und schönste Foto verwenden möchte.

IVSTI LIPSI
DE
AMPHITHEATRO
LIBER.

In quo forma ipsa Loci expressa,
& ratio spectandi.

Cum æneis figuris.

LVGDVNI BATAVORVM,
Ex officina Christophori Plantini.
cIɔ. Iɔ. LXXXIV.

Amphiss? viro
D. PAVLO BVSIO
Ordinum Advocato
I. LIPSIVS
Donavit dedicavitque.

BILD 1   *Iusti Lipsii De Amphitheatro liber in quo forma ipsa loci expressa et ratio spectandi*
cum aeneis figuris, Lugduni Batauorum ex officina Christophori Plantini MDLXXXIV.
Ex. Universiteitsbibliotheek Leiden

IVSTI LIPSI

DE

AMPHITHEATRO

LIBER.

In quo forma ipsa Loci expressa,
& ratio spectandi.

Cum æneis figuris.

ANTVERPIÆ,

Apud Christophorum Plantinum.

cIɔ. Iɔ. LXXXIV.

BILD 2   *Iusti Lipsii De Amphitheatro liber in quo forma ipsa loci expressa et ratio spectandi*
cum aeneis figuris, Antuerpiae apud Christophorum Plantinum MDLXXXIV. Ex.
Universiteitsbibliotheek Leiden

IVSTI LIPSI

DE

AMPHITHEATRO

LIBER.

In quo forma ipsa Loci expressa,
& ratio spectandi.

Cum æneis figuris.

ANTVERPIÆ,

Apud Christophorum Plantinum.

cIɔ. Iɔ. LXXXV.

IVSTI LIPSI

DE

AMPHITHEATRO
LIBER.

In quo forma ipsa Loci expressa,
& ratio spectandi.

Cum æneis figuris.

ANTVERPIÆ,
Apud Christophorum Plantinum,
cIɔ. Iɔ. LXXXIX.

BILD 4   *Iusti Lipsii De Amphitheatro liber in quo forma ipsa loci expressa et ratio*
spectandi cum aeneis figuris, Antuerpiae apud Christophorum Plantinum
MDLXXXIX. Ex. Universiteitsbibliotheek Leiden

IVSTI LIPSI
DE
AMPHITHEATRO
LIBER.

In quo forma ipsa Loci expressa,
& ratio spectandi.

Cum æneis figuris.

OMNIA AVCTIORA VEL MELIORA.

ANTVERPIÆ,
EX OFFICINA PLANTINIANA,
Apud Ioannem Moretum.
M. D. XCVIII.

Cum Priuilegiis Cæsareo & Regio.

BILD 5   *Iusti Lipsii De Amphitheatro liber, in quo forma ipsa loci expressa et ratio*
spectandi cum aeneis figuris, omnia auctiora vel meliora. Antuerpiae ex officina
Plantiniana, apud Ioannem Moretum MDXCVIII, cum priuilegiis Caesareo et
Regio. Ex. Universiteitsbibliotheek Leiden

Iusti Lipsii
De Amphitheatro liber

∴

© KONINKLIJKE BRILL NV, LEIDEN, 2015 | DOI: 10.1163/9789004285583_007

Iusti Lipsii De Amphitheatro liber
in quo forma ipsa loci expressa et ratio spectandi cum aeneis figuris
omnia auctiora vel meliora.
Antuerpiae ex officina Plantiniana apud Ioannem Moretum, MDXCVIII
5   Cum priuilegiis Caesareo et regio

Caput I

Dialogi occasio. Florentii laus. Vrbs diruta, non diruta, et splendidae eius ruinae

1. Cum Romae adolescens admodum agerem lustrandae et noscendae inprimis
antiquitatis, familiaritas mihi fuit sane vtilis cum Nicolao Florentio, populari
10   nostro, viro a quo elogium hoc veritas numquam spernet verae modestiae et
doctrinae. Sed illa in eo statim et adspectu ipso elucebat, haec secreta magis
et recondita nec eruenda nisi in consuetudine aliqua et vsu. Vt gemmarum
lapidumque arcanae vires non nisi attritu et experiendo apparent, sic in plerisque vera eruditio, quae interiori animo insita foras non spectat aut pendet.
15   Alienus enimuero hic noster ab omni ambitione siue typho Bataua quadam
simplicitate agebat quique scire ipse quam sciri, nosse multa quam a multis
nosci praeoptabat. Sed cumprimis illi studium et scientia locorum monumen-
torumque veterum, quae curiose iam aliquot annos lustrabat, indagabat acri
quodam et directo iudicio noua cum priscis, prisca cum illis componens. Haud
20   temere illum fugiebat quid, non dicam in quaque parte Vrbis, sed Italiae eximium fuisset et ex leuibus quibusdam errantibusque vestigiis mirum quam
sagaciter perueniebat ad cubilia ipsa rerum.

2. Cum hoc igitur viro et sermo mihi tunc creber nec infrequens ambulatio
fuit, cum studio quodam antiquitatis incensus, cuius amor, vt cum Pindaro

---

1–5 Titulus] Iusti Lipsii … MDXCVIII *1598* Iusti Lipsi De Amphitheatro liber | In quo forma ipsa
loci expressa et ratio spectandi | cum aeneis figuris | Antuerpiae apud Christopher Plantinum
| Lugduni Batauorum ex officina Christophori Plantini | MDLXXXIV *1584*   Iusti Lipsi De
Amphitheatro liber | In quo forma ipsa loci expressa et ratio spectandi | cum aeneis figuris |
Antuerpiae apud Christophorum Plantinum | MDLXXXV *1585*   Iusti Lipsi De Amphitheatro
liber | In quo forma ipsa loci expressa et ratio spectandi | cum aeneis figuris | Antuerpiae apud
Christophorum Plantinum | Lugduni Batauorum ex officina Christophori Plantini MDLXXXIX
1589   10 hoc *1598*] *deest in 1584, 1585, 1589*   22 rerum *1598*] *deest in 1584, 1585, 1589*   24 fuit *1598*]
deest in 1584, 1585, 1589

Justus Lipsius' Buch über das Amphitheater
worin genau das Aussehen des Orts wiedergegeben
geworden ist und die Anschauungsweise mit
kupferfarbenen Gravüren, alles vergrößert und verbessert

Antwerpen, aus dem Plantinischen Verlag bei Ioannes Moretus 1598
Mit kaiserlichen und königlichen Privilegien

1. Kapitel

Umstände des Dialoges. Lobesworte für Florentius. Die zerstörte und doch nicht zerstörte Stadt und ihre wunderschöne Ruinen

1. Als ich mich als junger Mann noch in Rom aufhielt, vor allem um die Antike zu betrachten und kennen zu lernen, war die Freundschaft mit Nicolaus Florentius für mich wirklich nützlich, unser Landsmann, ein Mann, von dem die Wahrheit niemals das Lob der echten Bescheidenheit und Erudition entfernt. Seine Bescheidenheit wurde gleich durch seinen Anblick klar. Die Erudition ist geheimer und verborgener und kann nur durch vertrauten Umgang und durch Bekanntschaft ans Licht kommen. Wie die verborgene Kräfte von Edelsteinen und Perlen sich nur durch reiben und testen aufhellen, so tritt echte Erudition, die im Kern der Seele ist, meistens nicht an die Öffentlichkeit und ist davon auch nicht abhängig. Weil alle Schmeichelei und Arroganz unserem Freund fremd waren, verfuhr er mit einer holländischer Aufrichtigkeit, er, der selbst eher kennen als gekannt werden wollte, der viel Wissen vor Ruhm bei vielen bevorzugte. Aber vor allem hatte er Enthusiasmus und Kenntnis von alten Stellen und Erinnerungszeichen, die er schon einige Jahre neugierig untersuchte und mit einer scharfen und gerichteten Urteilsfähigkeit erforschte, wobei er stets neue mit alten Daten und umgekehrt verglich. Nicht leicht entging ihm etwas, das, sage ich nicht in jedem Teil der Stadt, aber in jedem Teil des Italiens besonders sein könnte und aus einigen vagen und undeutlichen Spuren erreichte er, wunderbar wie vernünftig, den Ursprung der Sachen.

2. Mit diesem Mann also sprach ik damals oft und wir spazierten auch häufig, denn durch Enthusiasmus für die Antike begeistert – die Liebe dafür hatte,

dicam, pupugerat mihi mentem, saepe et peterem et promerem aliquid ex hoc thesauro. Quod ipsum accidit die quodam aestiuo pomeridiano cum ego eum statim a prandio, vna enim fueramus, manu prendens "imusne?" inquam. "Quo iam?" inquit ille. "Solemni nostro more", inquam, "per colles istos ambulatum".

5   Ille paullo adductior "at solem hunc non vides, Lipsi?" inquit, "quem scire debes peregrino capiti Romae non amicum." Ego cum risu "de sole securus es mea quidem caussa", inquam, "vetus ego illi alumnus nec quidquam metuo a meo Phoebo."

3. Ita mox sumptis palliis exiuimus et praeter Vipsanii Pantheon trangressi
10 collem Capitolinum adscendimus, descendimus tandemque per Forum Romanum et Titi arcum siue fornicem euntes haudprocul stetimus a principis eius mole, pedem enim hic fixit Florentius. "Et visne, Lipsi," inquit, "dispersa in hoc campo ossa paullisper legamus magnae matris, Romam dico, cuius reliquias et velut cineres adhuc vides, etsi crematae non vno busto, euersae non vno fato.
15 Tres ad pulcherrimum hoc mundi opus euertendum dii conspirarunt: Cronus, Vulcanus et pater ipse gentis.

> *Non tamen annorum series, non flamma nec ensis*
> *aeternum potuit hoc abolere decus,*

vt antiquus quispiam poeta vere ait. Scilicet haec ipsa ruta et caesa spirant
20 etiam Romam veterem et velut scintillas emittunt prisci splendoris. Ex parietinis ecce istis et ex lapidibus imago statim animo oboritur vrbis, quae vna fuit ab omni aeuo, vna erit. Sed iam distinctius lustremus, viden' tu collem illum ad laeuam? Esquiliae sunt. Radices eius? Ibi Carinae, paullo longius Thermae Titi, hic Vicus Sceleratus." Et cum diceret ille sedulo atque indicaret, ego in alia
25 cogitatione defixus, oculos et mentem omnem habebam in aedificio quod exaduersum erat. Itaque latus mihi tetigit et "itane aliud agis?" inquit. "Ignosce," inquam, "inuitos oculos meos traxit et velut fascinauit eximia illa moles. Et dic, sodes, cuius hoc opus, quando, qua fini, qua olim forma?" Florentius renidens

---

26 erat *1598*] *deest in 1584, 1585, 1589*

um mit Pindarus zu sprechen, meinen Geist durchdrungen- fragte ich oftmals etwas und brachte ich etwas aus dieser Fundgrube hervor. Genau das geschah eines Sommertages am Nachmittag, als ich ihn gleich nach dem Mittagsmahl, denn wir waren zusammen, anfasste, und bat: „Gehen wir?" „Wohin dann nun?" zauderte er. „Wir müssen nach unserem üblichen Gebrauch über jenen Hügeln spazieren," behauptete ich. Er versuchte ein bißchen ernster: „Aber siehst du die Sonne nicht, Lipsius? Du musst doch wissen, daß sie in Rom für einen Ausländer nicht freundlich ist." Ich sagte lächelnd: „Sei über die Sonne für mich jedenfalls beruhigt, ich bin ihr alter Pflegesohn und ich fürchte meinen Sonnengott keineswegs."

3. So nahmen wir bald unsere Mantel und gingen weg, wir passierten das Pantheon von Vipsanius und erkletterten den Kapitolinischen Hügel, wir stiegen herunter, gingen schließlich durch das Forum Romanum und den Bogen von Titus, oder den Triumphbogen, und standen nicht weitweg von dem Riesengebäude von jenem Kaiser still, denn Florentius blieb hier stehen. Er schlug vor: „Willst du, Lipsius, ein Weilchen mit mir die im Feld zerstreuten Knochen der erhabenen Mutter, ich meine Rom, betrachten? Du siehst ihre Reste und sozusagen die Asche noch, obwohl sie durch nicht eines Feuer erbrennt, durch nicht eines Verhängnis zerstört worden sind. Drei Götter konspirierten, um das allerschönste Werk der Welt zu zerstören: Kronus, Vulkanus und auch der Vater des Volks.

Nicht die Reihe der Jahre, nicht das Feuer, nicht das Schwert könnte die ewige Schönheit vernichten,

wie irgendein alter Dichter mit Recht schrieb. Zweifellos atmen genau die eingestürzten und zerbrochenen Reste noch immer das alte Rom und senden gleichsam Funken der alten Pracht aus. Sieh, aus diesen Ruinen und aus den Steinen entsteht im Geist gleich das Bild der Stadt, die in jeder Zeit einzigartig war, einzigartig sein wird. Aber betrachten wir sie nun genauer: Siehst du jenen Hügel, auf der linken Seite? Es ist der Esquilin. Der Fuß? Da gibt es die Carinae, ein bißchen weiter die Thermen von Titus, hier gibt es den Vicus Sceleratus." Aber als er begeistert sprach und zeigte, war ich in anderen Gedanken versunken, meine Augen und meinen ganzen Geist hatte ich auf das Gebäude gerichtet, das gegenüber uns lag. Also berührte er meine Seite und fragte: „Bist du mit etwas anderem beschäftigt?" „Entschuldigung!" rief ich, „dies besondere Riesengebäude zog meine Augen wider Willen mit und gleichsam bezauberte es sie. Und sag, wenn du so gut sein willst, wer baute es, wann, zu welchem Ziel, wie sah es einmal aus?" Florentius antwortete lächelnd: „Du fragst

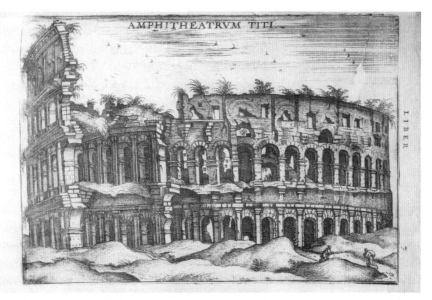

BILD 6   *Iusti Lipsii De Amphitheatro liber in quo forma ipsa loci expressa et ratio spectandi*
           cum aeneis figuris, Antuerpiae apud Christophorum Plantinum MDLXXXIX, *S. 7. Ex.*
           Universiteitsbibliotheek Leiden

"nae tu multa simul et semel petis" inquit, "ac vereor, cum Plautino illo sycophanta, ne face et viatico nobis opus sit ad tam longae narrationis iter. Tamen
docebo te in parte, transi huc et propius lustra."

Caput II

5 *Ad amphitheatri descriptionem aggressio. Primo de nominibus eius quaesitum,*
   cur amphitheatrum dictum et cur cauea

1. Iam intrauimus et videmus ecce confusam loci faciem et formam vere infor-
mem. Lacera omnia et dirupta nec aliud quam egregii operis vmbra et cadauer.
Itaque cum suspirio ad Florentium "heu, quae ista res?" inquam, "manu omnia
10 diruta, vt video, aut collapsa aeuo sine articulis vllis prisci corporis, sine mem-
bris et quis mihi eruet ex istis verum vultum?" "Periti", inquit Florentius, "inter
quos non ego, tamen quoniam auide aues, lineas tibi eius operis videor posse
ducere et deformare id in parte." "Adiuua hoc, Florenti", inquam ego, "per tuam
fidem, certe si vllum opus dignum memoria et notitia nostra est, videtur istud."
15 "Nec erras," inquit, "itaque cum Aristophane

wirklich vieles auf einmal und ich fürchte mit dem plautinischen Betrüger, dass wir für einen so langen Weg von Erzählungen eine Laterne und ein Überlebenspaket brauchen. Doch werde ich dich teilweise unterrichten, komm hier und betrachte es näher."

II. Kapitel

Ansatz zu einer Beschreibung des Amphitheaters. Erst die Frage nach den Benennungen, weshalb es Amphitheater genannt wurde und weshalb cavea

1. Wir traten schon hinein und siehe da, wir sahen den wüsten Anblick des Orts und die wirklich formlose Form. Alles war zerrissen und zerbrochen und es gab nichts anderes als einen Schatten des rühmlichen Werks und eine Ruine. Mit einem Seufzer also fragte ich Florentius: „Leider! Was ist hier geschehen? Wie ich sehe, ist alles gewalttätig eingerissen oder im Lauf der Zeit verfallen ohne einige Gelenke eines früheren Körpers, ohne Glieder und wer wird hieraus das wahre Aussehen für mich ausfindig machen?" „Die Sachverständigen," antwortete Florentius, „zu denen ich nicht gehöre; doch, weil du so begierig fragst, kann ich wahrscheinlich für dich Striche des Bauwerks umreißen und es teilweise darstellen." „Hilfe hierbei, Florentius", sagte ich, „bei deiner Freundschaft, wenn ein einziges Werk unserer Erwähnung und Bekanntschaft würdig ist, ist es sicherlich das." „Du irrst dich nicht" versicherte er, „also, um mit Aristophanes zu sprechen,

Ἐκ τῶν ποδῶν ἐς τὴν κεφαλήν σοι πάντ' ἐρῶ

quod sciuero quidem ego poteroque. Nam quaedam etiam esse in quibus
haereo et caligo, non nego.

2. Vastum igitur hoc omne quod vides, spectaculi locus fuit et ludicrae volup-
5   tatis. Colissaeum, vt scis, hodie dicunt, prisci amphitheatrum et saepe caueam,
saepe arenam. Tria enim haec nomina reperio. Amphitheatrum Graeca voce
ideo, quia gradus circum vndique et sedilia continenter disposita ambibant in
orbem. Dio Cassius: θέατρον κυνηγετικὸν, ὃ καὶ ἀμφιθέατρον ἐκ τοῦ πέριξ πανταχόθεν ἕδρας ἄνευ σκηνῆς ἔχειν προσερρήθη· *Theatrum venatorium, quod et amphi-*
10 *theatrum dictum est ex eo, quod sedes vndique in orbem habeat sine vlla scaena.*

3. At cauea Latinis ab interiore hac parte, quae concaua, vt vides, et capaci
quodam profundo, quod nomen quidem apud antiquos, libera republica dico,
in theatris fere haesit, sed sub principibus, cum gratia et vsus amphitheatrorum increbuisset, bono iure migrauit ad ista. Ammianus libro xxix: *alter in*
15 *amphitheatrali cauea cum adfuturus spectaculis introiret ...* Tertullianus contra Marcionem: *Quid? Non in omnem libidinem ebullis, non frequentas solemnes*
voluptates circi furentis et caueae saeuientis et scaenae lasciuientis? Vbi cum
saeuitiam caueae adtribuat, clarum est intellegi de amphitheatro. Saluianus
pariter: *quidquid immoderationis in circo, quidquid furoris in caueis.* Iulius Fir-
20 micus: *Nati sub sidere Caniculae erunt venatores, arenarii, parabolarii et qui sub*
conspectu populi in caueis cum feris pugnent. Prudentius:

> *Quid puluis caueae semper funebris et illa*
> *amphitheatralis spectacula tristia pompae?*

Idem iterum de Virgine Vestae quae it ad gladiatores spectandos:

25 > *Inde ad concessum caueae pudor almus et expers*
> *sanguinis it pietas ...*

Apuleius item aperte: *Dies ecce muneri destinatus aderat et ad conseptum caue-*
ae prosequente populo pompatico fauore deducor.

9–10 *Theatrum ... scaena 1598, 1589*] *deest in 1584, 1585*

Ἐκ τῶν ποδῶν ἐς τὴν κεφαλήν σοι πάντ' ἐρῶ

(*werde ich dir alles von Anfang bis Ende mitteilen*)

wieweit ich es jedenfalls wissen und können werde, denn ich verneine nicht, dass es auch bestimmte Dinge gibt, worüber ich zweifle und in dichtes Dunkel gehüllt bin.

2. Die ganze Wüste, also, die du siehst, war der Ort des Schauspiels und der schauspielerischen Lust. Jetzt nennen sie es das Colosseum, wie du weißt, früher hieß es *amphitheater*, oft *cavea* und oft *arena*. Denn diese drei Benennungen finde ich historisch berichtet. Die griechische Bezeichnung Amphitheater gibt es darum, weil sich rundum überall Stufen und Sitzplätze, die eine direkt nach der anderen geordnet im Kreise, finden. Dio Cassius schreibt: θέατρον κυνηγετικόν, ὃ καὶ ἀμφιθέατρον ἐκ τοῦ πέριξ πανταχόθεν ἕδρας ἄνευ σκηνῆς ἔχειν προσερρήθη, *das Jagdtheater, das darum auch Amphitheater genannt wird, weil es an allen Seiten im Kreise Sitzplätze ohne eine Bühne gab.*

3. Aber *cavea* wurde es von den Lateinern nach dem inneren Teil genannt, der hohl (*concava*) war, wie du siehst, mit einer geräumigen Tiefe. Jener Name blieb jedenfalls bei den Alten, ich meine die freie Republik, meistens für Theater bestimmt, aber unter den Kaisern, als die Beliebtheit und die Benützung der Amphitheater zugenommen hatten, ging die Benennung mit Recht dazu über. Ammianus erwähnt im 29. Buch: *als der eine Mann in den Zuschauerraum des Amphitheaters hineintrat, um bei den Schauspielen anwesend zu sein,* ... Tertullianus sagte in *Adversus Marcionem*: *Was? Tobst du dich noch nicht in jeder Lust aus? Besuchst du noch nicht die feierlichen Vergnügungen des aufreizenden Zirkusses und des rasenden Zuschauerraums und der zügellosen Bühne?* Und hier, als er die Raserei des Zuschauerraums hinzufügt, ist es klar, dass er das Amphitheater meint. Salvianus sagt ebenso: *Was für Unmäßigkeit im Zirkus, was für Wut in den Zuschauerräumen* ... Julius Firmicus sagt voraus: *Die Jäger, die Arenakämpfer, die Gladiatoren, und sie, die vor den Augen des Volks in den Arenen mit wilden Tieren kämpfen, werden künftig unter den Hundsstern geboren.* Prudentius dichtet: *Warum ist der Staub der Arena immer todbringend und sind die Schauspiele des Amphitheaterpomps so traurig?* Und er schreibt wiederum über die Vestalin, die zu den besehenswerten Gladiatoren geht: *Daher fügte sich zum Publikum des Zuschauerraums die gütige Gewissenhaftigkeit und Frömmigkeit, die an Blut unbeteiligt ist.* Apuleius sagt ebenso deutlich: *Sieh, der fürs Schauspiel bestimmte Tag war da und zum Zaun des Zuschauerraums wurde ich herabgeführt, weil das Volk mich in Prozession mit Beifall begleitete.*

4. Tertullianus, si recta lectio est, *caulam* etiam in libello De Spectaculis dixit noue magis quam improprie: *Ceterum qualia illa sunt, quae nec oculus vidit nec auris audiuit, credo circo et vtraque caula et omni stadio gratiora.* Vbi ea voce includit etiam theatrum, nisi si legendum *cauea.*

5 ### Caput III

Arenae nomine dictum eumdem locum ideo, quia sterni arena solitus. Cuius gene-
ris ea stratura? Quam varia? Plinius et Ouidius explicati. Arenarii. Tertullianus
emendatus et declaratus

1. Sed et arenam dixere vulgo, scilicet quia is locus desabulari solet et arena
10 sterni in vsum pugnae, nam si lapide aut ruderato in tam crebra effusione sanguinis lubrico statim pauimento, quae ratio standi aut certandi? Arenam iniecere igitur quae bibula et quam ipsam renouare et velut inarare etiam soliti per interualla ludorum. Martialis ostendit de leone subito efferato:

Nam duo de tenera iuuenilia corpora turba
15 *sanguineam rastris quae renouabat humum,*
saeuus et infelix furiali dente peremit.
Martia non vidit maius arena nefas.

2. Et credo quidem vulgariam arenam insterni solitam, nisi quod quidam rasu-
ram lapidis albi destinarunt etiam huic rei quaesita gratia candoris. Plinius
20 libro xxxvi: *Inuenere et alium vsum eius lapidis, in ramentis quoque, Circum*
Maximum sternendi, vt sit in commendatione et candor. Nec scio an ad hunc morem, mentem et calamum Ouidius flexerit cum de gladiatorum spectaculo scribit:

Altera tresque super rasa celebrantur arena.

25 Rasam enim arenam ingerunt hic consensu fidi et prisci libri nec caussam adiectionis aliam facile inuenio ab ista. Nisi si rasa ideo, quia superficies illa aequabilis tersa vento et velut rasa. At principes interdum arenae loco instra-

---

26–27 Nisi ... velut rasa *1598, 1589, 1585*] *deest in 1584*

4. Tertullianus nennt es im Büchlein *De Spectaculis*, wenn die Lesung korrekt ist, auch *caula* (einen an beiden Seiten offenen Raum), eher neu als unpassend: *Übrigens, wie sie sind, die kein Auge gesehen und kein Ohr gehört hat, ich glaube die sind beliebter als der Zirkus und die caula und jede Rennbahn.* Und hier versteht er unter diesem Wort auch das Theater, falls nicht *cavea* (theater) gelesen werden sollte.

III. Kapitel

Derselbe Ort wurde darum Arena genannt, weil man ihn gewöhnlich mit Sand bedeckte. Welche Herkunft hatte die Bedeckung? Und wie veränderlich war sie? Plinius und Ovidius werden expliziert. Gladiatoren werden besprochen. Tertullianus wird korrigiert und erklärt

1. Mann nannte es gewöhnlich auch Arena, natürlich weil der Platz üblicherweise mit Sand angefüllt wurde und sie für den Gebrauch eines Kampfs mit Sand bedeckt wurde. Denn wenn der Platz mit Steinen, gebrochen oder nicht, bedeckt würde, dann wäre die Bedeckung mit einem so großen Strom von Blut gleich schlüpfrig, wie könnte man dann noch stehen bleiben oder kämpfen? Sie bedeckten ihn darum mit Sand, weil der leicht Feuchtigkeit einsaugt und den sie gewöhnlich erneuerten und eben umsozusagen in den Ruhepausen der Spielen umpflügten. Martialis zeigt es anhand des Löwens, der plötzlich wild geworden war: *Denn der wüste und unheilvolle Löwe tötete mit seinen wütenden Zahnen zwei zarte Jungen aus der Menge, die den blutigen Grund mit Harken erneuten. Die Arena von Mars hat kein abscheulicheres Unrecht gesehen.*

2. Ich glaube ja, dass meistens gewöhnlicher Sand als Bodenbelag verwendet wurde, außer dass manche Leute auch Schabsel von weißem Stein hierzu bestimmten um den gewünschten Glanz. Plinius schreibt im 36. Buch: *Sie dachten sich auch eine andere Verwendung des Steines aus, ebenso in Schabseln, als Grundbedeckung für den Zirkus Maximus, so dass der Glanz auch zur Anziehungskraft gehörte.* Ich weiss nicht ob Ovidius auf jenen Brauch seinen Gedanken und Schreibfeder richtete, als er über das Gladiatorenschauspiel schrieb: *Und die weiteren drei werden gefeiert auf dem glattrasierten Sand.* Denn die zuverlässigen und alten Handschriften introduzieren den glattrasierten Sand einstimmig hier und ich finde hieraus nicht leicht einen anderen Grund für die Zufügung, wenn der Sand nicht darum glattrasiert war, weil die Oberfläche gleichmäßig durch den Wind egalisiert und wie glattrasiert war. Aber die

uere minium aut chrysocollam. Plinius: *Visumque est Neronis principis specta-*
culis arenam circi chrysocolla spargi, cum ipse concolori panno aurigaturus esset.
Suetonius de Caio: *Edidit et circenses quosdam praecipuos minio et chrysocolla*
constrato circo.

5   3. Sed haec monstrorum aliquot dementia, quibus satis non fuit ostentare opes
suas in spectaculis, voluerunt et calcare. Ceterum editorum vulgus contenti, vt
dixi, arena. Inde ea vox passim pro certamine amphitheatrali proque ipso loco.
Tacitus: *Spectacula gladiatorum idem ille annus habuit pari magnificentia ac*
priora, sed feminarum senatorumque illustrium plures per arenam foedati sunt.
10 Iuuenalis:

> *... et municipalis arenae*
> *perpetui comites.*

Suetonius: *equestrem ordinem vt scaenae arenaeque deuotum adsidue proscidit.*
Horatius: *Ne populum extrema toties exoret arena.* Capitolinus: *multos qui secum*
15 *in arena pugnassent se praetores videre.* In edicto aedilium: *quiue in arenam*
depugnandi caussa ad bestias intromissus fuerit.

4. Sed nonne et circus et stadium, inquies, arenis strata, non et illa igitur
in communionem admissa huius vocis? Strata sed non admissa, caue credas
quotiensque "damnari in arenam", "arena mitti", taliaque in iurisconsultis siue
20 historicis legis, caute accipias de ferro tantum aut cultro, id est gladiatoribus
aut venatione et magis pro ista.

5. Imperator quidem clare discriminat ecce a circo lege viii.c De Repudiis:
Nec vllo modo vxorem expellet nisi adulteram vel circensibus vel theatralibus
vel arenarum spectaculis se prohibente gaudentem. In quo vsum quemdam
25 sermonis obtinuisse potius quam rationem non infitebor, ab hac stirpe arenarii
qui in arena depugnant. Symmachus: *dies muneris nostri tempori admouetur,*
cui largitas candidati sola non sufficit si lautioribus arenariis deferatur. Arcadius

Kaiser bedeckten den Platz der Arena manchmal mit Mennige oder Borax. Plinius erzählt: *Man beschloss bei den Schauspielen von Kaiser Nero die Arena des Zirkus mit Borax zu bedecken, weil er selbst in einem gleichgefärbten Outfit an den Wagenrennen teilnehmen würde.* Suetonius schreibt in seiner *Vita Caligulae*: *Er organisierte auch Zirkusspiele, die außerordentlich waren, weil der Zirkus mit Mennige und Borax bedeckt war.*

3. Aber der Wahnsinn einiger Ungetümen war so, dass es ihnen nicht genug war ihre Reichtümer in den Schauspielen zu zeigen. Sie wollten den Ort auch betreten. Die übrige Darbieter waren, wie ich sagte, mit dem Sand zufrieden. Daher wurde dieses Wort ohne Unterschied für den Amphitheaterwettkampf und für den Platz selbst verwendet. Tacitus erzählt: *Dasselbe Jahr hatte Gladiatorenvorstellungen mit gleicher Pracht wie die vorige, aber mehr vornehme Frauen und Senatoren besudelten sich mit dem Amphitheater.* Juvenalis vermeldet: *Die ewigen Freunde der munizipalen Arena.* Suetonius erwähnt: *Den Ritterstand machte er ständig herunter, weil er der Bühne und der Arena sehr ergeben war.* Horaz sagt: *Um seine Freiheit nicht so oft dem Volke am Rand der Arena abzubetteln.* Capitolinus schreibt: *Viele, die mit ihm in der Arena gekämpft hatten, betrachteten sich nun wie Praetoren.* Im Aedilenedikt steht: *Oder wie um mit den Tieren bis zum Tode zu kämpfen in die Arena hineingeleitet war.*

4. Du wirst fragen: Aber der Zirkus und die Rennbahn sind ja doch mit Sand gepflastert? Sind sie nicht auch zur gemeinschaftlichen Verwendung der Bezeichnung zugelassen? Sie sind gepflastert, aber nicht zugelassen, ja glaube das nicht und wie häufig du auch „zur Arena verurteilt werden", „aus der Arena gelassen werden", und solche Formulierungen liest bei den Juristen oder den Historikern, verstehe sie sicher nur über das Schwert oder das Messer, das heißt über die Gladiatoren oder die Jagd mit wilden Tieren, und mehr für die Jagd.

5. Sieh, der Kaiser jedenfalls unterscheidet es deutlich vom Zirkus, im Kapitel des Gesetzes 8 *De Repudiis* (Über Verstoßungen): *Niemand darf auf irgendeine Weise seine Frau verstoßen, außer wenn sie ehebrecherisch ist oder wenn sie an Zirkus–, Theater- oder Arenenspielen Vergnügen findet, wenn ihr das verboten worden ist.* Ich werde nicht verneinen, dass hierin eher ein Sprachgebrauch als ein Verfahren entstanden ist. Von jener Herkunft gab es die *Arenarii* (Gladiatoren), die in der Arena bis zum Tode kämpften. Symmachus erwähnt: *Der Tag unseres Schauspiels komt zu rechten Zeit, wofür die Freigiebigkeit unseres Kandidaten alleine nicht genügt, als man die für ansehnlichere Gladiatoren*

iurisconsultus: *si ea rei conditio sit, vbi arenarium testem vel similem admittere cogimur,* id est, arena alterutra pollutum ideoque infamem. Tertullianus: *scaenicos, xysticos, arenarios illos amentissimos, quibus viri animas, feminae autem illis etiam corpora sua substernunt.* Ita scribendus indubie is locus et significat
5 pius et seuerus noster censor, insaniisse in hoc genus hominum non vnam Faustinam, nimirum, vt poeta ait,

> *... ferrum est quod amant,*

imo telum.

6. Nec alia, quod sciam, loci huius nomina. Nam eiusdem Tertulliani illud
10 inuolutum libello De Spectaculis, capite xii, emendatione vera euoluo. Legunt vulgo: *quid ego de horrido loco dicam, quem nec periuria sustinent? Pluribus enim et asperioribus nominibus amphitheatrum consecratur quam Capitolium, omnium daemonum templum est.* Frustra quaeras haec nomina. Scribo igitur et distinguo: *asperioribus numinibus Amphitheatrum consecratur quam Capito-*
15 *lium. Omnium daemonum templum est.*

Caput IV

Ex occasione de diis quibus Amphitheatrum sacratur: Dianae inprimis, Ioui Latiari siue Diti, item Saturno. Ara Iouis in arena. Mactatio ad eam stata vnius e bestiariis. Tertulliano ac Minutio lux

20 1. Quod, vt tibi liqueat, non defugiam breuiter ea commemorare, quoniam id quoque ad lucem huius rei facit. Dedicabant inprimis locum et ludum hunc Dianae. Tertullianus: *Martem et Dianam vtriusque ludi* – gladiatorium et venatorium designat- *praesidem nouimus.* Cassiodorus magis distincte sacra Dianae Tauricae: *Spectaculum,* inquit, *tantum fabricis clarum, sed actione teterrimum in*
25 *honorem Scythicae Dianae repertum, quae sanguinis effusione gaudebat.* Nec ab alia caussa Dianam pro ipsa venatione amphitheatrali Martialis posuit:

> *Inter Caesareae discrimina saeua Dianae.*

---

21 facit *1598*] *deest in 1584, 1585, 1589*   24–25 *Spectaculum ... gaudebat 1598, 1589, 1585*] *deest in 1584*

darbietet. Der Jurist Arkadius schreibt: *Als das dafür die Bedingung sein soll, dass wir gezwungen werden einen Gladiator oder jemand ähnlichen als Zeugen zuzulassen,* anders gesagt, besudelt mit gleich welcher Arena und darum übel. Tertullianus donnert: *Die verrücktesten Schauspieler, Athleten und Gladiatoren, denen die Männer ihre Seelen, die Frauen aber auch noch ihre Körper preisgeben.* So soll diese Stelle zweiffellos geschrieben werden und so deutet unser fromme und strenge Kritiker es an, dass inmitten des Menschengeschlechts nicht nur eine Faustina wahnsinnig geworden ist; ohne Zweifel, wie der Dichter sagt: ... *sie lieben genau das Schwert,* ja selbst die Angriffswaffe.

6. Es gibt, soweit ich weiss, keine anderen Bezeichnungen dieses Orts. Denn die schwer verständliche Stelle im Büchlein *De Spectaculis,* auch von Tertullianus, Kapitel 12, mache ich mit einer echten Emendation klar. Man liest allgemein: *Was soll ich über den schrecklichen Ort sagen, den eben Meineide nicht stützen? Denn das Amphitheater wird mehr und rauheren Namen gewidmet als das Kapitol, es ist der Tempel aller Dämonen.* Erfolglos würdest du die Namen suchen. Ich schreibe also und unterscheide: *das Amphitheater wird mehr und rauheren Schutzgeisten gewidmet als das Kapitol. Es ist der Tempel aller Dämonen.*

IV. Kapitel

Infolge der Gelegenheit wird über die Götter, denen das Amphitheater gewidmet ist, gesprochen: vor allem zu Diana, zum lateinischen Juppiter oder Dis und ebenso zu Saturnus. Juppiters Altar befindet sich in der Arena, wobei ein Mord an einem Tierkämpfer begangen wurde. Erklärung von Tertullianus und Minutius

1. Ich werde eine kurze Erwähnung hiervon nicht vermeiden, wie dir klar sein soll, weil sie auch zur Verdeutlichung dieses Thema beiträgt. Sie widmeten den Ort und dieses Spiel vor allem Diana. Tertullianus sagt: *Marz und Diana kennen wir als Beschützer der beiden Spiele.* Er meint die Gladiatorenspiele und die Tierkämpfe. Cassiodorus meldet expliziter, dass sie an Diana Taurica gewidmet waren: *Die Show war nur durch die Kunstgriffe berühmt, wurde aber abscheulich befunden durch die Ausführung zu Ehren der skythischen Diana, die sich über das Ausgießen von Blut freute.* Aus keinem anderen Grund setzte Martialis Diana genau zum Schutz des Tierkampfs im Amphitheater ein: *Inmitten von den grausamen Gefahren der caesarischen Diana.*

2. Sed et Ioui sacrabant siue Latiari, siue Stygio. De illo Tertullianus Apologetico: *Ecce in illa religiosissima Aeneadarum vrbe est Iupiter quidam, quem ludis suis humano sanguine proluunt. Sed bestiariorum, inquitis. Opinor hoc minus quam hominum.* Idem scriptor aduersus Gnosticos: *Sed enim Scytharum Dianam, Gal-*
5   *lorum Mercurium, Afrorum Saturnum victima humana placari apud saeculum licuit. Et Latio ad hodiernum Joui media in vrbe humanus sanguis ingustatur.* Minutius Felix: *Jupiter cum Hammon dicitur, habet cornua et cum Capitolinus, tunc gerit fulmina et cum Latiaris, cruore perfunditur.* Stygium siue infernalem interpretari eum videtur Prudentius:

10   *Quid puluis caueae semper funebris et illa*
        amphitheatralis spectacula tristia pompae?
        Hae sunt deliciae Iouis infernalis, in istis
        arbiter obscuri placidus requiescit Auerni.

et aram imo Ditis in Amphitheatro positam agnoscere, quae sanguine hoc
15 perfusa:

        Funditur humanus Latiari in munere sanguis,
        consessusque ille spectantum soluit ad aram
        Plutonis fera vota sui. Quid sanctius ara,
        quae bibit egestum per mystica tela cruorem?

20 3. Quin imo ex Minutio colligas solemne quoddam ibi hominis sacrificium fuisse velut ad committendos ludos. Ait: *Hodieque a Romanis Latiaris Iupiter homicidio colitur et quod Saturni filio dignum est, mali et noxii hominis sanguine saginatur. Mali,* inquit, *et noxii hominis,* id est bestiarii. Itaque labor vt in Tertulliani loco, quem primitus adtuli, cum melioribus libris legam: *Sed bestiarii,*
25 *inquitis. Opinor hoc minus quam hominis.* Sed praeter hos deos Saturnus etiam in partem venit huius tutelae. Lactantius ita adserit ex sententia Sinnii Capitonis: *Venationes et quae vocantur munera Saturno adtributa sunt, ludi scaenici Libero, circenses Neptuno.*

        Caput v

30 *Quando prima amphitheatra coepere, videri sero irrepsisse idque statim post venationem. Sed lignea primo fuisse, mox e lapide, Statilii Tauri. Augustum*

2. Aber sie widmeten sie auch dem lateinischen oder unterweltlichen Juppiter. Über ihn sagt Tertullianus im *Apologeticum*: *Schau, in der allerheiligsten Stadt von Aeneas' Söhnen gibt es einen Juppiter, den sie mit Spielen oder mit menschlichem Blut sühnen. Ihr sagt: Das sind doch Spiele von Tierkämpfer. Ich glaube das weniger als von Menschen.* Derselbe Autor schreibt in Adversus Gnosticos: *In jenem Zeitalter war es möglich die Diana der Skythen, den Merkurius der Gallier, den Saturnus der Afrikaner mit einem menschlichen Opfer zu erfreuen. Und sie lassen bis heute den latinischen Juppiter mitten in der Stadt menschliches Blut kosten.* Minutius Felix erwähnt: *Wenn Juppiter Hammon genannt wird, hat er Hörner und wenn er Capitolinus genannt wird, dann trägt er Blitzstrahle und wenn er der Latinische genannt wird, wird er mit Blut übergossen.* Prudentius sieht ihn offensichtlich als unterweltlich oder unterirdisch: *Warum ist der Staub der Arena immer todbringend und sind die Schauspiele des Amphitheaterpomps so traurig? Das sind die Herrlichkeiten des unterirdischen Juppiters, worin der Gebieter des dunklen Avernersee sich ruhig erholt.* Auch kennt er selbst einen Altar von Dis im Amphitheater, der mit dem Blut übergossen ist: *Menschliches Blut wird im Schauspiel für den latinischen Jupiter vergossen und dieser Versammlung von Zuschauern erfüllt bei Pluto's Altar sein grausames Versprechen. Was ist heiliger als der Altar, der durch die mystischen Waffen vergossenes Blut einsaugt?*

3. Ja wirklich, man kann aus Minutius schließen, dass es dort ein feierliches Menschenopfer gab, sozusagen um die Spiele zu eröffnen. Er meldet: *Heute ehren die Römer den latinischen Juppiter mit einem Menschenopfer und weil es des Saturnussohns würdig ist, feiern sie mit dem Blut eines schlechten und schuldigen Menschen.* Er sagt *eines schlechten und schuldigen Menschen,* das bedeutet eines Tierkämpfers. Ich ändere es also, wie in Tertullianus' Stelle, die ich zum ersten Mal zitierte, ich muss mit den besten Handschriften lesen: *Aber eines Tierkämpfers, sagt ihr, ich glaube das weniger als eines Menschen.* Aber außer diesen Göttern nimmt auch Saturnus am Schutz Teil. Lactantius stellt das nach Sinnius Capito's Meinung so sicher: *Tierkämpfe und solche, die man Schauspiele nennt, teilte man Saturnus zu, die Theaterspiele Liber und die Zirkusspiele Neptunus.*

v. Kapitel

Wann die ersten Amphitheater aufkamen, dass sie wahrscheinlich spät einschlichen und gleich nach dem Tierkampf. Erst gab es hölzerne und bald steinerne Amphitheater. Das Amphitheater von Statilius Taurus. Augustus war Tierkämp-

deditum venationibus. Dio correctus. Antiquariorum error in loco Tauriani Am-
phitheatri

1. De impia vanitate satis, ad locum describendum redeo, cuius primum ortum
et quasi natalem diu quaesiui frustra. Non enim magis clarum quando amphi-
5   theatra haec instituta, quam quando venatio ipsa. Quam posteriorem gladiatoribus esse et in circi sede diu haesisse, inducor non vanis coniecturis. Nata
tamen amphitheatra, nisi fallor, haud diu ante tempora reipublicae desiden-
tis et quidem temporanea primum et e ligno. Ita curionem – illum tribunicium
dico qui tuba belli ciuilis- ligneam molem exstruxisse, quae diducta duo theatra
10   redderet iterumque amphitheatrum vnum conducta Plinius refert libro xxxvi.

2. Et in Dione lego theatrum quoddam e ligno exstructum corruisse cum multorum clade. Verba enim eius sic rescribam libro xxxvii: Καί τι καὶ θέατρον πρὸς
πανήγυρίν τινα ἐκ ξύλων ᾠκοδομημένον ἀνετράπη καὶ ἄνθρωποι παμπληθεῖς ἀπώλοντο, non vt vulgo, ἐκ Σύρων, ex quo interpres nescio quid perplexi expedit siue
15   impedit potius *ad ludos de Syris.* Sane valde recepta et crebra spectacula haec
lignea, quod Vitruuius etiam suggerit libro v: *Dicet aliquis forte multa theatra*
Romae facta quot annis nec vllam rationem harum rerum in his fuisse, sed erra-
bit in eo, quod omnia publica lignea theatra tabulationes habent complures, quas
necesse est sonare.

20   3. Et Caesar ipse Iulius iam dictator amphitheatrum ligneum exstruxit in campo Martis, quod Dio Cassius adsignificare videtur fuisse inuenti noui libro xliii:
πολλούς, inquit, καὶ παντοδαποὺς ἀγῶνας ἔθηκε, θέατρόν τι κυνηγετικὸν ἰκριώσας,
ὃ καὶ ἀμφιθέατρον ἐκ τοῦ πέριξ πανταχόθεν ἕδρας ἄνευ σκηνῆς ἔχειν προσερρέθη,
multa et varia spectacula edidit venatorio quodam theatro e lignis structo, quod
25   *et amphitheatrum ex eo, quod vndique sedilia in orbem habeat sine scaena, appel-*
latum est. Dixi ligneum, quia Dio verbo vtitur ἰκριώσας et quia postea memoria
eius nulla.

24–26 *multa ... appellatum est 1598] deest in 1584, 1585, 1589*

fen ganz hingegeben. Dio wird korrigiert. Ein Fehler der Altertumhistoriker in einer Stelle über das Amphitheater von Taurus

1. Genug über die gottlose Nichtigkeit. Ich gehe zurück um den Ort zu beschreiben. Wovon er anfänglich entstanden und sozusagen gebürtig war, fragte ich mich seit langer Zeit vergeblich. Denn wenn die Amphitheater entstanden sind, ist nicht klarer, als wenn der Tierkampf selbst entstand. Dass der Tierkampf später als die Gladiatoren ist und lange am Ort des Zirkusses geblieben ist, weiss ich aus überzeugenden Deutungen. Wenn ich mich nicht irre, sind die Amphitheater doch nicht lange vor dem Fall der Republik entstanden und zwar erst zeitlich und aus Holz. So erwähnt Plinius im sechsunddreißigsten Buch, dass der Kurienvorsteher – ich meine den tribunizischen, der der Anstifter des Bürgerkriegs war – einen hölzernen Riesenbau errichtet hatte, den er, auseinandergezogen, zu zwei Theatern und, wieder zusammengefügt, zu einem Amphitheater machte, so berichtet Plinius im 36. Buch.

2. In Dio lese ich auch, dass ein aus Holz gebautes Theater zum Unglück von vielen eingestürzt war. Denn seine Wörter im siebenunddreißigsten Buch schreibe ich so um: Καί τι καὶ θέατρον πρὸς πανήγυρίν τινα ἐκ ξύλων ᾠκοδομημένον ἀνετράπη καὶ ἄνθρωποι παμπληθεῖς ἀπώλοντο (*und auch stürzte ein Theater, das für irgendeine Feier aus Holz gebaut worden war, ein und zahllose Menschen kamen ums Leben*), nicht wie man gewöhnlich liest, ἐκ Σύρων, woraus ein Übersetzer, ich weiß nicht was für undeutliches berichtet oder eher verwirrt: *zu den Spielen von den Syriern.* Sicherlich waren diese hölzernen Theater sehr volkstümlich und zahlreich und das fügt Vitruvius im fünften Buch auch hinzu: *Jemand wird vielleicht sagen, dass so viele Jahren in Rom viele Theater gebaut wurden und das es darin keinen Vorteil davon gab, aber er wird sich darin irren, weil alle öffentlichen hölzernen Theater mehrere Täfelungen haben, die notwendigerweise Schall leiten.*

3. Und Julius Caesar selbst baute als Diktator schon ein hölzernes Amphitheater am Campus Martius. Cassius Dio zeigt es in seinem dreiundvierzigsten Buch offenbar als eine neue Erfindung: πολλούς, sagt er, καὶ παντοδαποὺς ἀγῶνας ἔθηκε, θέατρόν τι κυνηγετικὸν ἰκριώσας, ὃ καὶ ἀμφιθέατρον ἐκ τοῦ πέριξ πανταχόθεν ἕδρας ἄνευ σκηνῆς ἔχειν προσερρέθη, *viele und vielerlei Schauspielen veranstaltete er, nachdem er ein Tierkampftheater aus Holz gebaut hatte. Man nannte es darum auch ein Amphitheater, weil es rundum in einem Kreis Sitze ohne eine Bühne hatte.* Ich schrieb *aus Holz,* weil Dio das Verb ἰκριώσας (*ein Holzgerüst aufbauen*) verwendet und es später keine Nachricht davon gibt.

4. At sub Augusto et venatio valde iam increbuit et increuit eius dignitas siue vna cum opibus augescente luxu siue potius, quia ipse ille princeps valde in hunc ludum pronus. Victor de eo: *Quodque est laeti vel amoeni animi oblectabatur omni genere spectaculorum praecipue ferarum incognita specie et infinito*
5 *numero*. Et ipse Augustus in lapide Ancyrano fatetur venationes se dedisse, QVIBUS.CONFECTA.SUNT.BESTIARVM.CIRCITER.TRIVM.MILIVM.ET.QVIN-GENTA.

5. Itaque statim venationi tunc reperta propria et mansura domus, amphitheatrum exstructum e lapide Augusti suasu Statilii Tauri opibus et sumptu
10 in campo Martio, de quo Dio libro li: ὁ Ταῦρος Στατίλιος θέατρον τι ἐν τῷ Ἀρείῳ πεδίῳ κυνηγετικὸν λίθινον καὶ ἐξεποίησε τοῖς ἑαυτοῦ τέλεσι καὶ καθιέρωσε, *Statilius Taurus in campo Martio theatrum quoddam venatorium lapideum et struxit suis impensis et dedicauit*. Ait Dio diserte ἐν τῷ Ἀρείῳ πεδίῳ.

6. Antiquarii igitur nostri quomodo non errant qui locant id in monte Coe-
15 lio? Praesertim cum et Victor in descriptione summaria vrbis pariter ponat in regione ix Circi Flaminii, sub qua Martius Campus. Hoc solum primumque lapideum amphitheatrum Romae fuit ad tempora Vespasiani. Nam quod Caligula struere coeperat apud Septa, Claudius omitti voluit Suetonio narrante in Caligula capite xxi. Et quod Nero postea magnificum in campo Martio erexit, fuit
20 saltem e ligno, de quo Tacitus libro xiii Annalium et Suetonius in Nerone capite xii. Fateor et castrense quoddam amphitheatrum fuisse regione Esquiliis, quod Publius Victor commemorat, sed cuius structor mihi irrepertus, nisi si is Tiberius imperator fuit, qui idem struxit et castra. Pompei amphitheatrum nullum nec Plinius tibi imponat libro xxxvi, capite xv, vbi *Pompeii amphitheatri* aperto
25 librariorum errore leges pro *Pompeiani theatri*. Quod non monerem nisi praeteritum etiam Hermolao.

---

2 ille *1598*] *deest in 1584, 1585, 1589*   11 καθιέρωσε, *Statilius 1598*] καθιέρωσε, id est, Statilius *1584, 1585, 1589*

4. Aber unter Augustus wurden die Tierkämpfe schon zahlreicher und nahm das Ansehen auch zu, entweder weil die Ausschweifung sich gleich mit den Reichtümern ausbreitete oder eher, weil der Kaiser selbst diesem Spiel sehr zugetan war. Viktor sagt hierüber: *Jeder frohe oder angenehme Geist erfreut sich an jeder Sorte Schauen und vorall an einer unbekannten Gattung von wilden Tieren und an einer unendlichen Zahl.* Und Augustus selbst erwähnt am Stein in Ancyra, dass er Tierkämpfe gegeben hat WORAN UNGEFÄHR 3500 TIERE GEOPFERT WORDEN SIND.

5. Also ist für den Tierkampf dann gleich eine geeignete und ständige Behausung gefunden worden, ein Amphitheater am Campus Martius, aus Stein gebaut, auf Augustus' Rat mit den Mitteln und auf Kosten von Statilius Taurus, worüber Dio im einundfünfzigsten Buch sagt: ὁ Ταῦρος Στατίλιος θέατρον τι ἐν τῷ Ἀρείῳ πεδίῳ κυνηγετικὸν λίθινον καὶ ἐξεποίησε τοῖς ἑαυτοῦ τέλεσι καὶ καθιέρωσε, *Statilius Taurus hat auf seine Kosten am Campus Martius ein steinernes Tierkampftheater gebaut und auch eingeweiht.* Dio sagt klar ἐν τῷ Ἀρείῳ πεδίῳ (*am Campus Martius*).

6. Also, wie irren unsere Altertumhistoriker sich nicht, die es situieren am Mons Coelius? Vor allem weil auch Viktor in seiner knappen Darstellung der Stadt es ebenso situiert im neunten Viertel des Zirkus Flaminius, wo auch der Campus Martius ist. Das war zur Vespasianus' Zeit das einzige und erste steinerne Amphitheater in Rom. Denn was Caligula bei den Septa zu bauen begann, wollte Claudius verschwenden lassen, erzählt Suetonius in der Vita Caligula im einundzwanzigsten Kapitel. Und der Bau, den Nero später am Campus Martius prächtig aufrichtete, war jedenfalls doch aus Holz, worüber Tacitus im dreizehnten Buch der Annalen und Suetonius in der Vita Neronis, Kapitel zwölf, schreiben. Ich weiß, dass es auch ein Lageramphitheater in einem Viertel am Esquilin gegeben hat, was Publius Viktor erwähnt, aber ich habe nicht herausgefunden, wer es gebaut hat, vielleicht aber war es Kaiser Tiberius, der ebenso auch Lager baute. Es gab kein Amphitheater von Pompeius, und Plinius soll dich nicht betrügen im sechsunddreißigsten Buch, fünfzehnten Kapitel, wo du durch einen deutlichen Fehler der Kopisten *für das Amphitheater von Pompeius* lesen wirst, statt *für das pompejanischen Theater.* Das würde ich nicht erwähnen, wenn es nicht auch von Hermolaus unberücksichtigt gelassen wäre.

Caput VI

Tauri Amphitheatrum exustum et reparatum. Aliud maius a Vespasiano structum vrbe veteri media. Suetonius correctus, fortasse et Victor. Titus dedicauit id opus, postea collapsum et saepe instauratum

5   1. Statilii ergo illud in multa fama et vsu, donec ambustum fuit sub Nerone. Xiphilinus admonuit vbi de magno illo incendio: τό τε Παλάτιον τὸ ὄρος σύμπαν καὶ τὸ θέατρον τοῦ Ταύρου ἐκαύθη, *Palatinus mons vniuersus et Tauri amphitheatrum conflagrauit.* Et quanquam restitutum postea – Victor id suadet, qui ponit inter opera quae aeuum ferebant suo aeuo–, tamen quia incendio illo infor-
10 mius redditum et infirmius, occasio data Vespasiano et cupiditas struendi noui. Struxit et quidem, vt Suetonius ait, in *media vrbe.* Hoc ipsum, Lipsi, quod insistimus, quod manu oculisque tangimus et quod iure miremur iniuriis restitisse tot annorum, tot bellorum."

2. Ego interrumpens "sermonis mihi venia sit", inquam, "hoc illud ais, quod *vrbe*
15 *media?* Valde erras, oculis hunc vrbis ambitum siue pertica metire a latere propius aberit, quam ab vmbilico." Florentius "Pomoerium te decipit, adolescens", inquit, "nouae vrbis, quod ab Aureliano et post illum est. At veterem finitionem et limitem si inspicis, prope verum est Suetonii nota, cuius ipsa verba referre mihi pretium, vt emendem. In Vespasiano capite ix: *Fecit amphithea-*
20 *trum vrbe media, vti destinasse compererat Augustum. Amplissimos ordines et exhaustos caede varia et contaminatos veteri negligentia purgauit suppleuitque.* Scribo et interpungo: *amplissimum. Ordines.* Amphitheatro enim data laus et titulus, amplissimi, non ordinibus, e quibus soli senatui conuenire eum scio nec tributum equiti vnquam, etsi de iusta medietate tamen haud adfirmo, satis
25 est circa fuisse.

---

5 fuit *1598*] *deest in 1584,1585,1589*   7–8 *Palatinus … conflagrauit 1598*] *deest in 1584, 1585,* id est, *Mons Palatinus vniuersus et Theatrum Tauri exustum 1589*   18 prope verum est *1598*] nihil verius *1584, 1585, 1589*   24–25 etsi … fuisse *1598*] *deest in 1584, 1585, 1589*

VI. Kapitel

*Das Amphitheater des Taurus ist ausgebrannt und repariert. Ein anderes grö-
ßeres wurde von Vespasianus mitten in der alten Stadt gebaut. Suetonius wird
korrigiert, wahrscheinlich Viktor auch. Titus widmete jenes Bauwerk, später ist
es eingestürzt und oft wiederherstellt*

1. Das Amphitheater von Statilius war also sehr bekannt und häufig im Gebrauch, bis dass es unter Nero verbrannt wurde. Xiphilinus erinnerte uns daran,
wo er über die große Brandstiftung schreibt: τό τε Παλάτιον τὸ ὄρος σύμπαν καὶ
τὸ θέατρον τοῦ Ταύρου ἐκαύθη, *der ganze Palatin und das Amphitheater von Taurus gingen in Flammen auf.* Und obwohl es später wiederhergestellt wurde –
Viktor erwähnt das mit Überzeugung, der es zwischen den Bauwerken situiert, die in seiner Zeit die Zeit überdauerten –, gab das Vespasianus doch, weil
es durch den Brand hässlicher und baufälliger erschien, die Gelegenheit und
den Wünsch ein neues zu bauen. Er baute ein Amphitheater, und zwar *mitten in der Stadt,* wie Suetonius sagt. Das ist das Amphitheater hier, Lipsius, das
wir betreten, das wir eigenhändig berühren, mit unseren Augen wahrnehmen
und worüber wir uns mit Recht wundern, dass es soviele Gewalttätigkeiten von
sovielen Jahren und sovielen Kriegen überlebt hat."

2. Ich unterbrach ihn und sagte: „Ich hoffe, dass ich die Darlegung nicht störe,
aber was meinst du, wenn du sagst *mitten in der Stadt?* Du irrst dich sehr,
mit den Augen oder mit einer Messlatte den Umfang der Stadt von der Seite
messen, wird näher sein als vom Mittelpunkt." Florentius antwortete: „Der
Maueranger der neuen Stadt, der es seit und nach Aurelianus gibt, ist für
dich betrügerisch, junger Mann. Aber wenn du die alte Definition und die
alte Grenze siehst, ist es nach Suetonius' Notiz beinahe wahr. Es ist für mich
der Mühe wert genau seine Formulierung zu zitieren, um sie zu korrigieren.
In der Vita Vespasiani, neuntes Kapitel, erzählt er: *Er baute ein Amphitheater mitten in der Stadt, wo er begriffen hatte, dass Augustus es bestimmt hatte.
Er säuberte die ansehnlichsten Stände, die durch vielerlei Morde erschöpft und
durch alte Nachlässigkeit befleckt waren und füllte sie an.* Ich schreibe und
ich nehme die Interpunktion vor: *Er baute ein sehr großes Amphitheater ... Er
säuberte die Stände ...* Denn das Amphitheater bekam das lobende Prädikat
sehr groß, nicht die Stände, von denen ich weiß, dass er nur mit dem Senat
umging und nie einem Ritter ein Geschenk gab, obwohl ich über die richtige Mitte doch unsicher bin, ist es befriedigend genug, dass es ungefähr so
war.

3. Struxit autem Vespasianus in consulatu suo octauo, id est vix biennio ante
vitae finem. Inducor a nummo cuius inscriptio: IMP. CAESAR. VESPASIAN.
AVG. COS. VIII. P. P. et parte altera expressa haec amphitheatri figura. Itaque
coepit opus ipse, non absoluit, struxit, non exstruxit. At Titus filius summam
5   manum imposuit idemque dedicauit. Duorum ergo principum opus ideoque
non male Sextus Rufus, qui ambigue inscripsit *Flauii Amphitheatrum*, etsi fama
et vulgus Tito magis adiudicarit siue fauore quodam in illum siue potius ex
Romano ritu, quo receptum opera censeri a dedicante.

4. Non satis considerate igitur Eutropius et Cassiodorus, qui fecisse Titum id
10   autumant, magis Aurelius Victor, qui perfecisse: *Biennio post*, inquit, *ac men-*
ses fere nouem amphitheatri perfecto opere lautusque veneno interiit. Vbi lauti
vox meis naribus parum elauta, quam enim habet sententiam? Scribamque
libens *amphitheatri perfecto opere lautibusque* vel *lautiisque.* Censeo enim duo
opera commemorari ab eo Titi, amhitheatrum et thermas. Quas infrequentiori
15   nomine *lautus* adpellat, vti Festus *lautulas: loca vbi lauandi vsum exercebant.*
Durum hoc mihi ipsi videretur, nisi Victorem cogitarem et reliquam eius adfec-
tatae nouitatis phrasim. Atque hi duo soli principes fecere, alii refecere, cum
casu aliquo laesum aut igne fuit. Inter eos Marcus Antoninus Pius, vt refert
Capitolinus: *Opera eius*, inquit, *Romae haec exstant: templum Hadriani, Graeco-*
20   *stadium post incendium restitutum, instauratum amphitheatrum.* Item Eligabalus Lampridii testimonio: *amphitheatrum ab eo instauratum post exustionem.*

5. Denique senatus ipse eam tuitionem suscepit sub Gordianis. Capitolinus:
Quid enim opus est de restitutione templorum, de thermis Titianis, de aedifica-
tione amphitheatri agere? Ita multorum cura et genio quodam perennitatis per-
25   uenire tanta machina potuit ad hoc aeui.

_____

18 fuit *1598*] *deest in 1584, 1585, 1589*   23–24 *aedificatione 1598*] *exaedificatione 1584, 1585, 1589*

3. Vespasianus baute es aber in seinem achten Konsulat, das heißt, kaum zwei Jahre vor seinem Tod. Ich lass mich durch eine Münze mit folgender Inschrift führen: DER KAISER CAESAR VESPASIANUS AUGUSTUS ACHT MAL KONSUL, VATER DES VATERLANDS und an der anderen Seite gab es diese Kontur des Amphitheaters. Also begann er selbst das Werk, er vollendete es nicht, er baute daran, er baute es nicht fertig. Aber sein Sohn Titus führte es zu Ende und er widmete es auch. Also war es das Werk von zwei Kaisern und darum sah Sextus Rufus es nicht slecht, der unentschieden *Flavius' Amphitheater* erwähnte, obwohl die öffentliche Meinung und das Volk es eher Titus zuschrieben, entweder durch eine Vorliebe für ihn, oder eher durch einen römischen Brauch, der Werke an denjenigen, der es gewidmet hatte, zuschrieb.

4. Nicht wohl überlegt genug also behaupteten Eutropius und Cassiodorus, dass Titus es gemacht hatte, mehr überlegt sagte Aurelius Viktor, dass er es vollendet hatte: *Zwei Jahre und ungefähr neun Monate nachdem er den Bau des Amphitheaters vollendet hatte, starb er an Gift nach einem Bad.* Und da kann ich mit den Worten *nach einem Bad (lautus)* nichts, denn welche Bedeutung hat es dann? Schreibe ich mit Vergnügen: *Nachdem er den Bau des Amphitheaters vollendet hatte und auch den Bau der Bewirtung auf Staatskosten (lautiis).* Denn ich meine, dass von diesem Titus zwei Werke erwähnt werden, das Amphitheater und die Thermen. Und die führt er mit den ziemlich unüblichen Worten *nach einem Bad* an, wie Festus die *Lautulae: Orte, wo sie die Gewohnheit des Waschens handhaben* nennt. Das würde auch für mich schwierig sein, wenn ich Viktor und den übrigen rednerischen Ausdruck seiner affektierten Novität nicht überdacht hätte. Und diese zwei Kaiser bauten es nur, andere stellten es wieder her, als es durch einen Sturz oder Feuer beschädigt war. Zwischen ihnen war Markus Antoninus Pius, wie Capitolinus erzählt: *Die folgende Werke von ihm sind in Rom noch übrig: der Tempel von Hadrianus, das nach dem Brand wiederhergestellte Graecostadium und das erneuerte Amphitheater.* Ebenso Eligabalus nach Lampridius' Zeugnis: *das Amphitheater, das von ihm nach dem Brand erneuert worden war.*

5. Schließlich übernahm der Senat unter den Gordianen selbst den Schutz. Capitolinus fragt: *Warum ist es nötig über die Wiederherstellung der Tempel, über die Thermen von Titus und über die Bau des Amphitheaters zu sprechen?* So konnte mit der Sorge von vielen und durch einen Schutzgeist der Ewigkeit ein so bedeutendes Kunstwerk die heutige Zeit erreichen.

Caput VII

Communis amphitheatri Titiani forma, altitudo et capacitas eius. Laus et praeco-
nia, denique vbi situm. Martialis explicatus

1. Vere enim grandis, altitudinem hanc vides? Nunc quoque miranda est, etsi
5   multum a vertice eius corruit, multum a pedibus subsedit. Nam mole et aeuo
magna haec pondera clare desident terra cedente. Adde aggestum ruinarum,
quantum periit? Alta igitur et Ammianus de ea: *Amphitheatri moles solidata*
lapidis Tyburtini compage ad cuius summitatem aegre visio humana conscen-
dit. Vides hunc orbem? Is quoque capax et supra tuam fidem. Publius Victor:
10 *Amphitheatrum*, inquit, *quod capit loca lxxxvii.∞*. Et de gradibus tantum intellegit, credo, in quorum puluillis sedisse commode vult octoginta septem millia hominum, at in ambitu illo superiore et circumiectis porticuum aulis non
minus item spectarunt quam dena aut vicena potius millia siue stantes siue in
allatis cathedris sedentes

15 2. Iure ergo molem hanc admiratus Cassiodorus in hoc eulogium erupit: *Hoc*
Titi potentia principalis diuitiarum profuso flumine cogitauit aedificium fieri,
vnde caput vrbium potuisset. Et Martialis ante opera omnia orbis ponit historica,
non poetica fide:

>   *Omnis Caesareo cedat labor amphitheatro,*
20 >   *Vnum prae cunctis fama loquatur opus.*

Intellegit enim hoc Titianum nec ad Domitianum illa aut de Domitiano, vt
alucinatur interpretum vulgus. Doctorum curia mecum scit non ista solum, sed
totum epigrammatum primum libellum in Titum maxime conuenire et eius
ludos, quos in dedicatione huius amphitheatri exhibuit per dies paene centum.
25 Idem poeta venerabilem molem appellat:

>   *Hic vbi conspicui venerabilis amphitheatri*
>   *erigitur moles, stagna Neronis erant."*

Et simul locum praeit in quo hoc opus destitutum, qui pars fuit Neronianae
domus.

5–7 Nam mole ... igitur et *1598*] *deest in 1584,1585,1589*   13 vicena *1598*] duodena *1584, 1585, 1589*
13 potius *1598*] *deest in 1584, 1585, 1589*   23 maxime *1598*] *deest in 1584, 1585, 1589*

VII. Kapitel

Die Form des öffentlichen Amphitheaters von Titus, die Höhe und die Größe. Lob und Verherrlichungen, schließlich, wo es gelegen war. Martialis wird erklärt.

1. Es ist doch wirklich groß, siehst du die Höhe? Auch nun ist es wunderlich, obwohl vieles von oben her eingestürzt ist, ist vieles von den Fundamenten geblieben. Denn durch das Gewicht und die Zeit verfielen diese großen steinernen Massen deutlich, weil der Boden zurückwich. Füge die Sammlung der Ruinen hinzu, wieviel ist verloren gegangen? Sie war also hoch und Ammianus sagt darüber: *Der Riesenbau des Amphitheaters, befestigt durch das Gefüge von Stein aus Tibur, dessen Gipfel noch kaum ein Mensch sehen konnte.* Siehst du den Kreis? Der ist auch geräumig und für dich unglaublich. Publius Viktor nennt *das Amphitheater, das für 87000 Personen Platz bietet.* Und über die Treppen begreift er sovieles, glaube ich, er meint, dass darauf auf Kissen 87000 Menschen angenehm saßen, aber im höheren Gang und in den rundumgelegen Hallen der Säulengänge guckten ebenso nicht weniger als zehntausend, oder eher zwanzigtausend Menschen, die standen oder auf hinzugebrachten Stühlen saßen.

2. Als Cassiodorus mit Recht diesen Riesenbau bewunderte, ließ er das in diesen Spruch aus: *Titus dachte in seiner kaiserlichen Macht mit einem masslosen Fluss von Reichtümern, dass es ein Gebäude sein würde, von wo er das Haupt der Welt sein könnte.* Und Martialis stellt es mit historischen, nicht mit poetischer Zuverlässigkeit vor alle Werke der Welt: *Jedes Werk muß dem cäsarianischen Amphitheater weichen, die Überlieferung muß ein Werk vor allen Werken besingen.* Denn er stellte sich das Amphitheater von Titus vor und diese Wörter verweisen nicht nach Domitianus und handeln auch nicht von ihm, wie die Menge der Interpreten träumt. Die Kurie der Gelehrten weiß mit mir, dass nicht nur diese Zeilen, sondern das ganze erste Büchlein der Epigrammen vorall Titus und seine Spiele betrifft, die er für die Einweihung dieses Amphitheaters während beinahe hundert Tagen gab. Derselbe Dichter nennt es einen ehrwürdigen Riesenbau: *Dort, wo der Riesenbau des weithin sichtbaren ehrwürdigen Amphitheaters aufsteigt, waren Nero's Teiche."* Und gleich geht er in einen Raum voraus, worin das Gebäude gestellt war und das Teil von Nero's Haus war.

3. Sub has laudes exclamaui ego: "iam ardeo, Florenti, ardeo, restingue hunc ignem et sigillatim mihi explica veterem germanamque faciem huius loci." Florentius: "non inuitus", inquit, "scio enim praeter ingenuam delectationem, quae hic adiuncta, nihil magis facere ad illustrandam rem omnem spectaculorum.
5   Quorum cum tam crebra mentio in omni genere scriptorum, cur fugiam tenebras tuas pellere exigui sermonis face? Audi igitur, describam tibi omnem interiorem hanc molem, imo depingam et quidem, quo magis capias, per partes. Bene enim olim Corynna ad Pindarum: *Manu serendum esse, non sacco toto.*

Caput VIII

10 *Ingressio in particularem amphitheatri descriptionem. Primum de forma eius, quae oualis ostensa. Calpurnius et Dio explicati. De solo arenae, in quo cloacae siue specus et cui rei. Item de portulis*

1. Sed visne admoueamus nos paullum ad inferiorem hunc parietem, vbi vmbra?" "Imo sedeamus etiam, si ita visum", inquam, "in graduum his fragmentis."
15 Simulque sedi ego et ridens ad Florentium: "quis scit", inquam, "si locum nunc non premam magnae alicuius vmbrae?" Florentius se quoque iam collocans "id quidem facile, imo necessum est", inquit, "nam ad podium sedemus et in orchestra. Heu, quot hic olim senatores? Sed specta.

2. Arenae huius primum siue caueae totius forma non rotunda et orbicula-
20 ris prorsum est, vt oculi tibi possint imponere, sed porrecta magis paullum et oblonga. Dimensio id approbat, ratio ipsa operis, quia amphitheatrum iunctum et factum ex duobus theatris reiecta scaena. At theatrum non iusti hemicycli forma, sed amplius diametri quarta parte fuit, vt etiamnunc ostendit figura reliqua Theatri Marcellaei. Ad quam compositionem et figuram Cassio-
25 dorus praelucet: *cum theatrum*, inquit, *quod est hemisphaerium Graece dicatur amphitheatrum, quasi in vnum iuncta duo visoria, recte constat esse nominatum.*

---

24 Marcellaei. Ad *1598*] Marcellaei. Ex integro enim circuli ambitu quartam partem si abscindis, quod maius eius reliquum est, scito theatrum id fuisse. Atqui ex iis duo si iungis, ita tamen vt flexas lineas circa abscisionem dirigas, vel potius extra leuiter flectas, amphitheatrum habebis. Ad *1584, 1585, 1589*   24 Ad quam ... figuram *1598*] Ad compositionem hanc et figuram *1584, 1585, 1589*

3. Unter diesen Lobreden rief ich laut: „Ich brenne schon von Neugier, Florentius, ich brenne, stille das Feuer und erkläre mir im Einzelnen das alte und germanische Aussehen des Ortes." Florentius antwortete: „Gern, denn außer dem aufrichtigen Genuss, der damit verbunden ist, weiß ich das nichts mehr dazu beiträgt um alle Umstände der Schauspiele zu illustrieren. Sie werden doch so oft bei Autoren aller Gattungen erwähnt, warum sollte ich es vermeiden deine Unkenntnis mit der Fackel einer kleinen Darstellung zu vertreiben? Höre also, ich werde dir die ganze Innenseite des Riesenbaus beschreiben, ja selbst schildern, und sogar im Einzelnen, damit du es besser begreifst. Denn mit Recht sagte Corynna irgendwann zu Pindarus: *Man muss mit der Hand säen, nicht mit einem ganzen Sack zugleich.*

VIII. Kapitel

Anfang einer partiellen Beschreibung des Amphitheaters. Erst über die Form, die oval erschien. Calpurnius und Dio werden erklärt. Über den Boden der Arena, in dem es Abwasserkanäle gab, oder Schächte, und wofür. Ebenso über die kleinen Tore

1. Aber möchtest du zusammen ein wenig zu dieser tiefer gelegenen Mauer gehen, wo es Schatten gibt?" „Gewiss doch, setzen wir uns, wenn es dir so beliebt, in die Bruchstücke der Treppen," antwortete ich. Und so gleich setzte ich mich und sagte lächelnd zu Florentius: „Wer weiß, ob ich nun nicht die Stelle jemandes wichtigen Schattens betrete?" Florentius befasste sich auch schon damit und ergänzte: „Das kann jedenfalls leicht sein, ja es ist sogar unvermeidlich, denn wir sitzen am Podium und am Sitzplatz der Senatoren. Ach! Wieviel Senatoren waren hier jemals? Aber schau.

2. Erstens war die Form der Arenae oder des ganzen Theaters nicht rund und völlig kreisförmig, wie deine Augen dir vortäuschen können, sondern eher ein bisschen ausgedehnt und länglich. Die Ausmessung beweist das und dies ist genau die Absicht des Bauwerks, weil das Amphitheater zusammengefügt und aus zwei Theatern gemacht ist und die Bühne entfernt ist. Aber das Theater hat nicht die Form eines vollständigen Halbkreises, sondern es war eher im vierten Teil vom Diameter aus, wie auch nun noch die restliche Form des Marcellustheaters zeigt. Und bei dieser Zusammenstellung und Form leuchtet Cassiodorus voraus: *Weil das Theater, das die Form einer halben Kugel hat, auf griechisch Amphitheater genannt wird, als ob zwei Theater in eines zusammengefügt sind, steht es fest, dass es mit Recht so genannt wird.* Ebenso sagt Isidorus: *Es wird*

Item Isidorus: *Amphitheatrum dictum, quod ex duobus theatris sit factum. Nam amphitheatrum rotundum est* – non id quidem plane verum–, *theatrum vero ex medio amphitheatro est, semicirculi figuram habens.* Ouidius clarissime:

> ... *structoque vtrimque theatro,*
> 5   *vt matutina ceruus periturus arena.*

3. Ouo aptissime comparat idem Cassiodorus: *Oui speciem,* inquit, *eius arena concludens vt concurrentibus aptum daretur spatium et spectantes omnia facilius viderent, dum quaedam prolixa rotunditas vniuersa colligeret.* Itemque Calpurnius in Bucolico de venatione Carini:

> 10   *Et geminis medium se molibus alligat ouum.*

Nam geminas moles duo theatra intellegit eaque alligari vult in ouum. Qui aliter explicant, circumludunt sententiam poetae, non tangunt. Idem cum valle comparat qui cincta vndique supino monte:

>   *Qualiter haec patulum vallis contendit in orbem*
> 15   *et sinuata latus resupinis vndique siluis*
>   *inter continuos curuatur concaua montes,*
>   *sic tibi planiciem curuae sinus ambit arenae.*

Nec versibus iis alia luce opus, nisi si apud elucum.

4. Dio Cassius idem voluit, cum montem quemdam cum amphitheatro componit: ὥστε, inquit, κυνηγετικῷ θεάτρῳ τὸ ὄρος σύμπαν, ὡς μικρὰ μεγάλοις εἰκάσαι, ἐοικέναι. Habes vniuersi huius caui formam, nunc aream vide. Ordiar enim cum architectis ab imo solo, ea pura sine substructionibus aut aedificiis libera tota ad cursum ferarum et ad pugnam.

5. Excipio quod in ea alibi, partem enim non designo. Ara fuit e lapide, illa dico cruda ara, quae sacra Ioui Latiari. Prudentius id te docuit, si versus eius audisti non iacenti aure. Iam sub ipsa area cloacae. Ita credere me iubet Andreas Fuluius, qui magnam etiam partem aedificii tolerari ab iis vult et sustineri. An

---

3–5 Ouidius ... *arena 1598, 1589, 1585*] *deest in 1584*   21 ἐοικέναι Habes *1584, 1598*] ἐοικέναι i. *vt venatorio theatro parua magnis comparando vniuersus mons similis esset. Habes 1585, 1589* 22 architectis *1584, 1589, 1598*] architecturis *1585*

Amphitheater genannt, weil es aus zwei Theatern gemacht ist. Denn das Amphi-
theater ist rund – das ist jedenfalls nicht ganz richtig–, das Theater ist wirklich
die Hälfte eines Amphitheaters, es ist halbzirkelförmig. Ovidius sagt sehr klar: ...
im an zwei seiten gebauten Theater, wie morgens früh in der Arena der Hirsch, der
sterben wird ...

3. Cassiodorus vergleicht es auch sehr passend mit einem Ei. Er schreibt: *Weil*
die Arena den Anblick eines Eis hat, so dass man den Angreifern genug Raum gibt
und die Zuschauer alles leichter sehen, weil eine günstige runde Form alles ver-
einigt. Ebenso erwähnt Calpurnius im Bucolicum über die Jagd von Carinus:
Und dass ein Ei in der Mitte sich mit zwei Riesenbauten verbindet. Denn mit den
beiden Riesenbauten versteht er zwei Theater und er meint, dass diese sich in
einer Eiform verbinden. Und die das anders erklären, täuschen sich in der Meinung des Dichters, sie treffen sie nicht. Er vergleicht es auch mit einem Tal,
das rundum von einem sanft ansteigendem Berg umgeben ist: *Ähnlich wie das*
Tal sich in einem weiten Kreis erstreckt, und an der Seite gebogen ist durch von
allen seiten zurückgebogene Wälder, und sich hohl zwischen den ununterbroche-
nen Bergen rundet, so umgibt die Krümmung der runden Arena die Fläche für
dich ... Mit diesen Zeilen braucht man keine andere Erklärung, jedenfalls, wenn
man nicht schlaftrunken ist.

4. Dio Cassius meinte dasselbe, als er einen Berg mit einem Amphitheater verglich. Er formulierte das so: ὥστε, inquit, κυνηγετικῷ θεάτρῳ τὸ ὄρος σύμπαν, ὡς
μικρὰ μεγάλοις εἰκάσαι, ἐοικέναι. (*so dass der Berg als Ganzes einem Tierkampf-*
theater glich, um das Kleine mit dem Großen zu vergleichen). Du hast die Form
des ganzen hohlen Raums, siehe nun den Kamfplatz. Beginne ich doch wie die
Architekten von dem tiefsten Grund, nur der Kampfplatz ohne Unterbauten
oder frei von Bauwerken, ganz zum Tierwettkampf und zum Streit.

5. Ich wähle darin das, was anders ist, denn einen Teil deute ich nicht an. Der
Altar war aus Stein, den nenne ich den blutigen Altar, der dem lateinischen Juppiter gewidmet ist. Prudentius hat dir das gelernt, wenn du seine Zeilen nicht
schlafend gehört hast. Genau unter dem Kampfplatz sind die Abwasserkanäle. Andreas Fulvius stimuliert mich, das zu glauben. Er meint auch, dass ein

ipse, an alius viderit, nescio, si vera traditio, ambigam fuerintne reipsa cloacae
ad exsugendum educendumque humorem illum stagnorum provide structae
an potius camerae quaedam et specus subterranei ad custodiam et receptum
ferarum, quas tamen illi indiligenter cloacas censuerunt. Siue etiam ad vsum
5   aquarum, quas in arenam occulte et subito inducebant atque educebant ad
naumachias. Certe cum ferina magna vis cottidie in amphitheatrum induce-
retur.

6. Quaeri dignum est quo loco eae habitae aut seruatae, non enim omnes simul
emissae. Si in ipsa area vspiam, artarint locum. Si extra, quomodo eae statim
10 perductae aut qui ad manum? Mea quidem opinio sit partim subterraneos
cauos fuisse, in quibus reconderentur sub ipsos ludos, partim depositas eas in
caueis sub interiore ista porticu, e qua portulae et aditus plures pertinent in
arenam. Non tam clare eas portulas hic vides, omnia enim haec ruinis aggesta
et obruta, sed Veronae clarissime vbi vtrimque octo, nisi fallor, sub ipso isto
15 podii muro. At non eae certe ad spectantium vsum, quia in arenam tantum
conducunt, non ad subsellia aut gradus.

Caput IX

De specubus subterraneis amplius. Item de caueis in amphitheatris. Liuii defectus
aut expletus aut sententia eruta. Portae in caueis et Plauto lux. Emissio ferarum
20 *et immissio*

1. Et de specubus quidem siue cryptis valde sententiam meam iuuat Cyriacus
Anconitanus, qui maiorum aeuo Itinerarium scripsit, in quo de amphitheatro
Veronensi sic tradit: *Et nunc conspicitur locus rotundus arenae per totum magnis*
saxis vndique structus et, vt ita dicam, perfilatus, cum intus cubitis et antris

großer Teil des Gebäudes dadurch gestützt und aufrecht gehalten wird. Ob er sie selbst, oder ob ein Ander sie gesehen hat, weiß ich nicht. Wenn die Überlieferung wahrheitsgemäß ist, werde ich zweifeln, ob es in Wirklichkeit Abwasserkanäle gab, die vorsorglich gebaut worden sind, um die Flüssigkeit des langsam fließenden Gewässers auszusaugen und herauszuführen oder eher Gewölbe und unterirdische Schächte für die Bewachung und die Aufnahme von Tieren, die sie dann doch unsorgfältig als Abwasserkanäle interpretierten. Oder vielleicht waren sie auch für den Gebrauch des Wassers, das sie für die Seekämpfe heimlich und plötzlich in die Arena hinein- und herausführten. Sicherlich wurde es täglich mit großer wüster Gewalt in das Amphitheater hineingeführt.

6. Es ziemt sich zu fragen, an welchem Ort man die wilden Tiere hielt oder bewachte, denn sie wurden nicht alle gleich losgelassen. Wenn das irgendwo auf dem Kampfplatz selbst war, würden sie den Platz beschränken. Wenn sie draussen waren, wie brachte man sie dann regelmäßig hinein oder wie kamen sie an die Stelle? Wenigstens meiner Meinung nach gab es zum Teil unterirdische Löcher, worin sie aufbewahrt wurden genau unter den Spielen und zum Teil wurden sie herabgestellt in Käfigen unter der mehr nach innen gelegen Halle, wo die kleinen Tore und mehrere Zugänge auf die Arena auskamen. Die kleinen Tore siehst du hier nicht so deutlich, denn alles hier ist in Ruine gefallen und in Vergessenheit geraten. Aber in Verona sieht man sie sehr deutlich, wo es auf beiden Seiten acht Tore gibt, wenn ich mich nicht irre, genau unter jener Mauer des Podiums. Aber die sind sicherlich nicht für den Gebrauch der Zuschauer, weil die nur in die Arena führen, nicht zu den Bänken oder den Treppen.

IX. Kapitel

Mehr über die unterirdischen Schächte. Auch über die Käfige in den Amphitheatern. Livius' Information ist abgeschwächt oder ausgefüllt oder seine Meinung wird ans Tageslicht gebracht. Tore in den Käfigen und Licht für Plautus. Das Loslassen und Hineinlassen der wilden Tiere

1. Über die Schächte oder die Keller unterstützt Cyriacus Anconitanus jedenfalls meine Ansicht gewiss, der das Itinerarium im Zeitalter unserer Vorfahren schrieb, worin er über das Amphitheater in Verona so berichtet: *Nun sieht man die runde Stelle der Arena, die ganz und gar mit großen Steinen gebaut und, um so zu sagen, durchwoben ist, während die von innen mit Bänken und Höhlen*

multiformiter redimitus sit. Sicut de caueis Liuius libro xii – loco prorsus quidem fracto et mutilo, sed ex quo tamen non obscure elicio quod facit istuc- ait de censoribus locasse eos faciendos *carceres in circo et oua ad notas curriculis numerandas et ... dam et metas trans ... et caueas ferreas pe ... intromitterentur.*

5   2. In circo, vt scimus, olim venatio exhibita, ante amphitheatra. Itaque huic fini ait Liuius caueas ferreas exstructas, per quas bestiae – ita enim sententiam fuisse suspicor, si non verba- intromitterentur in arenam. Nec de aliis caueis Statius II Siluis in leone mansueto:

10   *... stat cardine aperto*
     infelix cauea et clausis circum vndique portis.
     Hoc licuisse nefas, pauidi timuere leones,

vbi nota mihi et portas, quae vel cauearum sunt vel potius istae amphithea-trales, de quibus dissero. Certe apud Plautum etiam portae in circo ad bestias emittendas in Persa:

15   *Vbi quid credideris, citius extemplo a foro*
     fugiunt, quam ex porta ludis cum emissu'st lepus.

Quem locum totum silentio premit vber alioqui interpres qui, fatendum est, non lucem, sed vmbram saepe facit nostro vmbro.

3. Nescio an Ammianus de istis libro xxviii: *Maximinus effudit genuinam fero-*
20   *ciam, sicut saepe faciunt amphitheatrales ferae diffractis tandem solutae posticis.* An *portulis* ibi aliquis legat, sed audax sit, non muto.

4. Ostia videtur Varro adpellasse, De Re Rustica: *Ostium habere debet humile et angustum et potissimum eius generis, quod cochleam appellant, vt solet esse in cauea, in qua* – verius fortasse *e qua*, non enim certe in ipsa cauea pugnabant,
25   nisi si caueam capit pro toto amphitheatro- *tauri pugnare solent.* Atque ex his caueis cum impetu quodam emittebantur in arenam. Vopiscus in Probo: *Neque*

---

1 Liuius libro xii *1598, 1589, 1585*] Liuius libro xli *1584*   **19–21** Nescio ... muto *1598*] *deest in 1584, 1585, 1589* 25 toto *1598*] *deest in 1584, 1585, 1589*

vielgestaltig umgeben ist. So spricht Livius im zwölften Buch über die Käfige – an einer Stelle, die wohl völlig beschädigt und verstümmelt ist, woraus ich aber deutlich sehen kann, was er da meint- er erwähnt über die Zensoren, dass man sie beauftragt hatte, *um Kerker in einem Kreis zu bauen und eiförmige Figuren für die Merkmale, die gezählt werden mußten für die Wettläufe und ... Spitzsäule über ... eiserne Käfige ... hineingebracht wurden.*

2. Wie wir wissen, veranstaltete man früher die Tierkämpfe im Zirkus, vor den Amphitheatern. Also machte man darum, sagt Livius, eiserne Käfige, in denen die Tiere in die Arena gebracht wurden, denn so begreife ich seine Meinung, wo die Worte fehlen. Statius spricht nicht über andere Käfige in seinem zweiten Buch der Silvae, das von einem gezähmten Löwe handelt.

> *... Der unheilvolle Käfig steht mit der Tür offen und rundum sind alle Tore geschlossen. Das darf man nicht erlauben, die zitternden Löwen hatten Angst.*

Hier mache ich eine Notiz über die Tore, die entweder von den Käfigen oder eher von den Amphitheatern sind, die ich erörtere. Sicherlich gibt es bei Plautus in seiner *Persa* auch Tore im Zirkus, um die Tiere herauszulassen:

> *Wo, was du glauben möchtest, sie schneller sofort aus dem Forum fliehen, als bei den Spielen durch das Tor, wenn der Hase freigelassen wird.*

Diese ganze Stelle wertet ein ansonsten inhaltsreicher Kommentator stillschweigend ab, der, das muß man eingestehen, unserem Schatten oft kein Licht, sondern Schatten bringt.

3. Ich weiß nicht, ob Ammianus im achtundzwanzigsten Buch über sie schreibt: *Maximinus zeigte echte Grausamkeit, wie die Amphitheatertiere häufig wirken, wenn sie losgelassen sind, nachdem die Hintertüre geöffnet sind.* Oder man könnte *kleine Tore* lesen, aber das würde vermessen sein, ich ändere das nicht.

4. Varro scheint in *De Re Rustica* Pforte hinzugefügt zu haben: *Mann soll eine kleine und enge Pforte haben und vorall diese Sorte, die man ein leicht bewegliches Tor nennt, wie es sie gewöhnlich im Käfig gibt, worin* – besser würde vielleicht *woraus* sein, denn sie stritten sicherlich nicht im Käfig selbst, außer wenn man Käfig (*cauea*) als das ganze Amphitheater begreift- *die Stiere gewöhnlich kämpfen.* Und aus diesen Käfigen wurden sie mit einer gewissen Gewalt in die Arena geschickt. Vopiscus schreibt in seiner *Probusvita*: *Nicht die Tierengewalt war es,*

erat bestiarum impetus ille, qui esse caueis egredientibus solet. Ita enim vere et
acute emendauit olim laudatissimus ille Faber. Capitolinus in Gallienis: *Cum
quidam gemmas vitreas pro veris vendidisset vxori eius, surripi quasi ad leonem
venditorem iussit, deinde cauea caponem emitti.*

5   5. Emittebantur ergo caueis iterumque in eas immittebantur post pugnam.
Seneca de Ira: *Curriculi rotarumque versata facies leonem redigit in caueam.* Sed
et portulas easdem ad hunc vsum acommodare Vopiscus videtur, qui aditus
appellat in Probo: *Immissi deinde per omnes aditus struthiones mille, mille cerui,
mille apri."*

10 6. Hic ego: "Sed nonne etiam, mi Florenti, ista de caueis itinerariis accipi
possint, in quibus ferae clausae et transuectae? Claudianus eas, vt memini,
pulchre describit iii De Laudibus Stilichonis:

> *Haec laqueis innexa gemunt, haec clausa feruntur*
> *ilignis domibus. Fabri nec tigna polire*
15 > *sufficiunt, rudibus fagis texuntur et ornis*
> *frondentes caueae. Ratibus pars ibat onustis*
> *per freta vel fluuios. Exsanguis dextera torpet*
> *remigis et propriam metuebat nauita mercem*
> *per terram pars ducta rotis.*

20 Itaque potuere in specubus aut fornicibus deponi in hisipsis caueis." "Haud
abnuo" ait Florentius, "et addo eas caueas ex argento et auro per splendoris
speciem saepe factas. Sed pergamus in ipso loco nostro describendo.

Caput x

Aliter atque aliter solere ornari hanc arenam, in modum siluae, in modum maris.
25 *Antra pro caueis, interdum naues. Vopiscus, Apuleius, Calpurnius emendati*

1. Atque haec solens et vulgata arenae facies, cui non nego comptum aliquem
nouitium saepe additum et colorum quosdam fucos. Varia enim cottidie ab
ambitiosis editoribus excogitabantur, vt studia spectantium allicerent leno-
cinio quodam nouitatis. Ita fuere qui arboribus hoc planum consererent et

---

10–22 Hic ego ... describendo *1598*] *deest in 1584, 1585, 1589*

die es gewöhnlich gibt, wenn sie die Käfige verlassen. Denn so hat der sehr lobens-
werte Faber es einst vernünftig und scharfsinnig korrigiert. Capitolinus erzählt
in seiner *Gallienivita: Als jemand seiner Frau gläserne statt echte Edelsteine ver-
kauft hatte, befahl er, den Verkäufer heimlich wegzubringen wie zum Löwen und
dass danach ein Masthahn aus dem Käfig geschickt wurde.*

5. Also wurden sie aus den Käfigen gelassen und nach dem Kampf wieder
zurückgeschickt. Seneca berichtet in *De Ira: Das geänderte Aussehen der Wagen
und der Räder trieb den Löwen in seinen Käfig zurück.* Aber auch dieselbe kleinen Tore scheint Vopiscus für diesen Gebrauch anzuwenden. In seiner *Probusvita* nennt er sie Eingänge: *Durch alle Eingänge sendete man tausend Strauße,
tausend Hirsche und tausend Eber."*

6. Hierauf sagte ich: „Aber Florentius, können wir das nicht auch durch die
Reisekäfige begreifen, worin man die Tiere einschloß und überbrachte? Claudianus beschreibt sie schön im dritten Buch von *De Laudibus Stilichonis*, wie
ich mich erinnere: *Manche, mit Fesseln festgebunden, brüllen, andere überbringt
man in hölzernen Käfigen eingeschlossen. Es gibt nicht genug Handwerker, um
die Balken zu glätten, die Käfige sind mit unbearbeitetem Holz bedeckt und sind
belaubt mit Bergeschen. Ein Teil geht in beladenen Schiffen durch Kanäle oder
Ströme. Blass und steif ist die rechte Hand des Ruderers und der Seeman fürch-
tet seine eigene Ware. Ein Teil wird über das Land in Wagen abgeführt.* Also
konnte man sie in den Schächten und Gewölben in genau diese Käfigen stellen." „Das verneine ich nicht," antwortete Florentius, „ich füge hinzu, dass für
einen blendenden Anschein diese Käfige oft aus Silber und Gold gemacht
wurden. Aber gehen wir an diesem Ort, den wir beschreiben möchten, weiter.

x. Kapitel

*Die Arena putzte man stets anders heraus, bald wie einen Wald, bald wie ein
Meer. Höhlen statt Käfige, manchmal Schiffe. Vopiscus, Apuleius und Calpurnius
werden korrigiert*

1. Und dies war das algemeine und übliche Aussehen der Arena. Ich weiß,
dass oft jemand etwas neues gefälliges hinzufügte, auch Farbstoffe für Aus-
schmückungen. Täglich fragten ehrgeizige Darsteller allerlei, um die Interessen
der Zuschauer mit dem Lockmittel der Neuheit für sich zu gewinnen. So gab
es Leute, die die Ebene mit Bäumen bepflanzten und die ganze Arena in ein

arenam totam verterent in siluam, scilicet vt viuam imaginem exhiberent verae
germanaeque venationis. Audax inuentum et quod non melius tibi expresserim
quam ipsis Vopisci verbis in Probo: *Venationem amplissimam dedit ita, vt popu-*
lus cuncta diriperet. Genus autem spectaculi fuit tale: arbores validae per milites
5 *radicitus vulsae, connexis longe lateque trabibus adfixae sunt. Terra deinde supe-*
riecta totusque circus ad siluae consitus speciem gratiam nobis viroris obtulit. In
qua extrema clausula censeo legas *gratiam noui viroris*, quomodo enim *nobis*?
Nec Vopiscus ipse certe inter spectatores fuisse significat, quod abnuit aetas.
Neque tamen gratia aut laus huius inuenti penes Probum, reperio Gordianum
10 iam ante factitasse idem, etiam priuatum.

2. Capitolinum non aliter accipio, vbi de magnificis eius muneribus in quae-
stura: *Feras Libycas vno die centum exhibuit, vrsos vno die mille. Exstat silua eius*
memorabilis, quae picta est in domo rostrata Cnaii Pompeii, quae ipsius et patris
eius et proaui fuit. Sed et in Titi spectaculis tale aliquid indicat Martialis:

15   *Quidquid in Orphaeo Rhodope spectasse theatro*
         dicitur, exhibuit Caesar arena tibi,
         repserunt scopuli mirandaque silua cucurrit,
         quale fuisse nemus creditur Hesperidum.

Imo aemulabantur id iam in prouinciis atque Apuleius in muneris Corinthiaci
20 apparatu describit: *Erat,* inquit, *mons ligneus ad instar inclyti montis illius, quem*
vates Homerus Idaeum cecinit sublimi instructus tabula – liber scriptus, quem
a Giselino meo sum nactus, *instructus fabrica* rectius refert- *consitus viretis et*
viuis arboribus summo cacumine de manibus fabri fonte manante fluuiales aquas
eliquans.

25 3. Nec in solo solum haec variatio, sed in caueis ipsis quarum loco inuenerunt
antra quaedam coëuntia et deëuntia, quae velut e terra emitterent subito feras.
Calpurnius hoc voluit, cum in Carini venatione timide miratur:

         Ah, miseri, quotiens nos descendentis arenae
         vidimus in partes ruptaque voragine terrae
30   *emersisse feras; et iisdem saepe latebris*
         aurea cum croceo creuerunt arbuta libro.

14–18 Sed et … *Hesperidum 1598, 1589, 1585*] *deest in 1584*

Wald veränderten, natürlich um ein lebendiges Bild einer wirklichen echten Tierhetze darzustellen. Eine mutige Erfindung, die ich für dich nicht besser als mit Vopiscus' eigenen Worten in seiner *Probusvita* wiedergeben könnte: *Er gab eine so überflüssige Tierhetze, dass das Volk alles zerriß. Die Art des Schauspiels war so: Kraftige Bäume sind mit Hilfe von Soldaten mit der Wurzel ausgerissen worden, sie sind an zusammengeknüpfte Balken überall angenagelt. Der darauf gelegte Grund und der ganze Zirkus, der zum Anblick eines Waldes bepflanzt war, brachten uns wegen der grünen Farbe Freude.* Im letzten Satz meine ich, dass man lesen muss *wegen der neuen grünen Farbe Freude* (*noui viroris* stat *nobis viroris*), denn warum *uns*? Sicherlich bedeutet es nicht, dass Vopiscus selbst unter den Zuschauern war, denn das war in jener Zeit unmöglich. Und es gab dennoch kein Lob oder Dank für Probus wegen dieser Erfindung, ich fand, dass Gordianus dasselbe schon früher, auch im Privatleben getan hatte.

2. Capitolinus begreife ich nicht anders, wo er über die prächtigen Spiele während seiner Quästur schreibt: *Er lieferte an einem Tag hundert libysche wilde Tiere aus, an einem Tag tausend Bären. Sein gedenkwürdiger Wald, der in dem mit Schiffsschnäbeln verzierten Haus des Gnajus Pompejus geschildert worden ist, das von ihm selbst, von seinem Vater und seinem Großvater war, ist noch vorhanden.* Aber auch in Titus' Schauspielen weist Martialis auf so etwas hin: *Was man im Theater über den Rhodopischen Orpheus sah, wie man sagt, stellte Caesar in der Arena für dich dar. Die Felsen schlichen, der wunderbare Wald verbreitete sich, gleichwie man glaubte, dass der Hesperische Wald war.* Ja selbst eiferte man das in den Provinzen nach. Apuleius schreibt über die Erscheinung des Korinthischen Schauspiels: *Es gab einen hölzernen Berg gleich wie jenen berühmten Berg, den der Dichter Homerus, unterrichtet durch ein erhabenes Buch, als einen troischen besang* – eine geschriebene Handschrift, die ich von meinem Freund Giselinus bekommen habe, gibt es besser wieder: *unterrichtet durch ein Kunstwerk- der mit grünen und lebenden Bäumen bepfanzt war und der von dem Gipfel, von der mit den Händen kunstfertig gemachten entspringenden Quelle Wasserflüsse durchseiht.*

3. Diese Verschiedenheit gibt es nicht allein am Boden, sondern auch in den Kellern von wo zu rechten Zeit Höhlen erschienen, die sich öffneten und schlossen, die plötzlich die wilden Tiere sozusagen aus der Erde losließen. Calpurnius meinte das, als er sich ängstlich über die Tierhetze von Carinus wunderte: *Unglückliche, wie häufig sahen wir, dass die Arena sich in Teilen senkte, dass die wilden Tiere emporkamen als der Abgrund der Erde aufgebrochen war; in derselben Verborgenheit wuchsen goldene Erdbeeren mit einem safrangelben Bast.* Obwohl ich da die Formulierung *die Arena verschwand* bevorzuge, wie

Etsi legi ibi malim *discedentis arenae,* vti et in Plinii de curionis amphitheatro *discedentibus tabulis.* Intellegit enim arte quadam et machinis antra illa velut hiatu terrae et aperta celeriter et operta iterumque arbutis et virgultis tamquam crescentibus inducta.

5   4. Quae ipsa decora fuisse fatendum est et blandientia sensibus imitatione quadam naturae. At illud iam improbi acuminis et nescias an exemplo quodam a sacra Noachi arca quod nauim aedificare grandem aliquam solent in ipsa arena, quae solutilis esset, et subito luxata emitteret omne genus ferarum pro arbitrio magistri temperantis. Dio id scribit et narrat vbertim in Nerone, vult
10 etiam exemplum oblatum scelestae illius nauis, qua matrem necaret ab hac amphitheatrali. Verba eius commemini: ἐπεὶ δὲ καὶ ἐκ τοῦ προφανοῦς ὤκνουν τὸ ἔργον καὶ κρύφα διὰ φαρμάκων οὐκ εἶχον αὐτὴν ἀνελεῖν, ναῦν ἰδόντες ἐν τῷ ἀμφιθε-άτρῳ διαλυομένην τε αὐτὴν ἀφ᾽ ἑαυτῆς καί τινα θηρία ἀφιεῖσαν καὶ συνισταμένην αὖ πάλιν, ὥστε καὶ ἐρρῶσθε, τοιαύτην ἑτέραν ταχέως ἐναυπηγήσαντο: *Et quoniam eam*
15 *caedem palam non audebant nec venenis clam patrare facile id possent, nauim quampiam in amphitheatro conspicientes ita factam, vt sponte solueretur et beluis quibusdam emissis rursus compingeretur et rediret in priorem statum, visum iis huic similem aedificare.*

5. Nec minus clare in Seuero: τῆς δὲ δεξαμενῆς ἁπάσης τῆς ἐν τῷ θεάτρῳ ἐς πλοίου
20 σχῆμα κατασκευασθείσης ὡς τετρακόσια θηρία καὶ δέξασθαι καὶ ἀφεῖναι ἀθρόως, ἔπειτα ἐξαίφνης διαλυθείσης ἀνέθορον ἄρκτοι, λέαιναι, πάνθηρες, λέοντες, στρουθοί, ὄναγροι βίωνες, ὥστε ἑπτακόσια τὰ πάντα καὶ θηρία καὶ βοτὰ ὁμοῦ καὶ διαθέοντα ὀφθῆναι καὶ σφαγῆναι, *Receptaculum autem omnium ferarum in amphitheatro exstructum erat instar nauis, quae capere simul et emittere posset ad feras qua-*
25 *dringentas. Ea autem desubito occulte soluta exsiliebant vrsi, leae, pantherae, leones, struthiones, onagri, bisontes, ita vt septingentas feras aut pecudes simul et currere liceret cernere et occidi.*

6. Nec naues solum eiusmodi induxere in theatra sed, quod magis admirere, quodammodo mare ipsum. Reperti enim qui hoc omne rotundum per occul-
30 tos quosdam ductus et meatus subito aqua replerent et pro terrestribus feris monstra maris ostenderent et classes et naualem pugnam. Ei aquarum induc-

---

14 ἐναυπηγήσαντο: *Et 1598*] ἐναυπηγήσαντο, id est, *Et 1584, 1585, 1589*   **23** σφαγῆναι, *Receptaculum 1598*] σφαγῆναι, id est, *Receptaculum 1584, 1585, 1589*   **26–27** *ita vt … occidi 1598*] *deest in 1584, 1585, 1589*

auch in Plinius' *De curionis amphitheatro*: *weil die Schreibtische verschwanden.*
Denn er begriff, dass durch eine Kunstfertigkeit und durch Kunstgriffe die
Höhlen wie durch eine Kluft der Erde schnell geöffnet und bedeckt wurden und
sie wiederum gezeigt wurden, weil die Erdbeere und die Buschwerke gleichsam
wuchsen.

4. Die sind Schmuckgegenstände, das muss man doch gestehen und durch eine
Imitation der Natur sind sie Lockmittel für die Sinne. Aber das zeigt einen
schlechten Scharfsinn und vielleicht weißt du nicht, dass sie nach irgendeinem
Vorbild der heiligen Arche Noachs gewöhnlich ein großes Schiff in in der Arena
selbst bauten, das demontabel war und als es geöffnet war, plötzlich alle Sorten
wilde Tiere losließ nach dem Beschuß des regierenden Meisters. Dio schreibt
das und erzählt es umfassend in seiner Nerovita. Er meint auch das gezeigte
Vorbild jenes üblen Schiffs, womit er seine Mutter tötete und das nach diesem
Amphitheaterschiff gebaut war. Ihr erinnert euch seiner Worte: ἐπεὶ δὲ καὶ ἐκ
τοῦ προφανοῦς ὤκνουν τὸ ἔργον καὶ κρύφα διὰ φαρμάκων οὐκ εἶχον αὐτὴν ἀνελεῖν,
ναῦν ἰδόντες ἐν τῷ ἀμφιθεάτρῳ διαλυομένην τε αὐτὴν ἀφ' ἑαυτῆς καί τινα θηρία
ἀφιεῖσαν καὶ συνισταμένην αὖ πάλιν, ὥστε καὶ ἐρρῶσθε, τοιαύτην ἑτέραν ταχέως
ἐναυπηγήσαντο: *Und weil sie diesen Mord nicht öffentlich wagten und sie ihn
nicht leicht mit Giften heimlich vollbringen konnten, beschlossen sie, als sie ein
Schiff im Amphitheater sahen, das so gebaut war, dass es sich spontan öffnete und
nachdem es manche wilden Tieren losgelassen hatte, sich wieder zusammenfügte
und in den früheren Zustand zurückkehrte, schnell genauso ein Schiff zu bauen.*

5. Er steht nicht weniger deutlich in seiner Severusvita: τῆς δὲ δεξαμενῆς ἁπάσης
τῆς ἐν τῷ θεάτρῳ ἐς πλοίου σχῆμα κατασκευασθείσης ὡς τετρακόσια θηρία καὶ
δέξασθαι καὶ ἀφεῖναι ἀθρόως, ἔπειτα ἐξαίφνης διαλυθείσης ἀνέθορον ἄρκτοι, λέαιναι,
πάνθηρες, λέοντες, στρουθοί, ὄναγροι βίωνες, ὥστε ἑπτακόσια τὰ πάντα καὶ θηρία καὶ
βοτὰ ὁμοῦ καὶ διαθέοντα ὀφθῆναι καὶ σφαγῆναι, *Ein Sammelplatz für alle wilden
Tiere war aber im Amphitheater gebaut, in der Form eines Schiffs, das bis zu
vierhundert Tiere gleichzeitig aufnehmen und loslassen konnte. Wenn man das
Ding plötzlich und heimlich öffnete, sprangen Bären, Löwinnen, Panther, Löwen,
Strauße, Wildesel und Auerochsen heraus, so, dass man zugleich sehen konnte,
wie alle siebenhundert wilde und zahme Tiere wegrannten und getötet wurden.*

6. Sie führten nicht nur dieser Art Schiffe in die Theater, sondern, und darüber
wirst du dich mehr verwundern, gewissermaßen das Meer selbst. Denn ich
habe gefunden, wie sie den ganzen runden Raum durch verborgene Leitungen
und Gänge plötzlich mit Wasser füllten und für die Landtiere Katastrophen des
Meeres zeigten und Flotten und einen Seekampf. Und das ist wahrscheinlich

ioni fortasse non aberret, qui subterraneos illos canales adtribuat, de quibus
supra. Carini principis ludis id factum visumque a se Calpurnius memorat:

> *Nec solum nobis siluestria cernere monstra*
> *contigit, aequoreos ego cum certantibus vrsis*
5 > *spectaui vitulos et equorum nomine dignum*
> *sed deforme pecus, …*

7. Et diu ante illum Nero id vsurparat Dione sic narrante: *aliquando*, inquit, *bel-*
uis interfectis et venatione exhibita subito aquam in amphitheatrum induxit et
nauale certamen ostendit rursumque ea educta gladiatores in loco praebuit, deni-
10 *que inducta iterum, magni sumptus publicum epulum.* Nec aliter Domitianus,
qui, vt Suetonius ait, *praelium equestre ac pedestre commisit et in amphitheatro*
nauale quoque. Noster Seneca ingenia istorum hominum miratur magis quam
laudat in epistola xci: *Qui euripos subito aquarum impetu implent aut siccant* et
ostendit inter nouas inuentiones esse.

15   **Caput XI**

De muro qui arenam cingit, de podio quod super eum, eius forma, dignissimum
eum locum ad spectandum senatui adtributum, imo magistratibus, aptum ad
curules sellas. principis ibi suggestus, tribunal praetoris et Vestalium sedes.

1. Sed nonne extra limitem eo, quod dicitur, *extra*que *oleas*? Nam cum pro-
20 positum mihi saltem natiuam genuinamque amphitheatri faciem ostendere,
addo etiam ecce colorum fucos et pigmenta et vereor, Lipsi, vt cum fastidio
tuo." "Meone?" inquam, "imo merum mel et nectar, Florenti, bibo in hoc sermone quem tu magis magisque sitienti mihi liberaliter infunde et, vt ille ait,
πίονι μέτρῳ." Florentius renidens "e genere Parthorum tu quidem es", inquit,
25 "de quibus increbuit *quo plus biberint, plus sitire.* Sed educam te e siticulosa
hac arena et ad podium transibo, quod adsidemus, nam post arenam murus
ecce iste occurrit, qui podium sustinet quique claudit et ambit infimum hoc
solum. Podium enim appello proiecturam hanc, quae in summo muro, quae
paullum prouehitur et propendet instar pedis, vnde et nomen. Maenianorum

---

12–14 Noster Seneca … inuentiones esse *1598*] *deest in 1584, 1585, 1589*   23 liberaliter infunde *1598,*
1589, 1585] liberaliter, quaeso, infunde *1584*

genau diese Wasserleitung, die den unterirdischen Kanälen Wasser gibt, worüber ich oben schrieb. Diese ist für die Spiele von Kaiser Carinus verfertigt und Calpurnius hat sie, wie er vermeldet, gesehen: *Und es gelang uns nicht nur die Waldungeheuer zu sehen, ich sah Seehunde mit kämpfenden Bären, und Vieh, das des Namens von Pferden würdig, aber hässlich war.*

7. Und lange vor ihm benutzte Nero diese Möglichkeit, wie Dio erzählt: *Manchmal, als die Tiere tot waren und die Tierhetze gezeigt geworden war, führte er plötzlich Wasser ins Amphitheater und zeigte einen Seekampf und als das Wasser wieder weggeleitet geworden war, führte er zur rechten Zeit Gladiatoren vor und ließ schließlich das Wasser wiederum hinein, ein öffentliches teures Festmahl.* Und Domitianus benahm sich nicht anderes, als er, wie Suetonius sagt, *einen Ritterkampf und einen Kampf zu Fuß und auch einen Seekampf im Amphitheater darstellte.* Über die Charakter dieser Menschen erstaunt unser Seneca sich eher als das er sie lobt im einundneunzigsten Brief: *die die Kanäle plötzlich mit einem Schwung von Wasser füllten oder sie trocken machten* und er zeigt, dass das zu den neuen Entdeckungen gehörte.

XI. Kapitel

Über die Mauer, die die Arena umgab, über den Balkon, der darüber ist und dessen Form. Der würdigste Platz um zuzusehen, passend für die Amtssessel, war dem Senat zugewiesen, ja selbst den Magistraten. Da ist die Erhöhung des Kaisers, der Sitz des Prätors und die Bank der Vestalinnen

1. Aber überschreite ich dort, wie man sagt, meine Befugnisse nicht? Denn wenn man mir vorschlug jedenfalls die ursprüngliche und echte Schönheit des Amphitheaters zu zeigen, fügte ich auch die Farbstoffe der Farben hinzu und den Schmuck und, ich fürchte, Lipsius, zu deinem Widerwillen." „Widerwille von mir?" fragte ich, „im Gegenteil, Florentius, echten Honig und Göttertrank genieße ich in diesem Gespräch und, weil ich stets mehr danach schmachte, muß du das bei mir reichlich eingießen, und, wie er sagt, πίονι μέτρῳ (in Überfluß)." Florentius lächelte: „Du bist jedenfalls jemand von den Parthen, über wie sich den Eindruck verbreitete: *Je mehr sie tranken, desto mehr dürsteten sie.* Aber ich werde dich aus dieser trockenen Arena führen und zum Balkon hinübergehen, wo wir uns setzen, denn, schau mal, hinter der Arena zeigt sich die Mauer, die den Balkon stützt und der den untersten Boden einschließt und ummauert. Denn ich bezeichne den Balkon, der dort nach draußen steckt, oben in der Mauer, der sich ein bißchen vorüber neigt und herabhängt wie ein

ea quaedam species est facta in theatris, templis, aedibus ad circumeundum, innitendum, spectandum.

2. Mediolani inscriptio vetus est: DOMITIANVS.PODIVM.CVM.LORICA.ET. ADITVS.VIVVS.FECIT. Salerni alia:

5   T.TETTIENVS.FELIX.AVGVSTALIS
       HS.L.M.N.LEGAVIT
       AD EXORNANDAM.AEDEM.POMONIS
       EX.QVA.SVMMA.FACTVM.EST
       FASTIGIVM
10   INAVRATVM.PODIVM.PAVIMENTA
       MARMOREA

Et de his ipsis theatralibus alia: THEATRVM.STRAVIT.PAVIMENTO.PODIO.CIR-CVMSCRIPSIT.

3. Itaque, vt clare capias, non aliud podium hoc nostrum, quam muri pars
15 proiectior et prominentior ante imum spectaculorum gradum, cui columnae impositae cum epistyliis ad ornatum siue, cum liberet, ad innixum. Vitruuius describit non obscure magnitudine etiam expressa, si attendis libro v, capite vii, vbi de theatris: *Podii*, inquit, *altitudo ab libramento pulpiti cum corona et lysi duodecima orchestrae diametri. Supra podium columnae cum capitulis et spiris*
20 *altae quarta parte eiusdem diametri.* Cuius mens, vt, si orchestra tota in qua senatores, pone eam esse graduum quattuor aut quinque, alta pedes xii, tum ipsum podium vnius sit, columnae eius trium. Et addo victoriolas etiam reponi solere in podiis istis. Spartianus suadet in Seuero, vbi de Circi ludis: *Victoria*, inquit, *vento icta de podio stans decidit.* Et Dio Cassius agnoscit in theatri scaenis
25 libro l, cum refert inter prodigia ventum tam grandem fuisse ὥστε καὶ νίκης ἄγαλμα ἀπὸ τῆς τοῦ θεάτρου σκηνῆς πεσεῖν, *vt et Victoriae simulacrum a scaena theatri caderet.*

4. Ad hoc podium spectare soliti primi e senatu, nam cum orchestra plurium graduum esset, dignissimus habitus ille imus, qui podio proximus et arenae,
30 quippe ex quo facillima spectatio. Iuuenalis:

---

3 DOMITIANVS *1598, 1589, 1585*] DOMITIVS *1584*   16 cum epistyliis *1598*] *deest in 1584, 1585, 1589*
26–27 vt et ... caderet *1598*] *deest in 1584, 1585, 1589*

Fuß (*pes*), von daher der Name (*podium*). Die der Maenien war eine bestimmte Art von Balkonen, die in Theatern, Tempeln und Häusern gemacht wurde, um herumzugehen, zu lehnen und zu schauen.

2. Eine alte Inschrift in Mailand lautet: DOMITIANUS GAB WÄHREND SEINES LEBENS EINEN BALKON MIT BRUSTWEHR UND DIE ZUGÄNGE. In Salerno gibt es eine andere: TITUS TETTIENUS FELIX (SCRIBA) DES KAISERS AUGUSTUS VERMACHTE 50000 SESTERZEN UM DEN TEMPEL VON POMONA AUSZUSCHMÜCKEN. MIT DIESER GELDSUMME IST EINE ÜBERDACHUNG GEMACHT, EIN VERGOLDETER BALKON UND ESTRICHE AUS MARMOR und eine andere genau über die Theaterbalkone: ER BAUTE DAS THEATER AUS UND GRENZTE ES MIT EINEM ESTRICH UND EINEM BALKON AB.

3. Also, wie du deutlich begreifst, ist unser Balkon nicht anders als ein Teil der Mauer, der mehr hervorspringt und herausragt vor der untersten Sitzreihe der Tribune, wobei die Säulen mit den Architraven gestellt sind, zur Zierde oder, wenn es erlaubt war, um sich anzulehnen. Vitruvius beschreibt das ganz klar und die Größe hat er auch anschaulich besprochen, wenn du das fünfte Buch, siebtes Kapitel beachtest, wo er über Theater schreibt: *Die Höhe des Balkons ab der Ebene der Bühne mit der oberen Begrenzung und Kehlleiste ist ein zwölfter Teil des Durchmessens des Sitzplatzes der Senatoren. Über dem Balkon sind die hohen Säulen mit den Kapitellen und Spiralen einen vierten Teil des selben Durchmessens hoch.* Die Bedeutung davon ist, als der ganze Sitzplatz, worin die Senatoren platznahmen, nehme an, dass die vier oder fünf Stufen umfaßt, zwölf Füß hoch ist, dass dann der Balkon selbst ein und die dazugehörige Säule drei Füß hoch sind. Und ich füge hinzu, dass gewöhnlich auch kleine Bilder von Viktoria auf die Balkone gesetzt wurden. Spartianus ist überzeugend in seiner *Severusvita*, wo er über die Zirkusspiele schreibt: *Die stehende Viktoria fiel, getroffen durch einen Windstoß, vom Balkon.* Und Dio Cassius bemerkt sie auf den Bühnen des Theaters im 50. Buch, als er zwischen den Unglück verheißenden Wunderzeichen einen Windstoß vermeldet, der so kräftig gewesen war: ὥστε καὶ νίκης ἄγαλμα ἀπὸ τῆς τοῦ θεάτρου σκηνῆς πεσεῖν, *dass auch das Bild von Viktoria von der Theaterbühne fiel.*

4. Von diesem Balkon schauten die Vornehmsten des Senats gewöhnlich zu, denn weil der Sitzplatz der Senatoren sehr viele Stufen hatte, war die Unterste die Würdigste, die auch am Balkon der Arena am nächsten war, denn von da aus konnte man am bequemsten schauen. Juvenalis schreibt: *der von edlerer Geburt*

... generosior et Marcellis
et Catulis Paulique minoribus et Fabiis et
omnibus ad podium spectantibus.

Suetonius Augusto capite xliiii: *Factum decretum patrum, vt quoties quid vs-*
5 *quam publice spectandum proponeretur, primus subselliorum ordo senatoribus*
vacaret. Primus siue imus ac nescio an inter ipsum podium et gradus spatii
aliquid vacuum fuit latioris, in quo spectare soliti honorati idque proprie ad
podium spectare. Suadeor quod sellis curulibus spectasse quosdam reperio, vt
Suetonius narrat de Augusto: *Commissione ludorum, quibus theatrum Marcelli*
10 *dedicabat, euenit vt laxatis sellae curulis compagibus caderet supinus.*

5. Item, quod sellas easdem honoris caussa positas absentibus siue etiam mor-
tuis. At sellae eae non est vt commode positae in gradibus ipsis fuerint, commo-
dissime in hoc plano. Credamque consules, praetores aliosque quibus id ius in
curulibus suis ad podium sic sedisse cum lictoribus, viatoribus et magistratus
15 sui pompa. Tacitus hoc postremum ingerit libro xvi Annalium, cum praemia
describit accusatorum: *Liberto et accusatori praemium operae locus in theatro*
inter viatores tribunicios datur, ex quo necessum fuisse eos bono honestoque
loco et iuxta tribunos ipsos nec immerito, vt quisque magistratibus suis appa-
reret.

20 6. Nec magistratus solum ad hoc podium dissignator ego colloco, sed et princi-
pem ipsum, cui tamen eminentior quidam suggestus exstructus et velut sua
domus. Origo rei a Iulio Caesare, quem Suetonius inter alios honores, quos
nimios recepit, admisisse ait: *statuam inter reges, suggestum in orchestra.* Secu-
tique principes id tenuere, vt clarum ex eiusdem Suetonii Nerone capite xii:
25 *Icarus,* ait, *primo statim conatu iuxta cubiculum eius decidit ipsumque cruore*
respersit, nam perraro praesidere ceterum accubans primum paruis foraminibus,
deinde toto podio ad aperto spectare consueuerat.

7. Ex quo facile colligis suggestum illum tectum et inaedificatum fuisse ad
modici cubiculi formam, cui proprium etiam suum podium – de eo enim, non

war als die Marcelli, die Catuli, die nachkommen des Paulus, die Fabii und allen
die am Balkon zuschauten. Suetonius meldet im 44. Kapitel seiner Augustusvita:
Die Senatoren haben beschlossen, dass so oft etwas irgendwo öffentlich zu sehen
in Aussicht steht, die erste Reihe der Bänke für die Senatoren frei sein sollte. Die
erste oder die unterste und ich weiß nicht ob es zwischen dem Balkon selbst
und den Stufen einen weiteren Raum gab, wo die Würdenträger gewöhnlich
und angemessen vom Balkon aus zuschauten. Das glaube ich nähmlich, weil
ich herausgefunden habe, dass manche auf die Amtssessel der höheren Staats-
beamten schauten, wie Suetonius in seiner Augustusvita erzählt: Am *Anfang*
der Spiele, wobei er das Theater von Marcellus widmete, geschah es, dass er auf
den Rücken fiel, weil die Verbindungen seines Amtssessels losließen.

5. Ebenso, dass die Sessel auch ehrenhalber festgesetzt wurden für Menschen
die nicht da oder sogar schon tot waren. Aber es ist nicht möglich, dass die
Sessel leicht auf den Stufen selbst festgemacht wurden, und sehr leicht auf
dem Boden. Ich will glauben, dass die Konsulen, die Prätoren und die anderen,
die Recht auf die Amtssessel am Balkon hatten, so saßen mit den Liktoren,
den Boten und mit der Pracht des Magistrats. Tacitus fügt das letzte hinzu
im sechzehnten Buch seiner *Annalen*, als er die Belohnungen der Ankläger
beschreibt: *Auch dem freigelassenen Ankläger wird als Belohnung für sein Werk*
ein Sessel im Theater zwischen den tribunizischen Boten gegeben, woraus sich
notwendig erweist, dass sie einen guten und ehrenvollen Platz in der Nähe
von den Tribunen bekamen und nicht unverdient, so dass jeder sich seinen
Magistraten zeigte.

6. Ich stelle als Platzanweiser nicht nur die Magistraten auf den Balkon, sondern auch den Kaiser selbst, für den doch eine hervorragendere Tribüne und
sozusagen seine Wohnung gebaut worden war. Der Ursprung hiervon ist Julius
Cäsar. Suetonius sagt, dass er das zwischen anderen Ehrbeweisen, die er sehr
oft empfing, zuließ: *Er bekam ein Bild zwischen den Köningen und eine Tribüne*
im Sitzplatz der Senatoren. Die folgenden Kaiser behielten das bei, wie deutlich
ist, das wissen wir auch dank Suetonius in seiner Nerovita, zwölftes Kapitel: *Ein*
Icarus stürzte gleich beim Beginn seines Versuchs neben Nero's Loge nieder und
bespritzte ihn mit seinem Blut. Er pflegte nämlich nur selten bei diesen Spielen den
Vorsitz zu führen, sondern meistens, in seiner Loge liegend, sah er zu, anfangs nur
durch kleine Löcher, später aber aus dem dazu völlig geöffneten Balkon.

7. Hieraus folgert man leicht, dass die Tribüne bedeckt war und nicht gebaut
nach der Form der angemessenen Kaiserloge, die selbst einen eigenen Balkon

de grandi illo amphitheatrali necessario Tranquillum capis–, quod ostiis quibusdam siue fenestris arenam versus aperiretur. Plinius hunc morem satis illu-
strat Laudatione ad Traianum, quem commendat quia ciuiliter sustulit: *Digna*,
inquit, *victore populo sedes* – de circo sermo est, – *visenda cum cetera specie, tum*
5 *quod aequatus plebis ac principis locus. Siquidem per omne spatium vna facies*
nec magis proprius spectandi Caesari suggestus, quam propria quae spectet. Lice-
bit ergo ciuibus tuis inuicem contueri, dabitur non cubiculum principis sed ipsum
cernere in publico, in populo sedentem.

8. Sed praeter hunc suggestum ad podium etiam tribunal editoris. Cum enim
10 aliis honoribus, vt lictoribus et veste praetexta, insignes voluerint eos esse qui
ludos exhiberent, tum etiam altiori hac sede in qua praesiderent. Suspicor ex
Suetonii Augusto, qui *Virginibus Vestalibus*, inquit, *locum in theatro separatim*
et contra praetoris tribunal dedit. Nam quod praetorem nominat, eo est quod
plerumque ludos ii exhibebant. At quin aliis etiam editoribus is honos et is
15 locus non ambigo, ad hoc tribunal refero quod Vitruuius in *omni pusillo et*
magno theatro fieri vult *itinera, ascensus, pulpita, tribunalia*, libro v, capite
vii. Quod vero ad podium ea sedes cum ratio euincit, tum Suetonius, qui ex
aduersum collocat Vestales, eae autem ad podium. Prudentius:

An quoniam podii meliore in parte sedentes
20 spectant aeratam faciem, quam crebra tridente
impacto quatiant hastilia.

Caput XII

Quod tutamen infimo illo podio fuerit a feris. Retia solere praetendi bene nexa,
bene firma. Versatilia item quaedam ligna, cancellos ferreos et euripos. Sudatum
25 *in Calpurnii versibus*

1. Et de podio quidem hactenus transeo." "Imo mane," inquam ego, "mane,
magnus mihi hic metus!" Circumspexit Florentius velut quaerens. Sed ego cum
risu "non pro me, ne erres", inquam, "sed pro consulibus et hoc omni senatu

hatte – denn hierüber, nicht über den großen Balkon des Amphitheaters fasst du unumgänglich Tranquillus – weil die Tribüne durch manche Türen oder Maueröffnungen auf die Arena hin geöffnet wurde. Plinius zeigt diesen Brauch ausreichend in seiner *Laudatio ad Trajanum*, den er empfielt, weil er ihn loyal unterstützt: *Ein würdiger Sessel, weil das Volk der Sieger ist* – er erzählt über den Zirkus- *sehenswürdig zusammen mit dem übrigen Anblick, dann auch weil man die Volkssessel und den Kaisersessel gleich gemacht hat. Da es ja durch den ganzen Raum eine einzige Form gibt und der Sitz für Cäsar nicht angemessener zum Schauen ist, als der eigene Sitz, worauf man schaut. Es wird also deinen Mitbürgern zugestanden sein, abwechselnd zuzuschauen, die Kaiserloge wird man nicht sehen können, sondern ihn selbst öffentlich, wenn er inmitten des Volkes sitzt.*

8. Aber außer diesen Sitz am Balkon gab es auch den Hochsitz des Darstellers. Denn zusammen mit den anderen Ehrbeweisen, wie die der Liktoren und die Toga praetexta, wollte man, dass die Organisatoren der Spiele sichtbar waren, auch durch diesen höheren Sessel, worauf sie den Vorsitz hatten. Das vermute ich aus der Augustusvita von Suetonius, der erwähnt, dass er den Vestalinnen einen Sessel im Theater gab, getrennt und gegenüber dem Prätorensessel, denn er nennt die Prätoren, weil sie meistens die Spiele gaben. Aber ich bezweifle nicht, dass auch die anderen Darsteller diese Anerkennung und Stelle hatten. Ich berichte über den Amtssessel, weil Vitruvius meinte, dass man in *jedem kleinen und großen Theater Durchgänge, Zugänge, Bühne und Amtssessel machte* im fünften Buch, siebtes Kapitel. Dass das wirklich der Sessel am Balkon war, legt sowohl die Ratio als Suetonius dar, der die Vestalinnen gegenüber situiert, diese waren doch am Balkon. Prudentius dichtet: *Oder weil sie, am besseren Platz des Balkons sitzend, das erzbeschlagene Gesicht sehen, das zahlreiche Speere mit aufgesetztem Dreizack zerschmettern.*

XII. Kapitel

Ein Schutz am untersten Balkon gegen die wilden Tiere. Gewöhnlich waren Netze davorgespannt, gut geknüpft und gut befestigt. Manche aus Holz gefertigte waren gleichfalls beweglich, eiserne Gitter und Kanäle. Man hat geschwitzt über Calpurnius' Zeilen

1. Ich gehe vorbei, jedenfalls vom Balkon herab." „Nein, warte, warte," rief ich, „denn ich habe hier große Angst!" Florentius schaute wie suchend um sich. Aber ich lächelte: „Nicht um mich selbst, irre dich nicht, aber um die Konsulen

romano, quos tu quidem in podio collocas, id est, in ipso ostio orci. Quomodo
enim hic tuti a feris, quis leo, quae panthera illos non inuadat tantillo ab arena
interuallo? Iam si elephas aliquis, heu!"

2. Risit hic largiter Florentius et "o te hominem albo hepate", inquit, "profecto
mater tua numquam flebit. Quid tamen hic periculi? Murus iste quem vides
quique arenam diuidit, scito altiorem fuisse non paullo quam pro aspectu.
Ipse corruit et subsedit et rudera aream alleuarunt. Non minus certe olim
altitudinis habuit cum hoc podio duodenos quindenosue pedes. Quae fera
hunc transsiliat? Et tamen contra inopinatos quoque casus scito a catis illis
prouide prouisum. Nam primum retia valida nodosa in orbem vndique podium
hoc cingebant.

3. Plinius ea intellegit libro xxxvii de Neronis quodam munere: *tanta*, inquit,
copia succini inuecta, vt retia arcendis feris podium protegentia succino nodaren-
tur. Et Calpurnius, qui retia illa in Carini venatione format et torquet ex auro:

> *... auro quoque torta refulgent*
> *retia, quae totis in arenam dentibus exstant.*

Nec retia solum, sed versatiles quidam trunci adpositi muro et huic podio
contra scansionem omnem ferarum et insultum. Quae ligna quidem manifesto
in ipsis caueis Ammianus agnoscit libro xix: *vt dentatae in caueis bestiae tetro*
paedore efferatae euadendi spe repagulis versatilibus illiduntur.

4. In caueis, inquam, sed in ipso etiam podio aut circa videtur Calpurnius locare
etsi verbis parum claris aut certis:

> *... nec non vbi finis arenae*
> *proxima marmoreo peragit spectacula muro*
> *sternitur adiunctis ebur admirabile truncis*
> *et coit in rutilum, tereti qua lubricus axem*
> *impositos subita vertigine falleret vngues*
> *excuteretque feras.*

---

6 pro aspectu *1598, 1589, 1585*] pro hoc aspectu *1584*   18–22 Quae ligna ... certis *1598*] Calpurnius
idem allucet, sed facem parum claram *1584, 1585, 1589*

und den ganzen römischen Senat, die du freilich an den Balkon setzt, das heißt, beim Zugang zur Unterwelt. Denn wie waren sie sicher vor den wilden Tieren? Welcher Löwe, welcher Panther, konnte sie nicht angreifen, mit einem so kleinen Zwischenraum zur Arena? Wehe, wenn ein Elefant kommt!"

2. Florentius brach in Gelächter aus und sagte: „Ach du, Angsthase, deine Mutter wird sicherlich nie weinen. Welche Gefahr gibt es hier? Die Mauer, die du siehst und die die Arena abtrennt, wisse, dass sie viel höher war als man hier sehen kann. Genau die ist eingestürzt und gesunken und die Bruchstücke haben den Raum erhöht. Aber eben so sicher hatte sie mit diesem Balkon einst eine Höhe von zwölf oder fünfzehn Fuß. Welche wilden Tiere werden sie überspringen? Und wisse, dass auch gegen unerwartete Zwischenfälle durch diese Catogleichen Männer klug Sorge getragen wurde. Denn gleich zuerst umwanden sie starke knotige Netze überall rund um den Balkon.

3. Plinius begriff das, als er im 37. Buch über ein Schauspiel von Nero spricht: *So eine große Menge Amber brachte man hinein, dass man die Netze, die den Balkon gegen die wilden Tiere, die man abwehren möchte, schützten, mit Amber knüpfen konnte.* Auch Calpurnius begriff es, der die Netze für die Tierhetze des Carinus ausbildete und mit Gold umwand: *Die mit Gold gewundenen Netze glänzen, die an allen Haken auf die Arena hin aushängen.* Es gab nicht nur Netze, sondern bewegliche Pfähle waren bei der Mauer und diesem Balkon gestellt gegen jedes Hinaufsteigen und gegen Angriffe von wilden Tieren. Und dieses Holz in den Theatern selbst bemerkte Ammianus jedenfalls klar in seinem neunzehnten Buch: *Dass die Tiere mit Zähnen in den Käfigen mit unerträglichem Gestank wild gemacht wurden und aus der Befürchtung, dass sie entkamen, mit beweglichen Torbalken zerschlagen wurden.*

4. In den Käfigen, sagte ich, aber auch genau am Balkon oder darum scheint Calpurnius sie zu situieren, obwohl er das nicht deutlich oder sicher beschreibt: *Und wo der Höhepunkt der Arena die nächsten Schauspielen gleichzeitig mit einer marmornen Mauer durchführt und wo wunderbares Elfenbein mit verbundenen Pfählen sie bedeckt und sich verbindet ins rotgelbe, und auf der runden Stelle betrug der schlüpfrige Grund die Wagenachse und durch den plötzlichen Schwindel die getäuschten Klauen und er vertrieb die wilden Tieren.* Die

Versus enim dubiae et intricatae scriptionis. Legerem *et coit in rutilam* siue *rotulam*, vt velut truncos eos eburatos vtrimque in rotulam coisse atque ita insilientis ferae impetum fregisse et vertendo excussisse. Nescio etiam an *in ruplum*. Nam *ruplus* in Glossis στροφεὺς γαλεάγρας καὶ ἀπόψηκτιον, *cardo et*

5   *vertebra caueae.*

5. Sed mentem facilius versuum horum adfirmarim quam verba. Vult omnino transuersa quaedam ligna versatilia obiecta muro, quae feras fallerent dum enituntur." Ego hic iterum: "anceps hoc praesidium, Florenti, et quomodo me firment versus tam infirmi? Sane – rideas licet- ego etiamnunc in summa cauea

10   spectare eligam nec inuideam senatui orchestram. Contra elephantes enim et immanes illas feras quid?" "Parata arma" inquit Florentius, "nam aut clathris ferreis arenam totam circumdabant aut, quod certius, euripis. Valde enim id genus metuens aquae. Plinius libro viii: *Vniuersi* – de elephantis loquitur- *eruptionem tentauere non sine vexatione populi circumdati clathris ferreis. Qua*

15   *de causa C. Caesar dictator postea simile spectaculum editurus euripis arenam circumdedit, quos Nero Caesar sustulit equiti loca addens.* Et iamne securus?" "Haud plane etiam," inquam ego, "sed perge."

Caput XIII

Gradus et eorum forma, diuisi accurate in suas partes, puluilli in iis. Praecinc-
20   *tiones, aditus, viae, cunei, cathedrae, porticus. Vitruuius, Tertullianus, Martialis, Calpurnius, varii scriptores varie emendati aut illustrati*

1. Florentius: "gradum igitur iam promoueo ad gradus et ad hos subselliorum, vt sic dicam, colles. Non male colles, quia reuera per decliue iacentium ea forma. Itaque Calpurnius apte descripsit:

25   *Immensosque gradus et cliuos lene iacentes.*

Male enim aliquot libri *diuos*. Nec quicquam hic sane de puluinari, sed vt totam hanc sedendi spectandique rationem subtili quadam Minerua intelligas, non

---

1 Legerem *1598*] Legerim *1584, 1585, 1589*   2 vt velut *1598*] vt velit *1584, 1585, 1589*

Zeilen sind doch aus einer zweifelhaften und zweifelverursachenden Schrift. Ich möchte lesen *und verbindet sich ins rotgelbe* oder *in ein kleines Rad*, dass gleichsam die Pfähle mit Elfenbein ausgelegt waren und von beiden Seiten in ein kleines Rad zusammenkamen und so den Angriff eines Tieres das hinaufsprang zerbrach und durch Drehen hinabstieß. Auch weiß ich nicht ob es *zur Achse* sein sollte, denn *Achse* wird in den Glossen so erklärt: στροφεὺς γαλεάγρας καὶ ἀποψήκτιον, *die Achse und das Gelenk des Käfigs.*

5. Aber ich würde leichter die Absicht der Zeilen bestätigen als die Worte. Er meint allerdings, dass seitwärts manche bewegliche Scheite vor der Mauer gelegt wurden, so dass die Tiere sich täuschten, wenn sie emporstrebten." Hier sagte ich wieder: „Ungewiss ist diese Schutz, Florentius und wie können solche unsicheren Zeilen mich stärken? Immerhin, und lach wenn du willst, ich mochte jetzt auch im höchsten Zuschauerraum schauen und ich beneide den Senat für seinen Sitzplatz nicht. Denn was gibt es da gegen die Elefanten und die wilden Tiere?" „Schlagfertige Waffen," antwortete Florentius, „denn entweder sie umgaben die ganze Arena mit eisernen Gittern oder, und das ist noch sicherer, mit Kanälen. Denn diese Sorte hatte viel Angst vor Wasser. Plinius schreibt im achten Buch: *Allen* – er spricht über Elefanten- *versuchten einen Ausbruch, nicht ohne die Erschütterung des Volkes und sie waren mit eisernen Gittern umgeben. Darum umgab der Kaiser Gajus Caesar, der später ein ähnliches Schauspiel geben wollte, die Arena mit Kanälen, die Kaiser Nero aufhob, als er Plätze für die Ritter zufügte.* Und bist du nun beruhigt?" „Noch immer nicht völlig," behauptete ich, „aber fahre fort."

XIII. Kapitel

Die Tribünen und ihre Form, sorgfältig getrennt in eigene Abteilungen, mit kleinen Kissen darauf, Wandelgänge, Zugänge, Gänge, Sitzabteilungen, Lehnstühle und Säulengänge. Vitruvius, Tertullianus, Martialis und Calpurnius. Verschiedene Autoren sind auf verschiedene Weise korrigiert oder illustriert worden

1. Florentius reagierte: „ich fordere schon einen Schritt zu den Tribünen und, sozusagen, zu diesen Hügeln von Bänken. Das Wort Hügel ist niet schlecht gewählt, weil er durch den Abhang der Stufen wirklich diese Form hatte. Also schrieb Calpurnius angemessen: *Angenehm liegend auf den unermesslichen Tribünen und Abhängen.* Manche Handschriften lesen falsch *göttlichen (diuos* statt *cliuos, Abhängen).* Es handelt sich hier deutlich nicht um ein Göttermahl, aber damit du die ganze Weise des Sitzen und Schauen mit feinsinnigem und

crassa: opus vt hoc omne spatium distinguam tibi per partes, quae erunt istae: gradus, praecinctiones, aditus, viae, cunei, cathedrae, porticus.

2. Gradus appellamus, vti scis, ea ipsa loca in quibus sedebant. Sic dicti in amphitheatris, quia ad formam scalarium graduum alii alios consequuntur.
5   Eorum dimensio Vitruuio expressa: *gradus*, inquit, *vbi subsellia componantur, ne minus alti sint palmopede et digitis sex. Latitudines eorum ne plus pedes duo semis, ne minus pedes duo constituantur.* Palmopede, id est, pede et palmo siue palmis quinque. Palmus enim quatuor digitos continet, pes quatuor palmos.

3. Sed haec tamen Vitruuiana altitudo non conuenit gradibus amphitheatri
10 Veronensis, qui Torello dimetiente alti dumtaxat pedem et duas vncias, id est, pedem et duos digitos semis et paullum, quod excurrit. Sed cur tam lati? Parum enim ex symmetria et bono loci videtur duos pedes et semis latos eos facere. Quod verum est, sed latitudinem eam exigit in contextu illo graduum ratio sedendi. Pedes enim eorum qui in superiore gradu spectant innixi inferiori
15 gradui proximo, qui ne laederent sedentes alios neue ipsi laederentur, opus habuere aliqua laxitate. Fortasse etiam ad pone transeundum, siqui surgerent aut sedentibus iam aliis intrarent. Gradus autem isti e lapide, vnde scitum illud Aristippi, *Cui bono eruditio? Huic saltem*, inquit, *ne in theatro lapis sedeat super lapidem*, quanquam et saepe e ligno.

20 4. Sero repertum vt puluilli insternerentur senatui idque primus Caligula insti-tuit. Dio Cassius: τά τε προσκεφάλαια τοῖς βουλευταῖς, ὅπως μὴ ἐπὶ γυμνῶν τῶν σανίδων καθίζωνται, πρῶτον τότε ὑπετέθη, καὶ πίλους σφίσι τὸν θετταλικὸν τρόπον ἐς τὰ θέατρα φορεῖν, ἵνα μὴ ἡλιώσει ταλαιπωρῶνται, ἐπετράπη, *Puluilli tunc primum senatoribus, ne nudis asseribus insiderent, subiecti et pileos thessalicos in thea-*
25 *tra iis inferre concessum, ne insolatione torquerentur.* Ait clare senatui tantum, postea tamen id etiam equiti concessum ex Iuuenali:

> ... *exeat, inquit,*
> *si pudor est et de puluino surgat equestri,*
> *cuius res legi non sufficit*

16–17 siqui ... intrarent *1598, 1589, 1585*] *deest in 1584*   23 ἐπετράπη. *Puluilli 1598*] ἐπετράπη, id est, *Puluilli 1584, 1585, 1589*

nicht mit schlichtem Menschenverstand begreifst, ist es meine Aufgabe, für dich diesen ganzen Raum in Teile zu unterscheiden. Es gibt die Folgenden: Tribünen, Wandelgänge, Zugänge, Gänge, Sitzabteilungen, Lehnstühle, und Säulengänge.

2. Wir nennen die Tribünen, wie du weißt, genau die Plätze, worauf sie saßen. So wurden sie in den Amphitheatern genannt, weil die Stufen einander folgten nach der Form einer Treppe. Ihre Abmessung hat Vitruvius auseinanderge-setzt: *Die Tribüne, wo die Bänke gebaut werden, sind nicht weniger hoch als ein Fuß und eine Hand zusammen mit sechs Fingern. Ihre Breite ist auf nicht mehr als zweieinhalbe und nicht weniger als zwei Fuß festgesetzt.* Ein Fuß und eine Hand, das heißt, ein Fuß und eine Hand oder fünf Hände. Denn eine Hand entspricht vier Fingern und ein Fuß entspricht vier Händen.

3. Aber diese Höhe von Vitruvius stimmt nicht mit den Tribünen des Theaters in Verona überein, die, wenn Torellus sie abmißt, einen Fuß und zwei Zwölftel hoch sind, das heißt, einen Fuß und zweieinhalb Finger und ein bißchen, das herausragt. Warum sind sie so breit? Das hat wenig mit Symmetrie zu tun, für einen guten Platz brauchte man offenbar zweieinhalb Fuß für die Seiten. Das ist wahr, aber die Sitzweise in Zusammenhang mit den Stufen fordert diese Breite. Denn die Füße von ihnen, die auf einer höheren Stufe schauen, ruhen auf der nächsten tieferen Stufe, die, damit sie sitzend niemand anders hindern und nicht selbst gehindert werden, einige Geräumigkeit brauchten. Vielleicht auch um hinten vorbeizugehen, wenn sie aufstanden oder hineinkamen als andere schon saßen. Aber die Stufen waren aus Stein gemacht, deswegen der Lehrsatz von Aristippus: *Für welchen Vorteil braucht man eine gute Erziehung? Dazu jedenfalls, sagte er, damit im Theater ein Stein sich nicht auf einen anderen Stein setzt,* obwohl die Stufen auch häufig aus Holz verfertigt waren.

4. Spät ist historisch berichtet, dass für den Senat kleine Kissen darauf gelegt wurden und dass Caligula das als erster begründete. Cassius Dio schreibt: τά τε προσκεφάλαια τοῖς βουλευταῖς, ὅπως μὴ ἐπὶ γυμνῶν τῶν σανίδων καθίζωνται, πρῶτον τότε ὑπετέθη, καὶ πίλους σφίσι τὸν θετταλικὸν τρόπον ἐς τὰ θέατρα φορεῖν, ἵνα μὴ ἡλιώσει ταλαιπωρῶνται, ἐπετράπη, *Damals wurden für das erste Mal kleine Kissen für die Senatoren hingelegt, damit sie sich nicht auf die kahlen Latten setzten und man erlaubte, dass thessalische Kopfbedeckungen für sie in die Theater gebracht wurden, damit sie nicht vom Aufenthalt in der Sonne zu Leiden hatten.* Er meldet klar nur *für den Senat,* doch später stand man es auch dem Ritterschaft zu, nach Juvenalis: *... Derjenige muß weggehen, sagt er, wenn es Ehrgefühl gibt, und er muß vom Ritterkissen aufstehen, dessen Situation für das Gesetz nicht genügt.*

5. Praecinctiones sequuntur, quas, si bene capio, non aliud censeam quam graduum interualla et diuisiones quasdam in orbem. Vitruuius aliquoties nominat
sed, vt in re tunc clara, describit nobis parum clare: *Praecinctiones*, inquit, *ad*
altitudines theatrorum pro rata parte faciendae videntur neque altiores quam
5   *quanta praecinctionis itineris sit latitudo.* Iterum: *gradationes scalarum contra*
quadratorum angulos dirigantur ad primam praecinctionem. Videntur autem
siue ad vomitoria et ipsos aditus siue in discriminibus orchestrae, equestrium,
popularium gradus, quosdam latiores altioresque struxisse, qui reliquos minores velut praecingerent et complecterentur, unde et nomen. Torellus certe
10   obseruat in illo Veronensi gradum esse circa medium, qui duos pedes et vncias
sex altus, cum reliqui tantum pedem et vncias duas. Atque ea profecto praecinctio, etsi Vitruuius et res ipsa plures suadent vna.

6. Baltheus id alio nomine vocatur a pari caussa, quia velut cingulum quoddam
latum fuit. Calpurnius in Amphitheatro Carini:

15   *Baltheus en gemmis, en illita porticus auro.*

Tertullianus De Spectaculis: *Vias enim vocant cardines baltheorum per ambi-*
tum. Ex quo disce ad cingula etiam ista fuisse vias. Diazomata item graecanica
voce commode appellat Vitruuius capite vii: *gradus, diazomata, pluteos.*

7. Aditus deinde, qui in ipsa gradatione portae quaedam siue ostia, per quae ab
20   exterioribus porticibus venitur et descenditur in ipsas sedes. De his architectus: *Aditus complures et spatiosos oportet disponere nec coniunctos superiores*
inferioribus, sed ex omnibus locis perpetuos et directos sine inuersuris faciendos,
vti cum populus dimittitur de spectaculis, ne comprimatur, sed habeat ex omnibus
locis exitus separatos sine impeditione.

25   8. Vomitoria appellat Macrobius voce vulgi libro vi Saturnalibus capite iiii ad
illud Vergilii:

     ... totis vomit aedibus vndam

Pulchre et antique. Vnde et nunc vomitoria – alii libri *vomitaria*- *in spectaculis*
dicimus, vnde homines glomeratim ingredientes in sedilia se fundunt. Atque haec
30   foramina perspicua in hisipsis graduum reliquiis itemque in illo Veronensi.

---

3 nobis *1598*] *deest in 1584, 1585, 1589*   14 fuit *1598*] *deest in 1584, 1585, 1589*

5. Die Wandelgänge folgen, die, wenn ich das gut verstehe, ich einschätzen soll als Zwischenräume zwischen den Treppen und sichere Teilungen im Zirkel. Vitruvius nennt sie manchmal, aber selbst wenn es dann deutlich war, beschreibt er es für uns undeutlich: *Die Wandelgänge*, sagt er, *soll man offenbar im Verhältnis zur Theaterhöhe machen und sie soll nicht höher als die Breite eines Wandelganges sein.* Und wiederum: *Die Treppen sollen den Ecken der Quadraten gegenüber in gerader Richtung zum ersten Wandelgang aufgestellt sein.* Aber offenbar bauten sie sie bei den Eingängen und den Zugängen selbst oder bei den Trennwänden der Sitzplätze der Senatoren, der Sessel der Ritter, oder des Volks, manche auch breiter und höher, die die übrigen geringeren sozusagen umgaben und einschloßen, wovon auch der Name stammt. Torellus sieht sicherlich, dass es im Theater in Verona ungefähr in der Mitte eine Treppe gibt, die zwei Fuß und sechs Zwölftel hoch ist, während die Anderen nur einen Fuß und zwei Zwölftel hoch sind. Das war sicherlich der Wandelgang, obwohl Vitruvius und zugleich die Situation selbst vermuten lassen, dass es mehrere davon gab.

6. Mit einem anderen Namen und aus gleichem Grund nannte man das einen Gurt, weil die Seite gleichsam eine Art von Zirkel war. Calpurnius sagt über Carinus' Amphitheater: *Siehe, ein Gurt mit Edelsteinen, siehe, ein Säulengang mit Gold bedeckt.* Tertullianus erzählt in *De Spectaculis*: *Denn sie nennen die Gänge die Scheidungslinien der Gurte durch das Herumgehen*, woraus du lernen sollst, dass die Gänge auch zu den Zirkeln gehörten. Vitruvius nennt sie ebenso angemessen im siebten Kapitel mit einem griechischen Wort Diazomata (*Gurte*): *Treppen, Gurte, Bänke.*

7. Sodann die Zugänge, die im Treppenzugang zum Tor oder manche Pforte, wodurch man von äußeren Säulengängen hineinkam und man sich in die Sessel setzte. Hierüber schreibt der Architekt: *Man soll verschiedene geräumige Zugänge aufstellen und nicht höhere verbunden mit tieferen, sondern man soll sie von allen Plätzen aus fortlaufend und gerichtet ohne Änderungen bauen, sodass, wenn man das Volk von den Schauspielen wegschickt, es nicht zerdrückt wird, sondern von allen Plätzen ausgehend getrennte Ausgänge ohne Hindernisse hat.*

8. Macrobius nennt sie mit einem volkstümlichen Namen Eingänge im sechsten Buch der *Saturnalien*, viertes Kapitel, bei dem Vergiliuszitat: *... gibt aus das ganze Haus eine Menge von sich: schön und altertümlich. Wovon wir sie auch nun die Eingänge (vomitoria) – andere Handschrifte lesen vomitaria- bei den Schauspielen nennen, von wo die Menschen in Mengen hineingehen und sich in die Sessel niederwerfen.* Und diese Öffnungen sind deutlich wahrnehmbar genau in den Überresten der Treppen und ebenso im Amphitheater in Verona.

9. Ad vias venio, quae auctore Tertulliano hic duplices: *vias enim vocant cardines baltheorum per ambitum et discrimina popularium per procliuum*. Optime eruditus scriptor, vult enim vias alias esse quae ad cardines siue limites baltheorum in circuitu, alias quae a vomitoriis illis in descensu. Itaque ait *per procliuum*. Sed cur *popularium* tantum meminit eaque discriminari et in cuneos suos tribui viis illis secantibus vult? Adhaeresco. Excludere enim aperte equestria et orchestram videtur, aliter quam Suetonius, qui cuneos in his agnoscit, ergo et vias. Sed popularia large fortasse acceperit scriptor Afer pro omni populi consessu.

10. Vias has modo *itinera*, modo *scalaria* Vitruuius appellat, sed scalaria tamen proprie vias, quae inter cuneos ad ascensum aut descensum. In his viis qui locum non habebant quique, vt suo verbo dicam, excuneati erant, spectabant stantes. Tertullianus: *Nam apud spectacula et in via statur*. Martialis facete de falso quodam equite libro v:

> Sedere primo solitus in gradu semper
> tunc cum licebat occupare Manneius,
> bis excitatus terque transtulit castra
> et inter ipsas paene tertius sellas
> post Caiumque Luciumque consedit,
> illinc cucullo prospicit caput tectus
> oculoque ludos spectat indecens vno.
> Et hinc miser deiectus in viam transit
> subsellioque semifultus extremo
> et male receptus altero genu iactat
> equiti sedere Lectioque se stare.

Cuius epigrammatis sententia ista: Manneium solitum ante Domitiani edictum sedere inter equites et quidem in equestrium primo gradu, qui ad orchestram, sed agnitum et pulsum aliquoties a dissignatore Lectio, transisse tandem ad summam caueam et spectasse inter plebem et pullatos, tantum non inter cathedras muliebres, sed illinc quoque deiectum, spectasse in via semi stantem. Atque huius sententiae etiam illud Taciti est libro xvi de militibus qui a Nerone dispositi *per cuneos stabant, nequod temporis momentum impari clamore aut silentio segni praeteriret*. Nam stetisse eos censeo in his vtrisque viis.

9. Ich komme zu den Gängen, die hier nach dem Autor Tertullianus zweifach sind: *Denn sie nennen die Gänge die Scheidungslinien der Gurte durch das Herumgehen und die Zwischenräume der Volkssessel abwärts.* Der gelehrte Autor sieht das sehr gut, denn er meint, dass die Gänge zu den Scheidungslinien oder die Grenzlinien der Gurte im Zirkel andere sind als die Gänge ab den Eingängen, von oben nach unten. Darum schreibt er *abwärts*, aber warum meldet er nur *die Volkssessel* und will er, dass diese unterschieden wurden und den Sitzabteilungen zugeteilt wurden während die Gänge sie doch teilten? Ich komme ins Stocken. Offenbar schließt er rücksichtslos die Rittersessel und die Senatorensessel aus, anders als Suetonius, der darin die Sitzabteilungen erkennt, und also auch die Gänge. Aber der Autor Afer begriff vielleicht, dass es viele Volkssessel gab für das Beisammensitzen des ganzen Volkes.

10. Diese Gänge nennt Vitruvius manchmal *Wege*, manchmal *Treppe*, wenn auch die Treppen eigentlich Gänge sind, die sich zwischen den Sitzabteilungen befinden um nach oben oder nach unten zu gehen. In diesen Gängen schauten stehend die zu, die keinen Platz hatten, und die sozusagen von den Sitzplätzen ausgeschlossen waren. Tertullianus erwähnt: *Denn bei den Schauspielen steht man auch im Gang.* In seinem fünften Buch erzählt Martialis witzig über einen unechten Ritter: *Gewöhnt, immer in der ersten Reihe zu sitzen, als es noch erlaubt war, dort Platz zu nehmen, mußte Manneius, zwei- oder dreimal aufgescheucht, sein Lager verlegen, und ließ sich direkt zwischen den Stühlen förmlich als dritter hinter Gaius und Lucius nieder. Von dort beobachtet er, die Kapuze über den Kopf gezogen, und schaut sich mit einem Auge – ein abstoßender Anblick! – die Spiele an. Von da vertrieben, begibt sich der elende Kerl auf den Gang hinaus, und halb abgestützt auf dem äußersten Ende der Bank und widerwillig akzeptiert, betont er vor den Rittern mit dem einem Knie, daß er sitze, und vor Lectio, daß er stehe.* Die Bedeutung des Epigramms ist die Folgende: Vor Domitianus' Edikt saß Manneius gewöhnlich zwischen den Rittern und zwar in der ersten Reihe der Rittersessel, die sich beim Sitzplatz der Senatoren befindet. Aber, bemerkt und vom Platzanweiser Lectio manchmal vertrieben, ging er schließlich zum höchsten Zuschauerraum und schaute er zwischen dem Volk und den im Mantel gekleideten, nur nicht zwischen den Frauensesseln, aber auch von dort entfernt, schaute er stehend im Gang. Und diese Bedeutung hat auch Tacitus' Aussage im sechszehnten Buch über die Soldaten, die von Nero aufgestellt, *um die Sitzabteilungen herum standen und keinen Augenblick mit ungleichem Geschrei oder trägem Stillschweigen vorbeiging.* Denn ich glaube, dass sie in den beiden Gängen standen.

11. Latitudo itineris ad baltheum mihi ignota, censeo non minus trium quat-
tuorue pedum, si enim vulgarium graduum Vitruuio definiente duo pedes et
semis, quidni duplum istis? At scalarium siue ascensuum altitudo in Veronensi apparet semipedis et vnciae, latitudo pedum binum. Humiliores ergo
5   aliis sedentariis gradibus parte dimidia. Addo canaliculas quasdam et deriua-
tiones aquarum ad oram extremam graduum fuisse, qua scalaria incipiebant.
Apparent in fragmentis lapidum et vsum, credo, habuerunt siue aquae caelestis
deriuandae siue potius humanae, nam cum dies totos in spectaculis persede-
rent, quin vrina reddenda fuerit, non ambigimus eique vsui tribuimus hos inci-
10 sos canales, nam ad pluuiam scire te volo pendulos leuiter et procliues omnes
gradus fuisse.

12. At cunei iam – Alexis κερκίδας dixit- inter has vias medii. Quidquid enim
sedilium diuiditur praecinctionum itineribus et secatur lateralibus viis in hoc
nomen id venit. Nomen datum a forma, quia re ipsa scalarum directio talis, vt
15 ab imo ordiens magis diffunderetur in altum redderetque cunei formam. Hoc
modo vide. Digiti enim potius res est quam linguae, sed hoc mihi nota vias
istas scalares non ab imo ad summum recta et sine intercisione isse. Contra est,
dirigebantur saltem ab ima orchestra ad primam praecinctionem. Ibi desine-
bant et alternis aliae incipiebant cum cuneorum noua variatione. Ita si triplex
20 praecinctio – et id ex Vitruuio suspicamur–, triplex etiam ordo et discrimen
cuneorum. Nec absurde fortasse senserim, si cuneos et praecinctiones finiam
ac discriminem limitibus orchestrae, equestrium, popularium.

13. Architectus noster Augustalis meo animo describit non obscure: *Cunei,*
inquit, *spectaculorum in theatro ita diuidantur, vti anguli trigonorum qui cur-*
25 *runt circa curuaturam circinationis, dirigant ascensus scalasque inter cuneos ad*
primam praecinctionem. Supra autem alternis itineribus superiores cunei medii
dirigantur. Et adde quae scribit capite viii: *gradationes scalarum inter cuneos*
et sedes dirigantur ad primam praecinctionem, ab ea praecinctione inter eas

---

5 dimidia. Addo *1598, 1589, 1585*] dimidia. Formam ex aere hic vides. Addo *1584*

11. Die Breite des Ganges zum Gurt weiß ich nicht, ich denke nicht weniger als drei oder vier Fuß. Denn wenn nach Vitruvius' Definition die gewöhnliche Treppe zweieinhalb Fuß breit ist, warum dann nicht das Doppelte davon? Aber die Höhe der Treppe oder der Stufen des Theaters in Verona scheint einen halbe Fuß und ein Zwölftel zu sein, die Breite zwei Fuß. Die Niedrigeren sitzen also auf den anderen Stufen für den Sitzenden in der Mitte. Ich füge hinzu, dass es einige schmale Kanäle und Wasserumleitungen beim aüßersten Rand der Stufen gab, wo die Treppe began. In den Bruchstücken von Steinen zeigen sie sich und sie hatten den Nutzen, glaube ich, entweder das Himmelwasser abzuleiten oder eher das menschliche Wasser, denn wenn sie ganze Tage bei den Schauspielen saßen, warum müßten sie dann nicht urinieren? Wir zweiflen nicht, dass man die eingegrabenen Kanäle zu diesem Nutzen aushob, denn was den Regen betrifft, musst du wissen, dass alle Stufen leicht schwankend und abschüssig waren.

12. Aber die Sitzabteilungen – κερκίδας (*Schußspulen*) nannte Alexis sie- waren zwischen den Gängen. Denn alle Bänke, die man unter die Wandelgänge verteilte und unter die Seitenwege unterteilte, hatten offenbar diesen Namen. Den Namen gibt es der Form nach, weil tatsächlich die Richtung der Treppen so war, dass sie sich von unten ausgehend in die Höhe ausbreiteten und die Form eines Keiles bekamen. Siehe das so. Das ist eher etwas um anschaulich anzudeuten als zu beschreiben, aber es ist mir bekannt, dass die Treppen von unten nach oben nicht gerade und ohne Unterbrechung gingen. Im Gegenteil, sic waren wenigstens vom untersten Sitzplatz der Senatoren zum ersten Wandelgang gerichtet. Da endeten sie und andere Treppen begannen abwechselnd mit einer neuen Verschiedenheit an Sitzabteilungen. Wenn der Wandelgang also dreifach war – und dies vermuten wir von Vitruvius- war auch die Ordnung und der Unterschied der Sitzabteilungen dreifach. Vielleicht denke ich nicht ungereimt, wenn ich die Sitzabteilungen und die Wandelgänge beende und die Unterschiede zwischen dem Sitzplatz der Senatoren, den Rittersesseln und den Volkssesseln bespreche.

13. Unser Baumeister Augustalis beschreibt es nach mir nicht unklar: Die Sitzabteilungen der Tribunen im Theater sind so zerteilt, dass die Ecken der Dreiecken, die die Rundung der Zirkel gehen, die nach oben gehenden Treppen zwischen den Sitzabteilungen zum ersten Wandelgang richten. Aber oben waren die höheren Sitzabteilungen in der Mitte abwechselnd auf die Wandelgänge gerichtet. Und füge das hinzu, was er im achten Kapitel schreibt: Die Treppen waren in die Höhe zwischen den Sitzabteilungen und den Sesseln zum ersten Wandelgang gerichtet und sie waren von diesem Wandelgang ausgehend auf

iterum mediae dirigantur. Et sane haec praescriptio in parte apparet in Theatro Veronensi ad Athesim, quod deformauit – etsi παχύτερον – Torellus.

14. Atque hi cunei theatrorum, qui in scriptoribus occurrunt crebri. Iuuenalis:

> *... cuneis an habent spectacula totis*
5 > *quod securus ames?*

Martialis:

> *Aera, sed a cuneis vlteriora petis.*

Inde Theatrum Cuneatum Virgilio aut Seuero:

> *... cuneati laeta theatri*
10 > *seditio.*

Et Ausonio: *Cuneata creuit haec theatri immanitas.* Inde excuneandi verbum – id est eiiciendi et velut extra cuneum excludendi- vsurpatum Apuleio. Hi cunei certi certis adsignati. Suetonius in Augusto capite xliiii: *Militem secreuit a populo, maritis e plebe proprios ordines* – id interpretor vel ordines aliquot subsel-
15 liorum vel etiam cuneos- *adsignauit. Praetextatis cuneum suum et proximum paedagogis.* Ad discrimina haec cuneorum quique in iis sedebant, allusisse mihi Tertullianus videtur De Resurrectione Carnis: *igitur quantum ad haereticos, demonstrauimus quo cuneo decurrendum sit a nobis.* Sed clarius et ad Suetonii data verba Martialis libro v:

20 > *Sedere in equitum liceat an tibi scamnis*
> *videbo, Dindyme, haud licet maritorum.*

15. Cuneos autem etiam equitum et senatorum fuisse clare docet Suetonius Domitiano capite iiii: *Die proximo omne genus rerum missilia sparsit et quia maior pars intra popularia deciderat, quinquagenas tesseras in singulos cuneos*
25 *equestris ac senatorii ordinis pronunciauit.* Et Virgilius plebis item ac patrum agnoscit:

---

3 occurrunt *1598*] *deest in 1584, 1585, 1589*   8 aut Seuero *1598, 1589, 1585*] *deest in 1584*   **18–21** Sed clarius ... maritorum *1598*] *deest in 1584, 1585, 1589*

die wieder dazwischen gelegenen gerichtet. Und diese Beschreibung zeigt sich zum Teil im Theater in Verona am Athesis, das Torellus darstellte, obwohl παχύτερον (*etwas in groben Zügen*).

14. Und sie sind die Sitzabteilungen in Theatern, die häufig bei den Autoren vorkommen. Juvenalis schreibt: *Oder haben die Schauspiele in den ganzen Sitzabteilungen etwas, was du sicher liebst?* Martialis sagt: *Sondern du wünschst dir auch noch Münzen von entfernteren Reihen.* Daher nannte Vergilius oder Severus das Theater mit den Sitzabteilungen: *Der frohe Aufruhr des Theaters mit den Sitzabteilungen.* Und Ausonius meldete: *Diese Grausamkeit in den Sitzabteilungen des Theaters wuchs.* Davon stammte die Formulierung, die Apuleius benutzte: *aus der Sitzabteilung schließen*, das heißt, hinauswerfen und sozusagen aus der Sitzabteilung ausschließen. Diese sichere Sitzabteilungen wies man gewissen Personen zu. Suetonius erzählt im 44. Kapitel seiner Augustusvita: *Den Soldat trennte er vom Volk, die Gatten aus dem Volk wies er eigenen Reihen zu –* ich begreife das als einige Reihen von Sesseln oder eben Sitzabteilungen *– Den Herren in der purperverbrämten Toga wies er eine eigene Sitzabteilung sehr nahe bei den Lehrern zu.* Über die Unterschiede der Sitzabteilungen und wer darin saß, scherzt Tertullianus offenbar in *De Resurrectione Carnis*: *Also, hinsichtlich der Ketzer, zeigten wir von welcher Sitzabteilung wir eilen sollten.* Aber Martialis ist in seinem fünften Buch deutlicher und im Einklang mit Suetonius' zitierten Worten: *Ob du auf Ritterbänken sitzen darfst, das werde ich noch sehen, Dindymus, auf denen für Ehemänner hast du nichts zu suchen.*

15. Dass es aber auch Sitzabteilungen für Ritter und Senatoren gab, setzt Suetonius im vierten Kapitel seiner Domitianusvita deutlich auseinander: *Den nächsten Tag streute er allerlei Sorten Geschenke aus und weil der größten Teil zwischen den Volkssesseln gelandet war, versprach er den einzelnen Sitzabteilungen des Ritter- und Senatorenstandes fünfzig Gutscheine.* Und Vergilius erkannte

... hunc plausus hiantem
per cuneos geminatus enim plebisque patrumque
corripuit.

16. Ad cathedram iam perueni, quam solus Tertullianus mihi in amphithea-
5   tris suggerit: *Cathedra,* inquit, *vocatur, ipse in amfractu ad consessum situs.* Et
intelligitne amfractum in singulis gradibus? An potius superum locum, vbi cliui
subselliorum desinunt et murus incipit, qui porticum facit cliuosque illos velut
frangit? Nam plani aliquid spatii ibi fuisse videatur, vnde cathedris positis spectarent. Possis Calpurnium ad hanc sententiam flectere:

10   *Venimus ad sedes, vbi pulla sordida veste*
inter femineas spectabat turba cathedras.

Nam feminae et pullati *non nisi ex superiore loco spectabant* ex Augusti decreto,
quod Suetonius memorat capite xliiii. Sellas etiam Martialis nominat, nescio an
pro cathedris an pro subselliis graduum ipsorum. Nam tenebrae mihi adhuc in
15   isto eius versu:

Et inter ipsas paene tertius sellas
post Caiumque Luciumque consedit.

17. Rettulli quidem supra ad femineas sellas sed repugnante, vt vereor, poeta,
qui non vult equestria eum egressum, sed in aliqua semper eorum linea hae-
20   sisse. An sellae etiam virorum, easque in gradibus ipsis collocabant? Ita prona
quidem facilisque sententia sit, vt dicat misellum hunc irrepsisse inter Caii
Luciique sellas et paene tertium sedisse cum duobus, sed ex illis quoque latebris protractum. Et sane de sellis allatis et illatis quidam mihi suadent. Suetonius Nerone capite xxvi: *Interdiu quoque clam gestatoria sella delatus in thea-*
25   *trum seditionibus pantomimorum ex parte proscaenii superiore signifer simul ac*
spectator aderat.

5–9 Et intellegitne ... spectarent *1598, 1589, 1585*] Solus ille diserte. Nam aliorum cathedrae alio
trahi possunt et fortasse debent. Videtur autem ille locum designare, vbi cliui subselliorum
desinunt et murus incipit, qui porticum facit cliuosque illos velut frangit. Ideo *in amfractu.* Et
credam sane plani aliquid spatii ibi fuisse e quo spectarent in cathedris, quoniam nulli illic
gradus. *1584*

dies auch für das Volk und die Senatoren: *Der doppelte Beifall durch die Sitzab-teilungen des Volks und der Senatoren hat den Staunenden erfreut.*

16. Ich komme schon zum Armsessel, den allein Tertullianus in den Amphi-theatern zufügt: *Dieser wird Armsessel genannt, selbst zum Beisammensitzen in der Krümmung gelegen.* Und erkennt er die Krümmung bei den einzelnen Treppen? Oder eher den höheren Platz, wo die Abdachungen der Bänken auf-hören und die Mauer beginnt, die den Säulengang schafft und die Abdachun-gen gleichsam zerbricht. Denn da war offenbar eine Art leerer Raum, von wo sie, in den Sesseln, die da aufgestellt waren, zuschauten. Du könntest Calpur-nius auf diese Bedeutung beziehen: *Wir kommen zu den Sesseln, wo die Menge mit dunkeler armseliger Kleidung zwischen den Frauensesseln zuschaute.* Denn Frauen und Männer mit dunkelen armseligen Kleidern schauten *nur von einem höheren Platz* aus nach Augustus' Dekret, das Suetonius erwähnt im 44. Kapi-tel. Martialis vermeldet die Sessel auch, ich weiß nicht ob er die Armsessel oder die Bänken meint, die Treppen waren. Denn ich sehe immer noch Finsternis in seiner Zeile: *Und zwischen den Sesseln beinahe als dritter saß er hinter Gajus und auch hinter Lucius.*

17. Ein bißchen weiteroben habe ich ihn zu den Frauensesseln zurückverwie-sen, aber ich fürchte, im Widerspruch zum Dichter, der nicht will, dass er die Rittersessel verlassen hat, sondern stets in einem Einschnitt davon geblieben ist. Stellten sie die Männersessel auch genau auf die Treppen? So würde die Erklärung leicht und einfach sein, dass er erzählt, dass der elende kleine Mann sich zwischen Gajus' und Lucius' Sessel eingeschlichen hat und beinahe als dritter mit den zweien saß, aber aus dieser Verborgenheit hervorgeschleppt ist. Manche überzeugen mich deutlich über die herbeigetragenen und hineinge-brachteten Sessel. Suetonius schreibt im 26. Kapitel seiner Nerovita: *Inzwischen war er auch heimlich in einer Sänfte ins Theater niedergelassen worden und war er von dem höheren Teil der Vorbühne aus als Fahnenträger und zugleich als Zuschauer anwesend bei den Streitigkeiten der Pantomimen.*

18. Iuuenalis in suo illo non inuidendo voto:

> *... et duo fortes*
> *de grege Moesorum, qui me ceruice locata*
> *securum iubeant clamoso insistere circo.*

5   Nam vult et optat sella se deferri in circum. Vitruuii etiam ambigua verba:
Gradus, vbi subsellia componantur. Tamen magis est vt aliter fuerit ex iis quae
supra dixi. Et Suetonii Iuuenalisque loci euincunt non nisi de supero loco, quod
fatemur vltro, an ergo in Martiali scribendum *tertias sellas* capimusque pulsum
eum a primo subsellio ad tertium? Sed quam sententiam aut acumen tum
10   habebit τὸ *paene*? Iterum dico, parum mihi in hoc versu lucet aut liquet.

19. At de porticibus superioribus, e quibus tenuiores spectabant, satis certum.
Calpurnius tangit:

> *... en illita porticus auro*
> *certatim radiat.*

15   Hanc supremam partem Dio ἀψίδα θέατρου dixit in Nerone: καὶ ἐλέφας ἀνήχθη,
inquit, εἰς τὴν ἀνωτάτω τοῦ θεάτρου ἀψῖδα: *Elephas sublatus est in summum*
fornicem siue arcum theatri. Nec male quia porticus illae, vt videtur, arcuato
opere tectae. Certe tectae, Vitruuius: *Tectum porticus,* inquit, *quod futurum est*
in summa gradatione. Ideone non vane suspicer a Tertulliano *cameras* vocatas
20   De Spectaculis: *Deus etiam extra cameras et gradus et Apulias oculos habet.*
Vbi de Apuliis digitum tollo et fateor me non posse hiscere probum de iis aut
probabile verbum.

Caput XIV

De ordine et locis in sedendo. Quando discrimen id factum. De orchestra, de
25   *equestribus et tribunos quosdam nouos fuisse inter equites. De popularibus deque*
loco pullatorum et feminarum

---

5 Nam vult ... circum *1598*] *deest in 1584, 1585, 1589*   15–18 Hanc ... Certe tectae *1598, 1589, 1585*]
deest in 1584   18 Vitruuius: Tectum *1598, 1589, 1585*] Vitruuius ostendit tectas fuisse: *Tectum 1584*

18. Juvenalis dichtet in seinem nicht zu beneidenden Denkmal: *und zwei starke Sklaven aus der Herde der Moeser, die mir ihren Nacken leihen und mich sicher darauf ruhen heißen im lärmenden Zirkus.* Denn er will und wünscht, dass er im Sessel im Zirkus herumgetragen wird. Vitruvius' Wörter sind auch undeutlich: *Die Treppen wo sie die Bänke machen.* Doch aus den Gegebenheiten die ich hier oben erwähnt habe, ist es wahrscheinlicher, dass es anders war. Und die Stellen bei Suetonius und Juvenalis beweisen nur die Stelle hier oben, was wir freiwillig erkennen. Oder muß man also in Martialis *die dritten Sessel* schreiben und begreifen wir, dass er vom ersten Sessel zum dritten gedrängt wurde? Aber welche Meinung oder welche Pointe hat dann das *beinahe*? Ich sage es wiederum: weniges in dieser Zeile ist mir klar oder deutlich.

19. Aber über die höheren Säulengänge, von wo die ärmeren Menschen zuschauten, bin ich mir sicher genug. Calpurnius erwähnt sie: *Sieh, der mit Gold bedeckte Säulengang glänzt um die Wette.* Diesen höchsten Teil nennt Dio in seiner Nerovita ἀψίδα θεάτρου (*Theatergewölbe*). Er schreibt: καὶ ἐλέφας ἀνήχθη εἰς τὴν ἀνωτάτω τοῦ θεάτρου ἀψίδα: *Der Elefant wurde in die höchste Wölbung hinaufgehoben, oder ins Theatergewölbe.* Aus gutem Grund, weil das den Säulengängen zugehörte, die mit einem bogenförmigen Bauwerk bedeckt waren. Sie waren sicherlich bedeckt, denn Vitruvius erwähnt: *Das Dach eines Säulenganges, das bei der Fertigung der höchsten Treppen künftig da ist.* Darum vermute ich nicht grundlos, dass Tertullianus sie in *De Spectaculis* Bogen nannte: *Gott hat auch Augen außerhalb der Bogen, der Treppen und der Apulien.* Bei den Apulien hebe ich den Finger hoch und ich erkenne, dass ich darüber kein gutes oder wahrscheinliches Wort sagen kann.

XIV. Kapitel

Die Anordnung und die Ränge beim Sitzen. Wenn Unterschied gemacht wurde. Über den Sitzplatz der Senatoren, die Rittersessel und dass es zwischen den Rittern manche neue Tribunen gab. Die Volkssessel und der Platz der Armen und Frauen

BILD 7   *Iusti Lipsii De Amphitheatro liber in quo forma ipsa loci expressa et ratio spectandi*
           cum aeneis figuris, Antuerpiae apud Christophorum Plantinum MDLXXXIV, *S. 56.*
           Ex. Universiteitsbibliotheek Leiden

1. Locum et eius membra satis descripsi, ad cuius tamen lucem nonnihil etiam
faciet si ordinem ordinum in consessu noris et discrimen. Populi enim Romani,
vt scis, prisca diuisio in senatum, equitem, plebem. His discreta in spectaculis
sua loca et gradus. In theatris quidem iam olim lege Roscia, at non ita diu in
5 circo et amphitheatris. Promiscue enim ibi spectabant et quouis loco libere,
quamdiu libertas Romae. Plutarchus indicat in Sulla: ἦν μὲν, inquiens, θέα μονομάχων, οὔπω δὲ τῶν τόπων διακεκριμένων, αλλ' ἔτι τοῦ θεάτρου συμμιγοῦς ἀνδράσι
καὶ γυναιξὶν ὄντος, ἔτυχε πλησίον τοῦ Σύλλα καθεζομένη γυνὴ τὴν ὄψιν ἐμπρεπὴς
καὶ γένους λαμπροῦ, *spectaculum quidem gladiatorum erat. Locis autem ad spec-*
10 *tandum nondum tunc discretis, sed mixtim sedentibus viris feminisque. Accidit vt*
propter Sullam mulier quaepiam sederet facie et genere honesta. At id mutatum
sub principibus et discrimina dignitatum facta bono iure.

2. Nec subtiliter hic tempora exsequar, quid opus? Hoc scito, senatui in amphitheatris quoque suam sedem fuisse, suam equiti, suam plebi. Illam orchestram

---

9 λαμπροῦ, *spectaculum 1598*] λαμπροῦ, id est, *spectaculum 1584*, λαμπροῦ, id, *spectaculum 1585*,
λαμπροῦ, i. *spectaculum 1589*   11 *honesta 1598*] *honesto 1584, 1585, 1589*

1. Die Stelle und seine Abschnitte habe ich ausreichend beschrieben, zur Klärung kan es jedoch auch noch einigermaßen beitragen, wenn du die Ordnung der Sitzreihen und den Unterschied beim Sitzen kennst. Die erste Einteilung des römischen Volks geschah, wie du weißt, in Senat, Ritterstand und Volk. Sie hatten bei den Schauspielen ihre eigenen Plätze und Ränge. In den Theatern jedenfalls schon früher nach dem Gesetze von Roscia, aber eine nicht so lange Zeit im Zirkus und in den Amphitheatern. Denn gewöhnlich schauten sie da frei und von jeder beliebigen Stelle aus zu, solange die Freiheit in Rom dauerte. Plutarch zeigt es in seiner Sullavita: ἦν μὲν θέα μονομάχων, οὔπω δὲ τῶν τόπων διακεκριμένων, ἀλλ᾽ ἔτι τοῦ θεάτρου συμμιγοῦς ἀνδράσι καὶ γυναιξὶν ὄντος, ἔτυχε πλησίον τοῦ Σύλλα καθεζομένη γυνὴ τὴν ὄψιν ἐμπρεπὴς καὶ γένους λαμπροῦ, *Es gab zwar ein Gladiatorenschauspiel, aber die Plätze um zuzuschauen waren damals noch nicht getrennt, sondern die Männer und Frauen saßen durcheinander. Es geschah, dass in der Nähe von Sulla eine Frau mit einer (auffälligen) Erscheinung und ehrenvollen Abstammung saß.* Aber dies hat sich geändert unter den Kaisern und Unterschiede nach Würde machte man mit gutem Recht.

2. Ich will hier die Umstände nicht gründlich berichten, warum wäre das auch notwendig? Du sollst wissen, dass der Senat in den Amphitheatern eigene Sessel hatte, der Ritterstand auch und das Volk auch. Diese nannten sie die

dixere, alteram equestria, tertiam popularia. De orchestra vbique obuium, quae
vox nata in scaena et pulpito transiit communi abusu quodam ad alios etiam
ludos. Sedes illi, vt Vitruuius ait, *inter gradus imos.* Is enim locus, quia scaenae et
arenae proximus ideoque oculis auribusque expositus, optimus habitus spec-
5   tioni siue auditioni. Cicero De Senectute: *Vt Turpione Ambiuio magis delectatur,*
qui in prima cauea spectat, quam qui in vltima. Horatius:

> *Vt propius spectes lacrymosa poemata Puppii.*

3. Magnitudo eius, vt coniicio, in gradibus quattuor aut quinque aut fortasse
pluribus, vt etiam sacerdotibus ibi locum demus et sociarum gentium legatis.
10   Equestria autem Senecae nominata vii De Beneficiis: *Equestria omnium equi-*
tum Romanorum sunt, in illis tamen locus meus fit propius, quem occupaui. Item
Suetonio in Caligula: *Decimas maturius dabat, vt equestria ab infimo quoque*
occuparentur. Et allusit argutatrix illa apud Petronium: *Ego etiamsi ancilla sum,*
numquam tamen nisi in equestribus sedeo. Ea equestria lege veteri quattuorde-
15   cim gradus tenuere, itaque passim legas sedere in quattuordecim et pro ipsa
equestri dignitate in Seneca: *At mehercule multis quattuordecim gradus sunt*
clausi, non omnes curia admittit.

4. Lege dico veteri, nam vt idem numerus sub principibus fuerit, aucto immani-
ter numero equitum, non hercle inducor ad credendum. Et impellit me in alia
20   omnia Calpurnius, qui ostendit totam mediam superioremque caueam occu-
patam ab equite ludis illis celebribus Carini:

> *Venimus ad sedes vbi pulla sordida veste*
> *inter femineas spectabat turba cathedras,*
> *nam quaecumque patent sub aperto libera caelo*
25 > *aut eques aut niuei loca compleuere tribuni.*

Ostendit se in porticu summa spectasse inter feminas, quoniam gradus omnes
qui sub dio occupati ab equite aut tribunis. Nam hos quoque addit nec intelligit
illos notos plebeios, caue erres, sed militares imprimis, fortasse et alios, qui
vario agnomine sub principibus sunt nati, de quo copiose dicendi non hic locus.

28–29 sed militares ... sunt nati *1598*] ne militares quidem solos. Vnde enim tanta eorum multitudo? Sed genus nouum quod varie agnomine sub principibus natum. *1584,* sed militares imprimis, fortasse et alios qui vario agnomine sub principibus nati *1585, 1589*

Senatssessel, jene die Rittersessel und die dritten die Volkssessel. Die Senatssessel waren überall bekannt. Das Wort war auf der Bühne und der Tribüne
entstanden und ging durch den gemeinsamen Gebrauch auch zu den anderen
Spielen über. Die Sessel waren, wie Vitruvius sagt, *zwischen den untersten Stufen*. Denn diese Stelle hatte die beste Lage zum Sehen und zum Hören, weil sie
sehr nah an der Bühne und der Arena war und darum eine sehr günstige Situation zum Sehen und Hören verschaffte. Cicero erzählt in *De Senectute*: *So wie
das Spiel des Turpio Ambivius den Zuschauern in der vorderen Loge mehr Vergnügen macht als denen auf der Hinteren.* Horaz spricht: *Damit du mehr aus der
Nähe die tränenreichen Gedichten von Puppius siehst.*

3. Die Höhe war, wie ich vermute, vier, fünf Stufen oder vielleicht mehr, so
daß wir auch den Priestern und den Statthaltern der Bundesgenossen dort
einen Platz geben. Seneca vermeldete die Rittersessel auch im siebten Buch von
De Beneficiis: *Die Plätze der Ritter gehören allen römischen Rittern, unter ihnen
kommt dennoch mein persönlicher Platz, den ich eingenommen habe.* Ebenso
schreibt Suetonius in seiner Caligulavita: *Er vergab ein zehntel der Plätze recht
früh, so daß auch die niedrichsten Leute sich auf die Ritterplätze niederließen.*
Und die schwatzende Frau scherzte bei Petronius: *Obwohl ich eine Sklavin bin,
sitze ich doch nie irgendwo anders als auf den Rittersesseln.* Diese Rittersessel
füllten nach einem alten Gesetz vierzehn Stufen. So kann man überall lesen
dass sie auf den vierzehn saßen und genau für die ritterliche Würde liest man
in Seneca: *Aber bei Herkules, für viele sind die vierzehn Stufen geschlossen, der
Senat lässt nicht alle zu.*

4. Ich sage nach einem alten Gesetz, denn wenn es diese Zahl unter den Kaisern gab, während die Zahl der Ritter doch außerordentlich vermehrt war, ent-
schließe ich mich wirklich, das nicht zu glauben. Calpurnius überzeugt mich in
allen anderen Dingen, wenn er zeigt, dass während Carinus' berühmten Spielen
der Ritterstand den ganzen mittleren und höheren Zuschauerraum besetzte:
*Wir kamen zu den Plätzen, wo die Menge in schmutziger Kleidung zwischen den
Frauensesseln zuschaute, denn die Ritter oder die Tribunen in weißen Kleidern
füllten alle freien Plätze, die unter dem offenen Himmel waren.* Er erklärt, dass
er in dem obersten Säulengang zwischen den Frauen zuschaute, weil die Ritter
oder die Tribunen alle Stufen unter dem freien Himmel besetzten. Denn er fügt
die auch hinzu und er meint nicht die bekannten Plebejer, – passt auf, dass du
dich nicht irrst–, sondern vor allem die Soldaten, vielleicht auch andere, die
unter verschiedenen Beinamen unter den Kaisern geboren sind, worüber ich
hier nicht ausführlich sprechen kann.

5. Ouidius apte ad hanc rem in Fastis libro iiii, vbi quemdam militia functum in equestribus sibi adsidentem loqui facit:

> *Dux mihi Caesar erat, sub quo meruisse tribunus*
> *glorior, officio praefuit ille meo,*
> 5   *hanc ego militia sedem, tu pace parasti*
> *inter bis quinos vsus honore viros.*

6. Et eodem illo tribunicio iure spectasse se in equite Martialis ait:

> *... vidit me Roma tribunum*
> *et sedeo qua te suscitat Oceanus.*

10 Nam quod de aere magno huius poetae suspicere aut censu fuisse equitem errabis, tenue semper et exsuccum hoc genus. Ipse id renuit loco alio et paupertatem clare praefert:

> *Sum, fateor, semperque fui, Callistrate, pauper,*
> *sed non obscurus nec male notus eques.*

15 7. Inter equites igitur, quia adnexum hoc tribuniciae illi dignitati. Et quidem hi tribuni in gradibus primis spectabant ex Horatiano vetere interprete, qui ad locum illum epodon in Maenam:

> *Sedilibusque magnus imprimis eques*

commode notat: *Otho*, inquit, *quattuordecim gradus in theatro equiti separarat,* 20 *ex quibus primi tribuniciis potestatibus vacarent.*

8. Popularia sunt loco tertio et nomen ea notione reperies in Suetonii Claudio capite xxv: *Germanorum legatis in orchestra sedere permisit simplicitate et fiducia eorum motus, quod in popularia deducti, cum animaduertissent Parthos et Armenios in senatu sedentes ad eadem loca sponte transierant.* Et in Domi- 25 tiano verbis, quae rettuli supra. Vlpianus etiam *milites stationarios* disponi a praefecto vrbis vult *ad tuendam popularium quietem.* Callistratus in spectaculis *Iuuenes quosdam accommodare se turbulentibus acclamationibus popularium*

1–6 Ouidius ... *viros.* Et *1598, 1589, 1585*] *deest in 1584*   7 equite *1598, 1589, 1585*] equestribus *1584*
17 Maenam *1598, 1589, 1585*] Murenam *1584*

5. Ovidius schreibt angemessen hierüber in seinen *Fasti*, viertes Buch, wo er jemanden, der seinen Kriegsdienst leistete und der sich bei ihm in die Rittersesseln setzte, sprechen läßt: *Mein Führer war Caesar und ich rühme mich unter ihm als Tribun Kriegsdienst geleistet zu haben, er stand meiner Arbeit vor, im Krieg bekam ich diesen Platz, du erwarbest ihn in Frieden, weil du zwei Mal die Würde eines Decemvirs benutztest.*

6. Martialis sagt, dass er mit demselben tribunizischen Recht inmitten des Ritterstandes zugeschaut hatte: *Rom sah mich als Tribun und ich sitze dort, von wo Oceanus dich zum Aufstehen bringt.* Denn du wirst dich irren als du den großen Nebel des Dichters verdächtigst oder als du meinst, dass er ein Ritter mit Vermögen war, denn diese Sorte war immer arm und jämmerlich. Selbst widerspricht er dem an einer anderen Stelle und zeigt seine Armut klar: *Ich erkenne das, Callistratus, ich bin arm und ich bin das immer gewesen, aber ich bin nicht unbekannt und auch kein Ritter in schlechtem Ruf.*

7. Also war er zwischen den Rittern, weil die mit der tribunizischen Würde verbunden sind. Und jedenfalls schauten die Tribunen auf den ersten Stufen zu, wie der alte Horazinterpret behauptet, der zum folgenden Epodon für Maena: *Vor allem die große Ritterschaft auf den Bänken*, angemessen hinzufügt: *Otho reservierte für die Ritterschaft vierzehn Stufen im Theater, wovon die Ersten für die tribunizischen Beamten frei waren.*

8. Die Volkssessel sind auf der dritten Stelle und den Namen kannst du mit dieser Andeutung bei Suetonius in seiner Claudiusvita in fünfundzwanzigsten Kapitel lesen: *Bewogen durch ihre Ehrlichkeit und Zuverlässigkeit, gestattete er den Legaten der Germanen auf den Plätzen des Senats zu sitzen, weil sie, als sie zu den Volksbänken geführt wurden und die Parthen und Armenier sitzend beim Senat gesehen hatten, von selbst zu dieselben Plätzen hinübergegangen waren.* Man kann das auch über Domitianus finden, das habe ich oben erzählt. Ulpianus wollte eben, dass der Statthalter *die Soldaten der Bewachung* aufstellte *um die Ruhe des Volks zu bewahren.* Callistratus schreibt über die Schauspielen, dass *manche junge Männer sich den aufgeregten Ausrufen aus den Sitzen des Volkes*

scribit. Et scio vtrumque intellegere hunc plebis consessum. Plebis, nam etsi populi voce vtuntur, quae communis tribus ordinibus, tamen hic pro vna eius et vberiori parte, vti et apud Iuuenalem:

> *Aequales illic habitus similemque videbis*
> 5   *orchestram et populum.*

Intellegit enim in hac ipsa spectaculorum re plebem.

9. Popularibus autem adtributi reliqui omnes gradus, id est cauea media et summa, nam ima senatui et equiti vacabant. Itaque propter granditatem discrimen aliquod in ipsis popularibus et pro varia conditione plebis varii adsessus.
10 sus. Quosdam, imo plerosque Suetonius expressit Augusto: *Militem secreuit a populo. Maritis e plebe propios ordines adsignauit. Praetextatis cuneum suum et proximum paedagogis sanxitque nequis pullatorum media cauea sederet, feminis ne gladiatores quidem, quos promiscue spectari solemne erat, nisi ex loco superiore spectare consessit.* Vbi de pullatis quod ait, illustrant Calpurnii versus:

> 15   *o vtinam nobis non rustica vestis adesset!*
>   *vidissem propius mea numina, sed mihi sordes*
>   *pullaque paupertas et adunco fibula morsu*
>   *obstiterunt.*

Ostendit enim se rusticum et pullatum spectasse in cauea summa procul a
20 podio, vbi princeps. Ideo apud Senecam De Tranquillitate: *Verba ad summam caueam spectantia,* sunt vilia et ad gustum minutae plebis.

10. At quod feminae in summo, etiam Propertius tuus ostendit vbi praecepta aemulantis Cynthiae:

> *Tu neque Pompeia spatiabere cultus in vmbra*
> 25   *et cum lasciuum sternet arena forum,*
>   *colla caue inflectas ad summum obliqua theatrum.*

Ita legendi et iungendi ii versus et mens est: cum gladiatores in foro, caue oculos adiicias tu, qui in equite spectas, ad loca summa vbi mulieres.

---

8 vacabant *1598, 1589, 1585*] vacabat *1584*

anpassten. Und ich weiß, dass beide das Zusammensitzen des Bürgerstandes begreifen. Des Bürgerstandes, denn obwohl sie die Bezeichnung des Volkes verwenden, die den drei Ständen gemeinsam ist, verwenden sie es doch hier für einen davon und zwar den größeren Teil, wie auch bei Juvenalis: *Du wirst dort die gleichen Eigentümlichkeiten sehen und die Plätze des Senats und des Volkes.* Denn er meint den Bürgerstand genau in der Situation der Spiele.

9. Alle übrige Stufen waren den Sitzen des Volkes zugeteilt, das heißt, der mittlere und der höhere Zuschauerraum, denn den Untersten hielt man für den Senat und den Ritterstand frei. Also aufgrund der Größe gab es ein Unterschied zwischen den Sitzen des Volkes selbst und für die verschiedenen Lagen des Bürgerstandes gab es verschiedene Sitze. Manche, ja selbst die Meisten stellte Suetonius in seiner Augustusvita dar: *Er trennte den Soldat vom Volk, den verheirateten Männern aus dem Volk wies er eigene Plätze zu, die Jungen in einer Knabentoga bekamen ihre eigenen Sitzabteilung, und die Nächsten waren für ihre Lehrer und er verordnete, dass niemand mit einem armseligen Mantel in der Mitte des Zuschauerraums sitzen sollte. Er erlaubte den Frauen den Gladiatoren nur von höher gelegenen Plätzen aus zuzuschauen, obwohl man ihnen gewöhnlich ohne Unterschied zuschaute.* Seine Aussage über die im armseligen Mantel gekleideten verdeutlichen die Zeilen von Calpurnius: *Trügen wir doch keine Bauerkleider, ich hätte gern meine Gottheiten mehr aus der Nähe gesehen, aber meine niedrige Herkunft, meinen armseligen Mantel, meine Armut, meine Spange mit einem krummen Stäbchen waren ein Hindernis.* Er erklärt doch, dass er als Bauer zuschaute und in einem armseligen Mantel gekleidet, im obersten Zuschauerraum, fern vom Balkon, wo der Kaiser saß. Darum steht bei Seneca in *De Tranquillitate*: *die Witze, die sich an das Publikum auf den obersten Rängen richten*, die sind billig und nach dem Geschmack des niederen Volkes.

10. Und dass die Frauen auf den obersten Sitzreihen saßen, zeigt auch dein Properz, wenn er über die Vorschriften der neidischen Cynthia spricht: *Du wirst nicht geschmückt in der überschatteten Halle des Pompejus spazieren und verdreh nicht den Hals nach den obersten Rängen im Theater, wenn Sand das lüsterne Forum bedeckt.* So sollen die Zeilen gelesen und verbunden werden und so ist die Bedeutung: Wenn es Gladiatoren auf dem Forum gibt, darfst du, der von den Rittersesseln zuschaust, nicht nach den obersten Rängen schauen, dort, wo die Frauen sind.

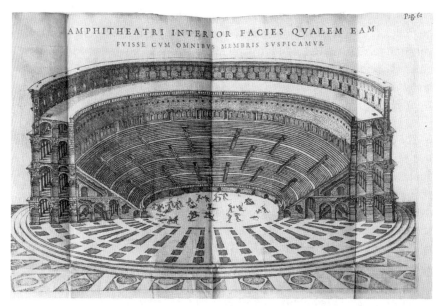

Caput XV

*Confusa aliquando locorum series eaque occupata. Aes pro locis. Plautus expli-
catus et Suetonius et Martialis. Dissignatores, eorum munus. Excitare. Tribuni
voluptatum*

5   1. Et hi quidem limites, hic ordo, quem tamen migrabat et miscebat saepe Quiri-
tium turbida plebs. Auidi enim multi ludorum et exclusionis metuentes loca de
multa nocte occupabant et inhaerebant vt suis. Lampridius in Eliogabalo: *Ser-
pentes per Marsicae gentis sacerdotes collegisse fertur eosque subito ante lucem,
vt solet populus ad ludos celebres conuenire, effudisse.* Bene dixi *occupabant*, eo
10   enim verbo id vulgo notabant. Martialis:

　　　tunc cum licebat occupare, Manneius ...

Spartianus in Iuliano: *Ad circense spectaculum itum est, sed occupatis indif-
ferenter omnium subselliis populus geminauit conuicia in Iulianum.* Tangit et

---

13–122.3 Tangit ... Addatur 1598] *deest in 1584, 1585, 1589*

xv. Kapitel

Die Reihenfolge der Plätze war manchmal undeutlich und im Besitz genommen. Geld für Plätze. Plautus wird erklärt und auch Suetonius und Martialis. Die Platzanweiser und ihre Aufgabe. Das Erregen. Die Tribunen der Lüste

1. Diese Unterschiede und diese Anordnung gab es, die die Menge der römischen Bürger doch übertrat und häufig in Unordnung brachte. Denn viele sahen die Spiele sehr gern und aus Angst vor Ausschluß besetzten sie die Plätze schon tief in der Nacht und saßen fest wie auf ihren eigenen Sitzen. Lampridius schreibt in seiner Eliogabalusvita: *Man sagt, dass er durch die Priester der Marser Schlangen sammeln ließ, und diese habe er plötzlich vor Sonnenaufgang, wo gewöhnlich das Volk zu den berühmten Spielen zusammenkomt, losgelassen.* Ich sagte gut *besetzten*, denn mit diesem Wort bezeichneten sie das im Allgemeinen. Martialis schreibt: *Als es dann erlaubt war zu besetzen, Manneius ...* Spartianus erzählt in seiner Julianusvita: *Man ging zum Zirkusschauspiel, aber*

Tertullianus eam confusionem: *Libertinos in equestribus, subuerbustos in libera-libus sedere,* vbi liberalia equidem non aliud quam liberi populi locum ceperim, quem turpe occupari a subuerbustis et seruis stigmatiis. Addatur Suetonius Caligula capite xxvi: *Inquietatus fremitu gratuita in circo loca de media nocte*
5   *occupantium omnes fustibus abegit.* Ait autem Tranquillus *gratuita loca.* Ergone aliquid alias pendendum? Apparet et quidem prisco etiam aeuo. Certe Plauti-nus Prologus, etsi non Plauti, id indicat receptum in seruis:

>   *Serui ne obsideant, liberis vt sit locus*
>   *vel aes pro capite dent, si id facere non queunt,*
10 >   *domum abeant.*

Graeci haec Ὀπτήρια appellasse videntur, quae explicant in Callimacho scho-liastae: τὰ ὑπὲρ τοῦ ἰδεῖν δῶρα, *munera quae spectandi caussa dantur.*

2. Nec in seruis hoc tantum, sed receptum etiam in aliis e plebe, opinor, qui locariis nescio quid pro sedibus pendebant. Ita enim appellat Martialis qui loca
15 dissignabant. In Hermetis gladiatoris laudibus:

>   *Hermes supposititius sibi ipsi*
>   *Hermes diuitiae locariorum*
>   *Hermes cura laborque ludiorum.*

Nam locarii meo animo non aliud hic quam dissignatores, quos Tertullianus in
20 ludis agnoscit libello De Spectaculis: *a templis et aris inter tribus et tibias duobus inquinatissimis arbitris funerum et sacrorum dissignatore et aruspice.* Plautinus idem ille prologus agnoscit in scaena:

>   *Neu dissignator praeter os obambulet,*

quin etiam lictores illis attribuit,

25 >   *... neu lictor verbum aut virgae mutiant.*

---

als alle ohne Unterschied ihre Plätze eingenommen hatten, verdoppelte das Volk
die Beschimpfungen gegen Julianus. Tertullianus erwähnt die Verwirrung auch:
Die Freigelassenen saßen auf den Rängen für den Ritterstand, die gebrandmark-
ten Sklaven auf den der Freien, wo ich jedenfalls die der Freien als den Platz des
freien Volks begreife, den die Gebrandmarkten und Sklaven mit Brandmalen
schändlich besetzten. Suetonius fügt im 26. Kapitel seiner Caligulavita zu: *Als*
ihn der Lärm derjenigen, die mitten in der Nacht im Zirkus die Freiplätze besetz-
ten, in seiner Ruhe störte, ließ er sie alle mit Stöcken davonjagen. Aber Tranquillus
meldet *Freiplätze* – mußte man also sonstwo etwas bezahlen? Das zeigt sich
jedenfalls in der altertümlichen Zeit. Sicherlich zeigt Plautinus' Prologos an,
obwohl er nicht Plautus ist, dass es für Sklaven eine Verplichtung war: *Die Skla-*
ven dürfen nicht sitzen, so dass der Platz für die Freien ist, außer wenn sie pro
Person Geld geben- wenn sie das nicht können, sollen sie nach Hause gehen. Die
Griechen nannten das offenbar Ὀπτήρια und die Scholiasten erklären das bei
Callimachus: τὰ ὑπὲρ τοῦ ἰδεῖν δῶρα, *Beiträge, die man zum Schauen gibt.*

2. Das war nicht nur bei Sklaven gebräuchlich, sondern auch bei anderen aus
dem Volk, glaube ich, die den Vermietern von Theaterplätzen ich weiß nicht
wieviel für ihre Sitze bezahlten. Denn Martialis nennt diejenigen so, die die
Plätze anwiesen. In seinem Loblied für den Gladiator Hermes steht: *Hermes,*
der Ersatzman für sich selbst, Hermes, Reichtum für die Vermieter, Hermes, die
Sorge und Anstrengung von Gladiatoren.

Denn diese Vermieter von Theaterplätzen sind meiner Meinung nach nichts
anders als die Platzanweiser, die Tertullianus bei den Schauspielen in seinem Büchlein *De Spectaculis* nennt: *von den Tempeln und den Altären aus geht*
man zwischen den Volksabteilungen und Rohrflöten mit zwei sehr schmutzigen
Schiedsrichtern auf Leben und Tod, mit dem Platzanweiser und dem Wahrsager.
Derselbe Plautinus erkannte im Prolog auf der Bühne dasselbe: *Der Platzanwei-*
ser soll nicht vor dem Blick der Menschen umhergehen. Und er schreibt das den
Liktoren auch zu: *Der Liktor soll schweigen und die Ruten dürfen keinen Lärm*
machen.

3. Qui enim hoc refert ad lictores magistratuum, errat. Nullae in hac histrica prouincia eorum partes. Sed vt dissignatores in funere publico lictores comitabantur seuerioris imperii caussa et ordinis seruandi, sic in theatris. De funebri dissignatore Horatii illud nosti:

5   *... dum ficus prima colorque*
     dissignatorem decorat lictoribus atris.

Non quia proprii dissignatorum vlli apparitores, viles enim ipsi olim et fortasse inter libertinos, sed accipiebant a domino funeris et editore ludorum. Ex hoc genere Lectius ille et Oceanus apud epigrammatarium nec magistri illi aut
10 praefecti ludorum, nugae istaec interpretum, sed meri dissignatores, quorum tamen dignitas sub principibus aucta. Vlpianus bene monet libro iiii, *De his qui notantur infamia: Dissignatores*, inquit, *quos Graeci* βραβευτὰς *appellant, artem ludicram non facere Celsus probat, quia ministerium, non artem exerceant. Et sane locus iste hodie a principe non pro modico beneficio datur.*

15 4. Horum munus erat ordinibus sua loca adnotare, pellere occupatores ab alienis. Facete saepe meminit acutus et capitalis ille Hispanus per occasionem edicti Domitiani, quo *licentiam in equite promiscue spectandi* – quae contra leges eruperat- *cohibuit.* Et id dicebant theatrali verbo *excitare* aut *suscitare:*

     Bis excitatus terque transtulit castra.
20   Alibi: *Et sedeo qua te suscitat Oceanus.*

Suetonius Augusto capite xiiii: *Cum spectaculo ludorum gregarium militem in quattuordecim sedentem excitari per apparitorem iussisset.* De qua eadem re Appianus: καὶ ὁ Καῖσαρ τὸν στρατιώτην ἀνέστησεν, *Et Caesar militem iussit surgere.* Pulchrius in eodem plane verbo Graece lusit Diogenes Cynicus in Diogene
25 Laertio: Τὸν κιθαρῳδὸν ἀεὶ καταλειπόμενον ὑπὸ τῶν ἀκροατῶν ἠσπάσατο "Χαῖρε ἀλέκτωρ"· τοῦ δὲ εἰπόντος· "Διὰ τί;" "ὅτι", ἔφη, "ᾄδων πάντας ἐγείρεις." *Citharoedum quendam quo cantante omnes discedebant eumque relinquebant, salutauit: "Salue galle." Illo quaerente: "Quid ita?" "Quia", inquit, "cantans omnes excitas."* Ipso illo verbo argutissime lusit. Sed addo etiam labente aeuo praeter dissigna-
30 tores videri fuisse digniore quodam nomine tribunos, qui electi ad moderandas

---

23–29 *Et Caesar ...* argutissime lusit *1598] deest in 1584, 1585, 1589*

3. Wer das auf die Liktoren der Magistraten bezieht, irrt sich. Sie waren nicht in die Theaterpflicht eingeschlossen. Die Liktoren begleiteten als Platzanweiser das öffentliche Begräbnis, wegen ihrer strengeren Gewalt und um die Ordnung zu bewahren, sowie in den Theatern. Du kennst die Horazzeile über den Begräbnisplatzanweiser: *wenn die erste Feige und der Glanz den Platzanweiser mit den in schwarz gekleideten Liktoren ziert.* Nicht weil sie die eigentlichen Unterbeamten der Platzanweiser sind, denn sie waren selbst früher verachtet und vielleicht gehörten sie zu den Freigelassenen, sondern sie erhielten die Aufgabe vom Begräbnisherrn und vom Darsteller der Spiele. Zu dieser Sorte gehören jene Lectius und Oceanus bei den Epigrammendichtern und nicht die Meister oder die Präfekte der Spiele, diese Possenreißer der Interpreten, sondern sie sind echte Platzanweiser und ihre Würde war unter den Kaisern doch vergrößert worden. Ulpianus bringt das in seinem vierten Buch gut in Erinnerung: *Über sie, die mit Schande getadelt werden: Die Platzanweiser,* schreibt er, *den die Griechen* βραβευτὰς *(Schiedsrichter) nennen, Celsus billigte nicht, dass sie die schauspielerische Kunst ausübten, weil sie ihre Pflicht tun sollten, aber keine Kunst. Und heute wird das Geschehen von den Kaisern deutlich als keine geringe Wohltat wiedergegeben.*

4. Ihre Pflicht war es, der Anordnung gemäß die Plätze zuzuweisen und die Besetzer von Plätzen anderer Leute zu vertreiben. Der scharfsinnige und vorzügliche Spanier bringt das häufig witzig in Erinnerung bei Gelegenheit des Edikts von Domitianus, womit er *der Erlaubnis für die Ritter um gewöhnlich zuzuschauen* – die entgegen den Gesetzten ausgeartet war- *Zügel anlegte.* Und sie nannten das mit einem Theaterwort *aufscheuchen* oder *aufstöbern: zwei- oder dreimal aufgescheucht, verlegte er sein Lager.* Und sonstwo: *Und ich sitze dort, wo Oceanus dich aufstöbert.* Suetonius sagt im vierzehnten Kapitel seiner Augustusvita: *Als er bei einer Schau von Spielen befohlen hatte, dass ein Unterbeamter einen einfachen Soldaten, der in den vierzehn Reihen saß, aufscheuchte.* Über dieselbe Situation sagt Appianus: καὶ ὁ Καῖσαρ τὸν στρατιώτην ἀνέστησεν, *Und Caesar befahl einem Soldaten, aufzustehen.* Schöner spielt Diogenes der Kyniker bei Diogenes Laertius deutlich mit demselben Wort auf griechisch: Τὸν κιθαρῳδὸν ἀεὶ καταλειπόμενον ὑπὸ τῶν ἀκροατῶν ἠσπάσατο „Χαῖρε ἀλέκτωρ‘· τοῦ δὲ εἰπόντος· „Διὰ τί;“ „ὅτι‘‘, ἔφη, „ᾄδων πάντας ἐγείρεις.“ *Er grüßte einen Kitharöde, der von allen Zuhörern hintergelassen wurde: „sei gegrüßt, Hahn.“ Als er fragte: „Warum sagst du das so?“ antwortete er: „Weil du mit deinem Gesang allen fortjagst.“* Genau mit diesem Wort scherzte er sehr scharfsinnig. Aber ich füge hinzu, dass mit dem Verfließen der Zeit die Tribunen wahrscheinlich einen würdigeren Namen als die Platzanweiser erhielten, die, um die Schauspiellüste des Volks zu mäßigen und zu bezähmen, ausgewählt waren. Man nannte

et temperandas ludicras populi voluptates, ii dicti tribuni voluptatum, quorum formula et munus apud Cassiodorum libro vii Variarum Epistolarum x.

Caput XVI

Tubi occulti in amphitheatris ad sparsiones. Eas e croco diluto fuisse. Apuleius
5 *emendatus. Videri eumdem liquorem e statuis emissum. Pluria ad hanc rem exempla*

1. Videor de loco omnia dixisse, certe ea quae conspicuntur in aperto. Nam quin lateant etiamnunc quaedam non nego, quae tamen lucis tuae caussa protraham in claram lucem. In eo genere tubi sunt siue fistulae, quae in imo et summo
10 amphitheatro dispositae ea arte et fine, vt odoratum quemdam humorem eiacularentur leuiter et inspergerent in sedentes. Is humor e croco plerumque. Seneca epistola xci: *Vtrum tandem sapientiorem putas, qui inuenit quemadmodum in immensam altitudinem crocum latentibus fistulis exprimat?* Idem libro ii Quaestionibus Naturalibus: *Nunquid dubitas quin sparsio illa, quae ex funda-*
15 *mentis mediae arenae crescens in summam altitudinem amphitheatri peruenit, cum intentione aquae fiat?* Apuleius libro x: *Tunc de summo montis cacumine per quandam latentem fistulam in excelsum prorumpit vino crocus* – ita emendo ex veteri codice nostri Giselini- *diluto sparsimque defluens pascentes circa capellas odorato perpluit imbre.* Bene Apuleius *odorato imbre*, quia e fistulis illis per
20 minuta quaedam foramina stillabat is liquor in modum imbris.

2. Et signate locutus est Antonius Musa apud Senecam patrem, qui *sparsiones odoratos imbres* dixit. Vbi magnus ille Turnebus a se et a vero abit, dum tentat sufficere *adoratos imbres* et perperam ad missilia refert, nam rorem illum ingeniosum *sparsiones* vocabant apte. Glossae priscae: *Sparsio* κρόκος ὁ ῥαινόμενος.
25 Et Martialis spargendi verbo in eo vsus:

> *Hoc rogo non melius, quam rubro pulpita nimbo*
> *spargere et effuso permaduisse croco?*

---

7 conspicuntur *1598*] *deest in 1584, 1585, 1589*   24 κρόκος ὁ ῥαινόμενος *1598, 1589, 1585*] Κροκόρανσις *1584*

sie also Tribunen der Lüste. Und über ihre Vorschrift und Pflicht kann man bei Cassiodorus im siebten Buch der *Variae Epistolae* x lesen.

XVI. Kapitel

Verborgene Rohre in den Theatern für das Sprengen mit Flüssigkeiten. Sie waren aus verdünntem Safran bereitet. Apuleius wird korrigiert. Dieselbe Flüssigkeit ließ man offenbar von Standbildern ablaufen. Viele Vorbilder bei dieser Angelegenheit

1. Ich glaube, dass ich über den Platz alles gesagt habe, sicherlich das, was man offenkundig wahrnimmt. Denn ich verneine nicht, dass manche Gegebenheiten noch verborgen sind, die ich jedoch für dein gutes Verständnis ans klaren Licht bringen werde. Dabei gehören Rohre oder Röhren, die man im untersten und obersten Teil des Amphitheaters mit der Eigenschaft und dem Ziel aufstellte, dass die eine parfümierte Flüssigkeit flüchtig herausschleuderten und auf die Zuschauer spritzten. Diese Flüssigkeit bereitete man meistens aus Safran. Seneca schreibt in seinem 91. Brief: *Wen findest du dann eigentlich weiser, jenen, der entdeckt, wie man in unermessliche Höhe Parfüm durch die verborgenen Röhren emporhebt?* Auch in seinem zweiten Buch der *Naturales Quaestiones* fragt er: *Zweifelst du daran, dass das Spritzen mit Flüssigkeiten, das von den Fundamenten ausgehend zur Mitte der Arena zunimmt und bis in die Höhe des Amphitheaters kommt, durch die Steigerung des Wassers geschieht?* Apuleius erzählt im zehnten Buch: *Dann springt von der höchsten Spitze des Berges durch eine versteckte Röhre in Wein aufgelöster Safran hoch empor –* so verbessere ich es nach einer alten Handschrift von unserem Freund Giselinus- *und ergießt, in Tropfen niederfließend, einen duftenden Regen über die freudigen Kapuzen.* Apuleius schreibt mit Recht *einen duftenden Regen*, weil aus den Röhren diese Flüssigkeit wie Regen durch kleine Öffnungen tropfte.

2. Ausgezeichnet sprach auch Antonius Musa bei Seneca dem Älteren, der das Sprengen von *parfümierten Flüssigkeiten Regen* nannte. Und hier weicht der große Turnebus von sich selbst und von der Wahrheit ab, wenn er versucht, *bewunderten Regen* als Ersatz zu wählen und stets nach Geschossen verweist, denn die geistreich erdachte Feuchtigkeit nannten sie angemessen *die Besprengungen*. Die alten Glossen erwähnen: *Die Besprengung von Flüssigkeiten,* χρόχος ὁ ῥαινόμενος (*Safran der gesprengt wird*). Auch Martialis verwendete hierfür das Wort *Sprengen*: *Ist das, ich bitte euch, nicht besser, als rote Parfümwolken über die Theatergerüste zu versprengen und durch ausgegossenem Safran ganz naß*

Et nimbum item aliquoties appellat vt libro i:

> *Et Cilices nimbis hic maduere suis,*

libro ix:

> *lubrica Corycio quamuis sint pulpita nimbo.*

5   3. Nec e fistulis solum hic imber, sed scito magis inuento e statuis expressus, velut humanus quidam sudor. Lucanus clare indicat:

> *Vtque solet pariter totis se effundere signis*
> *Corycii pressura croci, sic omnia membra*
> *emisere simul rutilum pro sanguine virus.*

10 Et ex theatri Marcelli configuratione conspicuum in media et summa praecinctione statuas plures fuisse, partim ad ornatum, partim ad hunc vsum. Eas autem scire licet concauas fuisse et per immissas fistulas ferreas siue aeneas minutis foraminibus, velut per poros et membra expressum hunc humorem non sine praesenti quidem auxilio et manu administrorum, qui in parte inferna stabant."

15 Ego interrumpens "Haec mihi mira" inquam, "sed dic tamen, oro te, clarius, quomodo crocus exprimi arida potuerit in hunc imbrem. Non enim capio." Ille concusso capite et ridens "crocusne mera aut arida?" inquit, "mi iuuenis, erras, vino diluta fuit, vt Apuleius tibi praeibat, si filum attente sublegisses eius sermonis.

20 4. Mixtum videlicet tritumque florem eum herbae fuisse cum vino, quod vinum colorem deinde adsumeret et odorem. Plinius aperit: *Crocum,* inquit, *vino mire congruit praecipue dulci tritum ad theatra replenda.* Itaque liquidum crocum Ouidius dixit:

> *Nec fuerant liquido pulpita rubra croco.*

25 Et fluxisse eum per gradus Spartianus in Hadriano: *In honorem Traiani balsama et crocum per gradus theatri fluere iussit.* Vbi de balsamo item notabis, etsi

---

14 stabant *1598*] *deest in 1584, 1585, 1589*   20 vinum *1598*] *deest in 1584, 1585, 1589*

zu sein? Und mehrmals nennt er das einen Nebel, wie im ersten Buch: *Und Kilikier wurden hier von ihren Schauern naß.* Im neunten Buch formuliert er: *Wenn auch die Bühne von dem Korykischen Schauer glatt ist.*

3. Dieser Regen kam nicht nur aus den Röhren, sondern du sollst wissen, dass der eher durch eine bekannte Erfindung aus Bildern herausgepresst wurde, wie menschlicher Schweiß. Lucanus zeigt das klar: *Wie korykisches Safranwasser, das unter Druck gleichmäßig aus der ganzen Statue spritzt, so schoß ihm gleichzeitig aus dem ganzen Körper rotes Gift statt Blut.* Aus der Form des Marcellustheaters ist es weithin sichtbar, dass es im mitleren und höheren Wandelgang zwischen den Reihen mehrere Statuen gab, teils zur Verzierung, teils für diesen Gebrauch. Es ist möglich zu sehen, dass sie hohl waren und diese Flüssigkeit herausgepresst wird durch darin angebrachte eiserne oder kupferne Röhren mit sehr kleinen Öffnungen wie durch körperliche Gänge und Glieder und nicht ohne die wirksame Hilfe und Tätigkeit der Mitarbeiter, die im unterirdischen Teil standen." Ich unterbrach ihn und sagte: „Das ist für mich erstaunlich, aber erzähle doch deutlicher, frage ich dich, wie der trockene Safran in den Regen hinausgepresst werden konnte, denn das verstehe ich nicht." Er schüttelte seinen Kopf und und mit einem Lächeln antwortete er: „Mit reinem oder trockenem Safran? Mein Junge, du irrst dich, der war mit Wein vermischt, wie Apuleius dir vorsprach, wenn du aufmerksam den Faden seines Denkens belauscht hättest.

4. Die Blume des Krauts war vermischt und vermahlt mit Wein, weil der Wein danach die Farbe und den Geruch annahm. Plinius enthüllt es: *Erstaunlich gut harmoniert Safran mit Wein, ganz besonders mit süßem und im zerriebenen Zustand, um die Theater mit Wohlgeruch zu erfüllen.* Also vermeldete Ovidius flüssigen Safran: *Und es hat keine roten Bühnen mit flüssigem Safran gegeben.* Spartianus erzählt in seiner Hadrianusvita, dass der Safran über die Stufen floß: *Er befahl, dass zur Ehren von Trajanus Balsam und Safran über die Stufen des Theaters flösse.* Über Balsam wirst du dasselbe vernehmen, obwohl weniger

minus id crebrum, at de croco in omnibus spectaculis protritum, etiam scaenicis. Ideoque solemnes crocos Propertius agnominauit:

Pulpita solemnes non oluere crocos.

5. Adeo vt etiam supinorum hominum deliciis e theatris in conuiuia sparsiones
5   migrarint et eadem illa arte vnguentis perfusi conuiuae. Plutarchus de Othone narrat disposuisse eum in triclinio variis locis ἀργυροῦς καὶ χρυσοῦς σωλῆνας, ὥσπερ ὕδωρ τὸ μύρον ἐκχέοντας, *argenteos atque aureos canales instar aquae vnguenta fundentes.* Quod item in Neronis nepotinis sumptibus Tranquillus recensuit capite xxxi: *Coenationes eius laqueatae tabulis versatilibus eburneis, vt*
10 *flores et fistulis vt vnguenta desuper spargerentur.* Ita enim eum locum legamus, quoniam duo ibi versatilia: et tabulae ad flores et fistulae ad vnguenta.

Caput XVII

Vela in theatris et amphitheatris, quando eorum vsus coeperit, colorata ea fuisse, aliquando serica, aliquando et purpurea auro distincta. Testimonia plura

15 1. Tegmen etiam amphitheatri latet, quod superduci solet arcendo aestui ac soli. Tegmen hoc e velis. Primus inuentor rei Quintus Catullus aut certe iam inuentae primus Romae imitator. Valerius Maximus: *Religionem ludorum crescentibus opibus mox secuta lautitia est. Eius instinctu Quintus Catulus Campanam imitatus luxuriam primus spectantium consessum velorum umbraculis*
20 *texit.* Ammianus de eadem re libro xiiii: *Ex turba vero minimae sortis et paupertinae in tabernis aliqui pernoctant atris, nonnulli velabris umbraculorum theatralium latent, quae Campanam imitatus lasciuiam Catulus in aedilitate sua suspendit omnium primus.*

2. Plinius libro xix de velis: *Postea in theatris tantum vmbram fecere, quod*
25 *primus omnium inuenit Quintus Catullus, cum Capitolium dedicaret.* Eius ritus vestigia in ipsis amphitheatris, vbi foramina in summis lapidibus ad funes

häufig, aber über Safran, dass er bei allen Schauspielen üblich war, auch bei Bühnenaufführungen. Und darum erwähnte Properz *feierlichen Safran: Die Bühnen dufteten nicht nach feierlichem Safran.*

5. Sosehr, dass die Parfümregen mit den Herrlichkeiten von stolzen Menschen aus den Theatern zu den Gastmählern wanderten und mit demselbem Kunstgriff übergoss man die Gäste mit Parfüm. Plutarch erzählt in seiner Othovita, dass der Kaiser im Speisezimmer an verschiedenen Stellen ἀργυροῦς καὶ χρυσοῦς σωλῆνας, ὥσπερ ὕδωρ τὸ μύρον ἐκχέοντας, *silberne und goldene Rohre, die Parfüm wie Wasser ausgossen*, dargestellt hatte. Tranquillus zählte das ebenso auf bei den extravaganten Ausgaben von Nero in seinem einunddreißigsten Kapitel: *Seine Speisezimmer hatten getäfelte elfenbeinerne Decken, die beweglich waren um Blumen von oben her über die Gäste zu streuen, und die mit Röhren versehen waren um Parfums zu sprengen.* Wir lesen die Stelle so, weil es da zwei bewegliche Sachen gab: die Tafeln für die Blumen und die Röhren für die Parfums.

XVII. Kapitel

Sonnensegel in Theatern und Amphitheatern, wann ihr Gebrauch entstand, dass sie gefärbt waren, dass sie manchmal aus Seidenstoffen, manchmal auch aus Purpur mit Gold abgesetzt waren. Mehr Beweise

1. Die Bedeckung des Amphitheaters liegt versteckt, weil man die gegen die Hitze und die Sonne gewöhnlich darüber hinweg leitete. Der Schutz bestand aus Sonnensegeln. Der erste Erfinder war Quintus Catullus oder er war dann sicherlich der erste Nachfolger einer römischen Erfindung. Valerius Maximus erzählt: *Die Pracht folgte der religiösen Bedeutung der Spiele bald, als der Reichtum zunahm. Durch den Anreiz hiervon bedeckte Quintus Catullus in Nachfolge vom campanischen Luxus als Erster den Zuschauerraum mit Sonnenschirmen von Sonnensegeln.* Ammianus sagt hierüber im vierzehnten Buch: *Aber manche von der Schar des niedrigsten und armseligen Standes übernachten in unheilvollen Herbergen, einige verstecken sich unter den Planen der Theatersonnenschütze, die Catulus in Nachahmung des kampanischen Luxus während seiner Ädilität als erster von allen aufspannen ließ.*

2. Plinius meldet im neunzehnten Buch über die Sonnensegel: *Später machte man nur in den Theatern Schatten, was Quintus Catulus als erster von allen erfand, als er das Capitol einweihte.* Die Überreste dieses Brauchs finden sich genau in den Amphitheatern, wo es Öffnungen in den höchsten Steinen gab

velorum illigandos, vt in Nemausensi illo clare et in summo hoc Romano quaedam grandiora, per quae coniicimus traiici et in altum dirigi antennas solitas velorum funes sustinentes. At ipsae deinde antennae siue mali per foramina ea immissae et demissae mutulis quibusdam excipiebantur firmitatis caussa. Ad antennas autem subrectas funes transuersim ligati et extensi, super quos ducta vela. Testimonia etiam sparsa in veterum scriptis. Propertius:

Et modo tam pleno fluitantia vela theatro.

Suetonius in Caio: *Gladiatorio munere reductis interdum flagrantissimo sole velis emitti quemquam vetabat.* Martialis:

Quamuis non modico caleant spectacula sole,
vela reducuntur, cum uenit Hermogenes.

3. Vitruuius praefatione libro x: *In muneribus quae a magistratibus foro gladia-*
torum scaenisque ludorum quaedam dantur, quibus nec exspectatio nec mora
conceditur, vt sunt sedes spectaculorum velorumque inductiones. Lampridius in Commodo: *Cum illi saepe pugnanti vt deo populus fauisset, irrisum se credens populum Romanum a militibus classiariis qui vela ducebant, in amphitheatro interimi praecepit.* In quo mihi nota milites e classe praepositos huic muneri, scilicet quia maritimi illi iure periti tractandorum velorum. Petunt etiam qui-dam apud Plutarchum in Romulo velabri etymon ab hoc ritu acute, sed non vere: ἔνιοι λέγουσιν, inquit, τὴν εἰς τὸν ἱππόδρομον φέρουσαν ἐξ ἀγορᾶς πάροδον ἱστίοις καταπεταννύναι τοὺς τὴν θέαν παρέχοντας, ἐντεῦθεν ἀρχομένους· ῥωμαϊστὶ δὴ τὸ ἱστίον βῆλον ὀνομάζουσι. *Quidam aiunt viam illam, quae a foro ad circum fert ab editoribus ludorum velis solere integi, initio a velabris facto. Romani autem velum appellant quod nos histium.* Non vere dico, quia velabri vocem diu notam et natam ante hunc ritum, qui Catuli aeuo inductus, satis clarum.

---

5 transuersim *1598, 1589, 1585] deest in 1584*   22 ὀνομάζουσι. *Quidam 1598]* ὀνομάζουσι, id est, *Quidam 1584, 1585, 1589*

um die Taue der Sonnensegel festzubinden, wie deutlich im Theater in Nemau-
sis und manche größere im bedeutendsten römischen Theater. Wir vermuten,
dass dadurch die üblichen Segelstangen, die die Taue der Sonnensegel unter-
stützten, übergebracht und in der Höhe aufgestellt sind. Aber die Segelstangen
selbst oder die Masten zog man durch die Öffnungen hinein und auch heraus und ließ man mit einigen Miesmuscheln nieder um der Festigkeit willen.
Bis zu den Segelstangen, die emporstanden, band man die Taue doch kreuzweise und spannte sie an. Darüber leitete man die Sonnensegel. Zeugnisse
sind in den Handschriften der Alten weitverbreitet. Properz dichtet: *Eben noch
waren die wallenden Sonnensegel im so gefüllten Theater.* Suetonius erwähnt in
seiner Gajusvita: *Bei einem Gladiatorenspiel verbot er manchmal, wenn die Sonnensegel eingezogen waren, dass jemand sie wieder ausklappte, trotz der bren-
nend heißen Sonne.* Und Martialis fügt zu: *Wie sehr auch die Schauspiele von
der unmäßigen Sonne glühen, man zieht die Sonnensegel ein, als Hermogenes
kommt.*

3. Vitruvius schreibt im Vorwort seines zehnten Buches: *Bei den Schauspielen,
die die Magistrate am Gladiatorenforum und auf den Theaterbühnen der Spielen veranstalten, wobei man kein langweiliges Warten oder Aufenthalt zusteht,
wie das möglich ist bei den Zuschauersesseln und dem Ausklappen der Sonnensegel.* Lampridius erzählt in seiner Commodusvita: *Da das Volk ihm häufig bei
seinen Auftritten in der Arena wie einem Gott gehuldigt hatte, hatte er, in dem
Glauben, man wolle ihn verhöhnen, den Flottenmanschaften, die das Sonnendach aufzuspannen hatten, Weisung erteilt, im Amphitheater ein Blutbad unter
dem Volk von Rom anzurichten.* Wobei mir bekannt ist, dass Soldaten von der
Flotte an die Spitze vom Schauspiel gestellt waren, natürlich mit Recht, weil
die Meeresleute Erfahrung hatten im Behandeln von Sonnensegeln. Auch leiten gewisse Menschen bei Plutarch in seiner Romulusvita die Herkunft des
Wortes Velabrum (*Sonnendach*) scharfsinnig von diesem Brauch ab, aber nicht
wahrheitsgemäß. Er berichtet: ἔνιοι λέγουσιν τὴν εἰς τὸν ἱππόδρομον φέρουσαν ἐξ
ἀγορᾶς πάροδον ἱστίοις καταπεταννύναι τοὺς τὴν θέαν παρέχοντας, ἐντεῦθεν ἀρχο-
μένους· ῥωμαϊστὶ δὴ τὸ ἱστίον βῆλον ὀνομάζουσι. *Manche sagen, dass die Darsteller
der Spiele gewöhnlich die Straße, die vom Forum zum Zirkus führt, mit Sonnensegeln überdeckten und zwar von den Velabra an. Die Römer nannten das jedoch
ein Velum (Sonnensegel), was wir eine Plane nennen.* Nicht wahrheitsgemäß,
sagte ich, weil das Wort Sonnendach schon lange bekannt ist und vor diesem
Brauch entstanden ist, der in Catulus' Zeit hineingebracht ist, das ist deutlich
genug.

4. Colorata varie vela ista fuisse ad ornatum Lucretius ostendit versibus sane ad hanc rem luculentis:

> *Et vulgo faciunt id lutea rufaque vela*
> *et ferrugina cum magnis intenta theatris*
> *per malos vulgata trabesque trementia pendent.*
> *Namque ibi consessum caueai subter et omnem*
> *scaenai speciem patrum matrumque deorumque*
> *inficiunt coguntque suo fluitare colore.*

5. Et carbasina vela Plinius libro xix nominat cum auctore: *carbasina deinde vela primus in theatro duxisse traditur Lentulus Spinther Apollinaribus ludis. Mox Caesar dictator totum forum Romanum intexit viamque sacram ab domo sua vsque ad cliuum Capitolinum, quod munere ipso gladiatorio mirabilius visum tradunt.* Miratur et stupet in Caesariano facto Plinius vel quia tantum spatii inductum vel quia velis tam pretiosis. Nam serica ea fuisse Dio tradidit etsi parum adfirmate libro xliii: καὶ ἵνα μηδένα τῶν θεωμένων ὁ ἥλιος λυπήσῃ, παραπετάσματα ὑπὲρ αὐτῶν σηρικά, ὥς γέ τινές φασιν, ὑπερεπέτασε, *neue quis spectantium a sole infestaretur, vela super eos serica, vt quidam tradunt, extendit.*

6. Nec scio sane an Plinii libris non exciderit ea sericorum vox. Iam Nero purpurea etiam vela suspendit stellis aureis varie interstincta. Xiphilinus: τά γε μὴν παραπετάσματα τὰ διὰ τοῦ ἀέρος διατιθέντα, ὅπως τὸν ἥλιον ἀπερύκει, ἁλουργὰ ἦν καὶ ἐν μέσῳ αὐτῶν ἅρμα ἐλαύνων ὁ Νέρων ἐνέστικτο, ἀστέρες δὲ χρυσοῖ πέριξ ἐπέλαμπον, *vela etiam, quae per aerem expansa ad arcendum solem, purpurea erant inque iis mediis Nero acu pictus currum agitans* – videlicet instar Phoebi- circum vero vndique aureae stellae.

Caput XVIII

Eadem vela a Iuuenali velaria dicta. Quid velarii Augustaei. Vmbellae vsum et causiae fuisse velis non expassis. Martialis et Vopiscus explicati. Vmbellati claui

---

16 ὑπερεπέτασε, *neue quis* 1598] ὑπερεπέτασε, *id est, neue quis* 1584, 1585, 1589   22 ἐπέλαμπον, *vela* 1598] ἐπέλαμπον, *id est, vela* 1584, 1585, 1589

4. Lukrez zeigt in bedeutenden Zeilen, die diese Sache betreffen, dass die Sonnensegel unterschiedlich um zu verzieren gefärbt waren: *Im Allgemeinen tun dies die gelblichen, rötlichen, blauen Teppiche, die gespannt hoch über die großen Theater wogend schweben, verbreitet an Masten und Balken. Denn sie färben das Zusammensitzen im Zuschauerraum unten, die ganze Erscheinung der Bühne, der Väter, der Mütter und der Götter, sie zwingen sie in ihrer Farbe zu schwanken.*

5. Plinius nennt in seinem neunzehnten Buch leinene Segel zusammen mit dem Gründer: *Es wird erzählt, dass Lentulus Spinther als erster danach Leinensegel bei den apollinarischen Spielen über das Theater gezogen hatte. Bald überdeckte der Diktator Caesar das ganze Forum Romanum und die heilige Straße von seinem Haus bis zum capitolinischen Hügel, und sie berichten, dass das einen noch erstaunlicheren Anblick gab als das Gladiatorenspiel selbst.* Plinius verwundert sich und ist verblüfft über diese Tat von Caesar, entweder weil er soviel Raum überdeckte hatte, oder weil er das mit solch teuren Sonnensegeln gemacht hatte. Denn nach Dio sollen es Seidenstoffe gewesen sein, obwohl er sich im dreiundvierzigsten Buch nicht so sicher ist: καὶ ἵνα μηδένα τῶν θεωμένων ὁ ἥλιος λυπήσῃ, παραπετάσματα ὑπὲρ αὐτῶν σηρικά, ὥς γέ τινές φασιν, ὑπερεπέτασε, *Damit die Sonne keinen Zuschauer gefährdete, spannte er, wie manche erzählen, seidene Sonnensegel über sie aus.*

6. Ich weiß nicht, ob das Wort *seidene* nicht aus Plinius' Handschriften weggefallen ist. Schon Nero hing auch purpurne Sonnensegel auf, unterschiedlich abgesetzt mit goldenen Sternen. Xiphilinus schreibt: τά γε μὴν παραπετάσματα τὰ διὰ τοῦ ἀέρος διατιθέντα, ὅπως τὸν ἥλιον ἀπερύκει, ἁλουργὰ ἦν καὶ ἐν μέσῳ αὐτῶν ἅρμα ἐλαύνων ὁ Νέρων ἐνέστικτο, ἀστέρες δὲ χρυσοῖ πέριξ ἐπέλαμπον, *Auch die Sonnensegel, die durch die Luft ausgespannt waren um die Sonne abzuwehren, waren purpurn und mitten in ihnen gab es Nero, mit einer Nadel gestickt, der einen Wagen lenkte – offenbar gleichwie Phoebus- und ringsum gab es sogar überall goldene Sterne.*

xviii. Kapitel

Dieselbe Sonnensegel wurden von Juvenalis Schirme genannt. Wie die Schirme von Augustus waren. Dass es den Gebrauch von Sonnenschirmen und breitkrempigen Hütten gab, obwohl die Sonnensegel nicht verschwanden. Martialis und Vopiscus sind verdeutlicht geworden. Parasol mit Purpursaum

1. Haec ipsa vela, nisi fallor, Iuuenalis *velaria* dixit illo versu:

> ... *pugnas Cilicis laudabat et ictus*
> *et pegma et pueros inde ad velaria raptos.*

Nec enim interpretes hic audio qui velaria locum esse adserunt, vbi vela recon-
5   duntur. Imo aliam ego lucem Iuuenali do et ita capio, quasi laudarit et stupuerit
adulator ille, quod ludis gladiatoriis pueri e pegmate subito in altum occulta
quadam machina rapti sint et ad vela ipsa. Sane recepti in amphitheatris tales
lusus talesque raptus, qualis etiam ille Martiali expressus de tauro cum Alcide
in aethera rapto populo spectante et adstupente:

10   *Raptus abit media quod ad aethera taurus arena,*
> *non fuit hoc artis sed pietatis opus.*

Lego etiam in veteri inscriptione: PRAEPOSITVS. VELARIORVM. DOMVS. AVG-
VSTAE, sed alio sensu, quia velarios ibi accipio qui praepositi velis in aula
ducendis. Ita in aliis lapidibus: VELARII. DE. DOMV. AVGVSTI. et alibi: VELARII
15   DOMVS AVGVSTANAE

2. Sed redeo ad theatrica nostra vela, quae moneo non semper extensa, quia
saepe id impediebat ventus. Nec mirum in tam laxo et capaci circo. Hispanus
poeta:

> *Aut Pompeiano vela negata Noto.*

20   Quid tum igitur? inquies, spectabantne indefensi a sole? Non prorsus, duplex
iis etiam tegmen: siue pillei siue vmbellae. Pillei quidem Thessalici, vt supra
ex Dione rettuli, quem eumdem cum petaso aliquis fecerit, et notauit eruditus
noster Iunius in libro ii Animaduersorum capite vi. Vsi et gausapis an causia
loco illius pillei? Nam varia haec in Martiale lectio atque alii libri aliud lemma
25   illud praescribunt his versibus Apophoretorum:

> *In Pompeiano tectus spectabo theatro,*
> *nam populo ventus vela negare solet.*

22–25 cum petaso ... Apophoretorum *1598*] ego censeo cum Macedonico, siue causia, inductus
a Martiale, qui inter Apophoreta lemma habet *causiam*, male enim in plerisque libris *gausapa*,
et accommodat ad hunc theatralem ritum *1584, 1585, 1589*

1. Diese Sonnensegel nannte Juvenalis, wenn ich mich nicht irre, in der folgenden Zeile Sonnenschirme: *Er pries die Kämpfe mit den Kilikiern und die Schlagen und die Versenkungsmachine und die Jungen die man von da zu den Sonnenschirmen schleppte*. Hier folge ich den Interpreten nicht, die behaupten, die Sonnenschirme seien ein Ort, wohin man die Sonnensegel zurückbrachte. Im Gegenteil, ich gebe Juvenalis eine andere Erklärung und verstehe ihn so, dass der Smeichler pries und staunte, weil bei den Gladiatorenspielen Jungen plötzlich aus der Versenkungsmachine mit einer verborgenen Machine in die Höhe geschleppt wurden und genau zu den Sonnensegeln. Solche Spielereien und solche Entführungen waren in den Amphitheatern doch gebräuchlich, wie auch der Martialis verdeutlicht, wenn er über den Stier schreibt, der mit Alcis ins Jenseits gezogen wird, weil das Publikum schaute und staunte: *Dass ein Stier mitten aus der Arena geschleppt in den Himmel entschwand, war kein Werk der Kunstfertigkeit, sondern der Frömmigkeit*. Auch lese ich an einer alten Inschrift: AN DIE SPITZE GESTELLT DER SONNENSCHIRMSKLAVEN DES KAISERLICHEN HAUSES, aber mit einer anderen Bedeutung, weil ich die Sonnenschirmsklaven dort so verstehe, wie Angestellter für die Sonnensegel, die man in der Halle bedienen muss. Ebenso auf anderen Steinen: DIE SONNENSCHIRMSKLAVEN DES HAUSES VON AUGUSTUS und sonstwo: DIE SONNENSCHIRMSKLAVEN DES KAISERLICHEN HAUSES.

2. Aber ich kehre zu unseren Theatersonnensegel zurück, worüber ich in Erinnerung rufe, dass sie nicht immer ausgespannt waren, weil der Wind das häufig behinderte: Kein Wunder in so einem weiten und geräumigen Zirkus. Der spanische Dichter erwähnt: *Oder wenn im Amphitheater des Pompeius die Sonnensegel eingezogen sind wegen des Südwinds*. Was geschah also? Du wirst fragen: Schauten sie ungeschützt in die Sonne? Nicht ganz, denn sie hatten einen doppelten Schutz: entweder Filzkappen oder Parasols. Die Filzkappen stammten sicherlich aus Thessalien, wie ich hieroben aus Dio wiedergegeben habe. Jemand schilderte ihn genau mit einem Reisehut. Unser gelehrte Junius erwähnte das auch im zweiten Buch seiner *Animadversa*, sechstes Kapitel. Gebrauchten sie auch Gewänder oder breitkrempige Hüte statt der Filzkappe? Denn die Lesung in Martialis ist verschieden und manche Handschriften setzen ein anderes Lemma vor diesen Zeilen der Apophoreta: *Im pompejanischen Theater werde ich bedeckt schauen, denn der Wind verneint dem Volk gewöhnlich*

Significat diserte vsurum se tegmine causiae contra solem, si ventus inuidisset vela.

3. Ad eumdem vsum refero pilleos in theatris ab editoribus interdum datos, siue birros. Vopiscus in Carino vbi Iunium Messallam eiusque effusionem in ludis
5   acerbe taxat: *Donati sunt ab Atrebaticis birri petiti, donati birri Canusini.* At de vmbella Martialis idem:

> *Accipe quae nimios vincant vmbracula soles,*
> *sit licet et ventus te tua vela tegent.*

Quam a facienda vmbra dictam scito nec aliud tegmen quam quo hodie in
10 Italia passim supra caput suspenso vtuntur per viam et in aestu. E linteo formant instar obtusae et breuioris metae, quod orbiculata virga extensum baculo sustinent supra caput erectum. Iuuenalis de eadem:

> *En cui tu viridem vmbellam, cui succina mittas.*

4. Et vmbellati claui apud priscos architectos qui capite paulatim instar turbi-
15 nis latiore itemque vmbellati flores Foeniculi, Anisi, Sambuci apud hortenses scriptores, denique vmbella quod σκιάδιον Graecis."

Caput XIX

Per occasionem de pilleo quaesitum fuerintne eo vsi Romani? Non videri, imo nec Gallos aut Germanos. Certa tamen tempora fuisse quibus permissum tegmen,
20 *certos item homines. Nodi plerique omnes in ea re et scriptores explicati*

1. Desierat Florentius et iam surgebat, sed ego iniecta blande manu "viam mihi aperis eius sermonis" inquam, "in quem deferri diu mihi est votum. Itaque per tuam fidem, qui tam multa hodie me docuisti, hoc quoque velut ἐπίμητρον admetire, de Romanorum capite tecto siue intecto. Nam causiam iis tribuis aut
25 pilleum, sed tantum per ludos. Quid ergo censeam? Reliquo eos tempore fuisse

---

10 E linteo *1598*] e lino *1584, 1585, 1589*   22 mihi est votum *1598*] mihi votum *1584, 1585, 1589*

die Sonnensegel. Er zeigt deutlich, dass er gegen die Sonne die Bedeckung des breitkrempigen Huts gebrauchen wird, wenn der Wind dem Volk die Sonnensegel vorenthaltet.

3. Auf denselben Gebrauch beziehe ich die Filzkappen, die die Darsteller manchmal in den Theatern gaben, oder die Mäntel mit Kapuzen. Vopiscus erzählt das in seiner Carinusvita, wo er Junius Messalla und seine Verschwendung für die Spiele scharf kritisiert: *Man gab die von den Atrebaticiern gefragten Mäntel, man gab die canusischen Mäntel.* Aber über den Parasol sagt Martialis auch: *Nimm die Sonnenschirme in Empfang, die die allzu prallen Sonne abwehren, auch wenn es weht, wird dein Sonnensegel dich schützen.* Weiß, dass man die (*vmbella*) so nennt wegen der Schatten (*vmbra*), die die bringen muß. Der Schutz war derselbe, den man heute überall in Italien auf der Straße und in der Hitze oben auf dem Haupt hat. Aus Leintuch schaffen sie so etwas wie eine ziemlich kurze Pyramide, die sie mit einem runden Stab ausgespannt, mit einem Stock emporgehoben über ihrem Haupt hielten. Juvenalis sagt darüber: *Schau, wem du einen grünen Parasol, wem du Bernsteinschmuck sendest.*

4. Auch gibt es Schirmförmige Nägel bei den früheren Baumeistern, die eine allmählich breitere Spitze, ungefähr ein Kreisel, hatten und ebenso gibt es schirmförmige Blumen, wie Fenchel, Anis, Holunderbeere bei den Gartenautoren, schließlich den Parasol, den die Griechen σκιάδιον (*Sonnenschirm*) nennen.‟

xix. Kapitel

Bei Gelegenheit fragte man sich über die Filzkappe, ob die Römer sie auch gebrauchten. Wahrscheinlich nicht, und selbst die Gallier oder Germanen nicht. Doch gab es gewisse Zeiten worin sie als Schutz zugestanden war, ebenso gebrauchten gewisse Menschen sie. Fast alle Schwierigkeiten hierüber und die Autoren sind erklärt.

1. Florentius war aufgehalten und erhob sich schon, aber ich legte lockend meine Hand an ihn und sagte: „Du öffnest für mich den Weg zu diesem Gespräch, das ich schon so lange führen möchte. Also bei deiner Treue, du, der mich heute so vieles gelehrt hast, messe mir auch das, sozusagen, für das Gleichgewicht zu, über das Haupt der Römer, ob es bedeckt oder unbedeckt war, denn du schreibst ihnen einen breitkrempigen Hut oder eine Filzkappe zu, aber nur bei den Spielen. Was muß ich also denken? Waren sie in der übrigen

intectos? Aegre id crediderim in moribus nostris tam aduersis." Florentius
renidens "a via in semitam me abducis" inquit, "quam tamen quoniam valde
velle te video, percurram pede leui.

2. Caput apertum et sine tegmine habere non Romanis solum olim sed, quod
5   magis mirere, etiam Graecis veteribus et fortasse Germanis Gallisque nobis
commune. De Graecis ecce apud Homerum non causiae, non pillei vsquam
mentio nec celat nos eius interpres, quin silentium id caussam habeat ab
hoc ritu. Quin Soranus in vita Hippocratis anxius est cur imago eius pilleata
cernatur idque alii ad peregrinationes eius rettulere, alii ad alias caussas, quas
10   ibi vide. At de Germanis inducit me facile Tacitus, qui cirros eorum nodosque
commemorat, tegmina nusquam. Imo de Sueuis clare satis ostendit pugnasse
eos etiam capite aperto crinibus religatis in altitudinem quandam et terrorem.
Et comatos nostros Gallos quidni credam ea parte intectos? Ni fuissent et
pleraeque imo Europae gentes, non pilleum apud Parthos demum Martialis vt
15   nouum quaesisset:

> Frustra blanditiae venitis ad me,
> ad Parthos procul ite pilleatos.

3. Sed de Romanis ipsis securius pronuntiem, quia signa mihi in illis et argumenta plura. Primum nummi omnes veteres statuaeque in quibus cultus scili-
20   cet et habitus priscus sine tegmine semper. Scriptores item prisci pilleum aut
petasum abstinere videntur a vulgo, quo facit valde Suetonii locus, qui Iulium
Caesarem ex omnibus decretis sibi honoribus non alium libentius aut crebrius
vsurpasse ait, quam ius laureae coronae perpetuo gestandae idque ad caluitium celandum. Obsecro vt quid si pilleus aut petasus illis? Qui certe aptior et
25   fidelior ad dissimulandum caluitium quam corona. Quinctiliani item Oratoris
sui descriptio in quo cum vestium omnium singillatim meminerit vsque ad cal-
ceos, in capite tamen format et fingit solum capillum.

---

7 caussam habeat *1598*] *deest in 1584, 1585, 1589*   8–10 Quin … ibi vide *1598, 1589, 1585*] *deest in
1584*   8 Soranus *1598*] Horatius 1585, 1589, *deest in 1584*

Zeit unbedeckt? Das kann ich nur mit Mühe glauben, weil unsere Gewohn-
heiten so anders sind." Florentius lächelte zurück und sagte: „Von einer Straße
führst du mich zum schmalen Fußweg weg, den ich doch leichtfüßig durchlau-
fen werde, weil ich sehe, dass du dass gerne willst.

2. Mit uns gemeinsam hatten früher nicht nur die Römer das Haupt unbedeckt und ohne Schutz, sondern, was du wunderlicher finden wirst, auch die
alten Griechen und vielleicht sogar die Germanen und Gallier. Siehe, über die
Griechen erwähnt Homerus nirgendwo einen breitkrempigen Hut oder eine
Filzkappe und sein Kommentator verbergt vor uns nicht, dass das der Grund ist
für das Schweigen über den Gebrauch. Ja Soranus hat in seiner Hippokratesvita
selbst Angst, dass man seinen Anblick mit einer Filzkappe sieht und manche
das mit seinen Reisen im Ausland erklären und andere auf andere Gründe verweisen, die du dort sehen sollst. Aber über die Germanen führt Tacitus mich
leicht ein, der ihre Haarlocken und Haarknoten vermeldet und nirgendwo ihre
Kopfbedeckungen. Im Gegenteil, über die Suevi zeigt er deutlich genug, dass
sie sogar mit unbedecktem Kopf kämpften, mit zurückgebundenem Haar, um
grob und abschreckend zu wirken. Und warum würde ich nicht glauben, dass
unsere langhaarigen Gallier ihren Kopf unbedeckt hatten? Wenn nicht doch
auch ja selbst die meisten Völker in Europa keine Kopfbedeckung gehabt hätten, hätte zuletzt Martialis nicht die Pilzkappe bei den Parthen als etwas neues
zugefügt: *Umsonst kommt ihr wie Herrlichkeiten zu mir, geht in die Ferne zu den
Parthen mit ihren Filzkappen.*

3. Über die Römer selbst, jedenfalls, werde ich sicherer berichten, weil ich über
sie sehr viele Beweise und Argumente habe. Erstens gibt es alle alte Münzen
und Bilder, worin die Kleider natürlich und das altertümliche Aussehen immer
ohne Kopfbedeckung war. Ebenso halten die alten Autoren das Volk offenbar
von der Filzkappe und dem Reisehut weg. Sicherlich trägt dazu auch eine Stelle
von Suetonius bei, der Julius Caesar von allen Dekreten oder Ehrbeweisen für
ihn kein anderes freudiger oder häufiger benutzen sieht, als das Recht den Lor-
beerkranz ununterbrochen zu tragen und das, um seine Kahlheit zu verbergen.
Warum hätte er das um Himmels willen getan, wenn sie eine Filzkappe oder
einen Reisehut besaßen? Diese wären, um die Kahlheit zu verstecken, doch
angemessener und glaubwürdiger als ein Kranz. Auch Quintilianus' Beschreibung von seinem Orator ist vielsagend, worin er, obwohl er alle Kleider bis zu
den Schuhen einzeln erwähnt, auf dem Kopf nur das Haar abbildet und gestal-
tet.

4. Sed volsellis pugno, ecce telum. Eustathius, Homeri interpres, disertim scribit τὸ τὰς κεφαλὰς ἀκαταλύπτους ἔχειν, *capita intecta habere*, ad Romanos transisse a priscis Graecis. Cui autoritati quid opponas? Tamen fateor tempora quaedam et homines spectandos, quibus ius et vsus tegendi fuit. Tempora quinque:

5 sacra, ludi, Saturnalia, peregrinatio, militia. Nam Romanos dum sacrificabant capite scimus fuisse velato idque prisco quodam et obuio ritu. Idem in ludis fuisse docui iam ante, etiam Saturnalibus, per quos liberrimae vitae dies pilleus admissus, signum scilicet libertatis. Martialis:

> *Permittis, puto, pilleata Roma.*

10 Idem:

> *Dumque decent nostrum pillea sumpta Iouem.*

5. Sed et peregrinatio quoque petasum bono iure sibi sumpsit contra pluuias, aestus, ventos. Plautus vbique addocet, qui peregre euntibus aut venientibus petasum aptat. Cicero item alibi in epistolis describens tabellarios iturientes:

15 *Petasatos eos venire*, ait, *et comites exspectare ad portam*. Nec alius mentis illud Suetonii de Augusto: *Solis ne hiberni quidem patiens domi quoque non nisi petasatus sub diuo spatiabatur*. Ait *domi quoque*, quasi nouum illud et insolens innuens quod alibi quam per viam. Denique militiae pilleos non adimo inhibitus a Vegetio: *Vsque ad praesentem*, inquit, *aetatem consuetudo*

20 *permansit, vt omnes milites pilleis quos pannonicos vocant, ex pellibus vterentur*. Nam alias exempla etiam in militibus pilleorum rara. Iam homines etiam certi, vt dixi, quorum vertex immunis a communi more.

6. Primum liberti, quos in pilleis fuisse noua libertate notius et testatius est quam vt hic dicam. Addo aegros, quibus hoc quoque licuit capiti firmando.

25 Ouidius indicat, qui amanti suo praeit ad morbum et pallorem fingendum et pilleolum tribuit inter signa:

> *Arguat et macies animum nec turpe putaris*
> *pilleolum nitidis imposuisse comis.*

---

1 volsellis pugno *1598*] volsellis te pungo *1584, 1585, 1589*   2 *capita intecta habere 1598*] *deest in 1584, 1585, 1589*   4 fuit *1598*] *deest in 1584, 1585, 1589*

4. Aber ich kämpfe nicht gefährlich, sieh meine Waffe. Eusthatius, Homers Kommentator, schreibt deutlich: τὸ τὰς κεφαλὰς ἀκαταλύπτους ἔχειν, *das die Köpfe unbedeckt haben*, ist von den alten Griechen zu den Römern übergegangen. Welche Gewalt würdest du bekämpfen? Doch gebe ich zu erkennen, dass gewisse Umständen und Menschen besehen werden sollen, für die es Recht und Gebrauch war, sich zu bedecken. Es gab fünf Umstände: die Opfer, die Spiele, die Saturnalien, die Reise ins Ausland und der Kriegsdienst. Denn wir wissen, dass die Römer mit einem bedeckten Kopf opferten und dass das nach einem alten und deutlichen Gebrauch geschah. Dass das auch bei den Spielen so war, habe ich schon früher erklärt, auch bei den Saturnalien. Während dieser Tage eines sehr freien Lebens war die Filzkappe zugestanden, offenbar als Zeichen der Freiheit. Martialis formulierte: *Du, Rom mit Filzkappe, stehst es zu, denke ich.* Und auch: *Indem die aufgesetzten Filzkappen unserem Jupiter gefallen.*

5. Aber auch für die Reise ins Ausland nahm man mit Recht einen Reisehut mit, gegen Regen, Hitze und Wind. Plautus lehrt darüber überall in seinem Werk und rüstet Leute, die in die Fremde gehen oder von dort her kommen mit einem Reisehut aus. Cicero tut das sonstwo auch, als er in seinen Briefen abreisende Briefboten beschreibt: *Sie tragen einen Reisehut, wenn sie kommen und wenn sie beim Tor auf Freunde warten.* Mit derselben Bedeutung beschreibt das Suetonius in seiner Augustusvita: *Weil er die Sonne und selbst die Wintersonne nicht ertrug, wanderte er unter freiem Himmel, auch zu Hause, immer mit einem Reisehut.* Er sagt *auch zu Hause*, wie wenn er auf etwas neues und auffallendes aufmerksam machen würde, weil er anderswo als auf der Straße einen Reisehut trug. Schließlich verneine ich dem Kriegsdienst die Filzkappen nicht und dabei wende ich Vegetius an, der sagt: *Bis auf die heutige Zeit blieb die Gewohnheit, dass alle Soldaten Filzkappen aus Leder gebrauchten, die sie pannonisch nannten.* Denn sonst sind Vorbilder von Filzkappen auch bei Soldaten selten. Es gab auch noch gewisse Leute, wie ich sagte, deren Kopf frei von der gemeinsamen Sitte war.

6. Zuerst die Freigelassenen, für die das Tragen der Filzkappen, mit einer neuerworbenen Freiheit bekannter und offenkundiger wirkte als ich hier erzählen kann. Ich füge die Kranken zu, wen das auch zugestehen war, um den Kopf zu beschützen. Ovidius zeigt es, der seinem Geliebten im heucheln der Krankheit und Blassheit vorangeht und er teilte die kleine Filzkappe zwischen Kennzeichen ein: *Magerkeit auch beweise die Leidenschaft und halte es nicht für schimplich, die Filzkappe auf die glänzenden Haare zu legen.* Auch Artemidorus, der

Artemidorus etiam, qui de somniis scripsit non somniculose. Nam libro primo
argute obseruat: Ἔρια ἀντὶ τριχῶν ἔχειν νόσους μακρὰς καὶ φθίσιν προαγορεύειν,
lanam pro capillis habere longos morbos et tabem significare, nimirum quia
pilleoli isti e lana. Sed et Graecis πιλίδιον receptum in morbo. Plato iii de
5   Republica: ἐὰν δέ τις αὐτῷ μακρὰν δίαιταν προστάττῃ πιλίδιά τε περὶ τὴν κεφαλὴν
περιτιθείς.

7. Sed et senibus pilleum tribuerunt a pari caussa. Varronis fragmentum adsi-
gnificat e libro i De Vita Populi Romani: *minores natu*, inquit, *capite aperto
erant capillo pexo vtique innexis crinibus*. Et Nicephorus Gregoras ostendit eum
10   morem cum Romano imperio Byzantium etiam translatum libro x in extremo:
De capitis tegmine, ait, *moris apud superiores principes erat, vt aetate prouectio-
res aulici pilleis turbinatis vterentur serico tectis, iuniores autem omnes prorsus
nudis essent capitibus. Andronico autem imperatore is mos adeo exoleuit, vt passim omnes et seniores et iuniores pilleis vterentur non minus in palatio, quam in*
15   *agris iisque variis et peregrinis*. Sed tamen permissum hoc potius senibus credo,
quam crebro vsurpatum Romae quidem, nam vbi exempla? Et contra Varronis
verba nonnihil etiam inuenire possim quod probabiliter obducam.

8. Quartum denique genus cum pilleis sed male certis aut firmis. Conuiuae
enim fuisse videntur pilleati. Horatius suspicionem clare facit:

20   *Vt vinosa glomos furtiuae Pyrrhia lanae,*
         vt cum pilleolo soleas conuiua tribulis.

Nam habitum conuiualem adtribuere ille nescio cui videtur soleas et pilleum.
Itaque vetus ibi interpres: *Neue sic suffarcinatus eas, vt vnus de tribu qui ad cae-
nam vadens ipse sibi soleas fert cum pilleolo*. Et paulo post: *Haec erat consuetudo
25   veteranorum, pilleum portare cum calceis*, quibus verbis quid sani subsit, haud
sane video.

9. Et ambigo in toto hoc ritu. Primum quia in tam crebra conuiuiorum men-
tione pilleos non alibi inuenio. Secundo quia inepti iidem me iudice conui-
uantibus ob vnguenta, ob coronas. Illud credo magis, pilleorum vsum in balneis
30   fuisse a quibus cum exirent, eosdem aliquando retinuisse etiam in mensa. Certe

---

17 obducam *1598*] obstringillem *1584, 1585, 1589*   22 ille *1598*] illi *1584, 1585, 1589*

nicht verträumt über Träume schreibt, zeigt es, denn im ersten Buch beobachtet er scharf: Ἔρια ἀντὶ τριχῶν ἔχειν νόσους μακρὰς καὶ φθίσιν προαγορεύειν, *Wolle
statt Haare sehen lassen, deutet auf langwierige Krankheiten und Schwindsucht.*
Er sagt das ohne Zweifel, weil die Käppchen aus Wolle gefertigt waren. Aber
auch bei den Griechen war das πιλίδιον bei Krankheit gängig. Plato erwähnt
im dritten Buch der *Republika*: ἐὰν δέ τις αὐτῷ μακρὰν δίαιταν προστάττῃ πιλίδιά
τε περὶ τὴν κεφαλὴν περιτιθείς. (*Wenn jemand ihm eine langwierige Lebensregel
vorschreibt und Filztücher um seinen Kopf windet.*)

7. Auch alten Herren teilten sie indessen aus dem gleichen Grund eine Filzkappe zu. Ein Fragment von Varro aus seinem ersten Buch von *De vita populi
romani* macht das klar: *Die Jüngeren hatten einen unbedeckten Kopf mit ge-
kämmten und zumal geflochteten Haaren.* Und Nicephorus Gregoras zeigt im
letzten Teil seines zehnten Buches, dass diese Sitte mit dem römischen Reich
nach Byzantium gebracht worden war: *Über die Kopfbedeckung: Es war bei den
früheren Kaisern Brauch, dass die älteren Höflinge Filzkappen trugen, die kegel-
förmig und mit Seidenstoff bedeckt waren, alle Jüngeren aber waren durchaus
barhaupt. Bei Kaiser Andronicus weitete sich diese Gewohnheit so sehr aus, dass
überall alle, ältere und auch jüngere, Filzhüte trugen, nicht weniger im Palast als
in den Feldern und diese waren verschieden und ausländisch.* Aber doch glaube
ich eher, dass es alten Männern zugestanden wurde, als dass es jedenfalls in
Rom häufig gebräuchlich war, denn wo sind die Vorbilder? Und gegen Varro's
Wörter kann ich auch etwas finden, womit ich sie glaubhaft widerlegen kann.

8. Schließlich gibt es auch eine vierte Klasse mit Filzkappen, aber wenig sicher
oder dauerhaft. Denn Gäste waren offenbar mit einer Filzkappe ausgestat-
tet. Horaz macht die Vermutung deutlich: *Wie die betrunkene Pyrrhia Knäuel
gestohlene Wolle, wie ein Gast derselben Klasse seine Sandalen mit einem Filzkäppchen trug.* Ich weiß nicht warum er die Gastgewohnheit anweist, die offenbar Sandalen und eine Filzkappe enthält. Also kommentiert der alte Interpret
dort: *Damit du nicht so vollgepackt gehst, wie einer der Klasse, der zum Diner
geht und selbst die Sandalen mit dem Filzkäppchen bei sich trägt.* Und ein bißchen weiter: *Das war die Gewohnheit der Alten: die Filzkappe mit Schuhen tragen.*
Was Vernünftiges unter diesen Worten verborgen ist, sehe ich nicht deutlich.

9. Und ich hole Zweifel über den ganzen Brauch. Zuerst, weil bei solch zahl-
reichen Vermeldungen von Gastmählern ich sonstwo keine Filzkappen finde.
Zweitens, weil diese alberne Leute wegen ihres Parfums und ihrer Kränze,
denke ich, in Gesellschaft speisten. Das glaube ich eher, dass man Filzkappen
in Badezimmern gebrauchte und als man von da hinausging, diese manchmal

lapis antiquus Patauii est, vbi conuiuii aliqua forma et qui accumbunt partim
capite nudo, partim velut pilleolo aut fascia sunt deuincti. Sed hem, quod me
paene fugerat, Athenaei locus est qui nescio an stabilitor et stator erit pilleo
conuiuali. Nam loquitur apud eum libro vi Larensius dilaudans suos Roma-
5   nos: ἐσθῆτάς δὴ ἔχομεν καὶ ὑποδέσεις εὐτελεῖς, πίλους τε ταῖς κεφαλαῖς περικείμεθα
προβατίων δερμάτων δασεῖς, id est, *vestes etiam habemus et calceatus frugi ac sim-*
plices et pilleos capitibus circumponimus ex ouium pellibus densos ac villosos. Nec
est sane vt pilleos illos aliter accipiamus, quam aut de mensalibus – in conuiuio
enim haec dicta- aut peregrinantibus. Quod postremum ipse Larensius firmare
10 videtur, qui praemisit *Romanos nihil superflui in vestitu habere,* οὔτε ἀπερχομένους, id est, vt ego interpretor, *nec peregrinantes quidem aut alio abeuntes.*

Caput xx

Obiectio pro pilleo eaque remota. Quis mos Romanus in capite aperiendo et ope-
riendo. Plutarchus explicatus. Palliolum ad caput tegendum eaque in re Seneca,
15 *Petronius, Plautus illustrati nouiter*

1. At me, Lipsi, sermonis iam serio taedet et sessionis. Abeo." "Imo ego te
etiam teneo" inquam, "et nodum iniicio, quem prius necessum est soluas.
Romanos adfirmas capite intecto et in parte mihi persuades, sed de honore
tamen quomodo expedis, quomodo caput digniori alicui aperuerunt, si id
20 semper apertum? Nam Sallustius ecce scribit: *Sullam in victoria dictatorem equo*
descendere Pompeio vni, adsurgere de sella, caput aperire solitum. Et nequid de
militia hic cauillere, audi Senecam, qui recenset vt vulgatissimum morem: *Si*
consulem videro aut praetorem, omnia quibus honor solet haberi faciam: equo
desiliam, caput aperiam."

25 2. Risit secundum ista Florentius, "et heu Gordium nodum" inquit, "vbi Tenedia
securis? Non vides etiam in illis Senecae verbis effugium de militia aut pere-
grinatione? Nam *desultum* etiam *ex equo* addit. Equi autem vsus infrequens

---

2 sunt *1598*] *deest in 1584, 1585, 1589*   3 erit *1598*] *deest in 1584, 1585, 1589*   17 etiam *1598*] *deest in*
1584, 1585, 1589

auch am Tisch bewahrte. Sicherlich gibt es einen alten Stein in Padua, wo es eine Abbildung eines Gastmahls gibt und manche barhaupt anlagen und an manchen sozusagen ein Filzkäppchen oder ein Diadem befestigt war. O, was ich beinahe vergaß, es gibt eine Stelle bei Athenaeus, wovon ich nicht weiß, ob sie die Gastfilzkappe bestätigt und unterstützt. Denn bei ihm in seinem sechsten Buch spricht Larensius, der die Römer allseitig lobt: ἐσθῆτάς δὴ ἔχομεν καὶ ὑποδέσεις εὐτελεῖς, πίλους τε ταῖς κεφαλαῖς περικείμεθα προβατίων δερμάτων δασεῖς, das heißt, *Wir haben Kleider und ordentliche einfache Schuhe und dichte, haarige Filzkappen aus Schaffell setzen wir um die Haare.* Es gibt keine Gründe dafür anzunehmen, dass wir die Filzkappen anders interpretieren sollen, als entweder für die am Tisch – denn das wurde bei der Mahlzeit gesagt- oder die für die Reisenden. Und das scheint Larensius schliesslich selbst zu bestätigen, denn er sagt vorweg, dass die *Römer in ihrer Kleidung nichts überflüssigs hatten,* οὔτε ἀπερχομένους, das heißt, wie ich es auslege, *selbst nicht, wenn sie in die Fremde gingen oder sonstwohin abreisten.*

xx. Kapitel

Argument für die Filzkappe und das ist auch wiederlegt. Welche römische Gewohnheit es gab, den Kopf zu entblößen und zu bedecken. Plutarch wird expliziert. Das Filzkäppchen um den Kopf zu bedecken und hierüber werden Seneca, Petronius und Plautus aufs Neue beleuchtet

1. Aber mich, Lipsius, ekeln dieses Gespräch und die Sitzung schon ernstlich. Ich gehe fort." Ich antwortete: „Im Gegenteil, ich halte dich hier selbst fest und ich lege dir ein Problem vor, das du zuerst auflösen musst. Du behauptest, dass die Römer barhaupt waren und zum Teil überzeugst du mich, aber doch, wie ermöglichst du die Höflichkeit, wie entblößten sie ihren Kopf für jemanden mit größerer Würde, wenn dieser immer unbedeckt war? Denn siehe, Sallustius schreibt: *Der Diktator Sulla war es im Sieg gewohnt nur für Pompejus von seinem Pferd hinabzusteigen, von seinem Sessel aufzustehen und seinen Kopf zu entblößen.* Und damit du hier nicht für die Kriegsdienste Ausflüchte macht, höre Seneca, der es als eine sehr allgemeine Sitte beurteilt: *Wenn ich einen Konsul oder einen Prätor sehe, tue ich alles, womit er gewöhnlich Ehre erhölt: ich springe von meinem Pferd und ich entblöße meinen Kopf.*"

2. Gleich nach diesen Worten lachte Florentius und sagte: „Ach ein gordischer Knote, wo ist das tenedische Beil? Siehst du auch in diesen Worten von Seneca keinen Ausweg aus dem Kriegsdienst oder der Reise? Denn er fügt auch *vom*

aut nullus in vrbe. Sed tamen confide, non vtar his effugiis, veram soluendi viam
insistam sine diuerticulo vllo aut flexu. Quam praeit mihi clare Plutarchus in
Caussis, clare quidem vt verba Graeca sunt, nam interpres rem totam inuoluit
caliginosa et deluta versione. Ait: οἱ Ῥωμαῖοι τῶν ἀνθρώπων τοῖς ἀξίοις τιμῆς
5   ἀπαντῶντες κἂν τύχωσιν ἐπὶ τῆς κεφαλῆς τὸ ἱμάτιον ἔχοντες ἀποκαλύπτονται, quae
vertenda erant: *Romani si cui obuiam facti sunt cui honor habendus et si forte
caput veste iniecta tectum habeant, id reuelant.* En capitis omnis tectio, en
apertio quae Romae. Laciniam togae, inquam, – ea enim Plutarchi vera mens-
in caput saepe reiiciebant contra ventum aut aestum eamque detrahebant in
10 honorati alicuius occursu. Plutarchus idem eum habitum expressit in Gracchis
de Nasica τὸ κράσπεδον τοῦ ἱματίου θέμενος ἐπὶ τῆς κεφαλῆς, *Laciniam togae
reiiciens in caput.*

3. Et passim nummi et marmora praeferunt, quoties repraesentant sacrifican-
tes. Atque haec vulgata tectio et sine nota. Aliam etiam eruo, quae delicatorum
15 aut imbecillium propria quaeque saepe cum suspicione luxus. Ea erat, vt capite
incederent palliolato. Seneca de ingenioso nostro, sed enerui Musarum patre,
Maecenatem dico: *Hunc esse, qui in tribunali, in rostris, in omni publico coetu sic
apparuerit, vt pallio velaretur caput exclusis vtrimque auribus non aliter quam in
mimo diuite fugitiui solent.* Plutarchus superbiam Pompeiani liberti Demetrii
20 taxans: *Domino stante ipsus,* inquit, *accumbebat* ἔχων δι᾽ ὤτων κατὰ τῆς κεφαλῆς τὸ ἱμάτιον, *habens vestem in capite vsque ad aures.* Qui locus bene allucet
illi Senecae, sicut et huic Petronii describentis accubitum mollissimi omnium
Malchionum: *Pallio,* inquit, *coccino adrasum incluserat caput.* Et Plauti versum
ausim illuc trahere a paucis proprie intellectum:

25   *Tum isti Graeci palliati capite operto, qui ambulant.*

Scaenice enim tangit delicatos et molles istos, quod etiam alias solet per occasionem.

5–6 quae vertenda erant *1598*] id est *1584, 1585*, i. *1589*   21 *habens ... aures 1598*] *deest in 1584, 1585,
1589*

Pferd gesprungen hinzu. Aber in der Stadt gebrauchte man einen Pferd selten oder gar nicht. Aber glaube mir doch, ich werde diese Auswege nicht verwenden, ich werde ohne eine einzige Abweichung oder einen Umweg den wahren Weg zur Auflösung einschlagen. Plutarch geht mir in seinen *Causae* deutlich vor. Deutlich, jedenfalls, sind die griechische Wörter, denn der Übersetzer verhüllte das ganze Thema mit einer nebligen und unsäuberen Übersetzung. Er sagt: οἱ Ῥωμαῖοι τῶν ἀνθρώπων τοῖς ἀξίοις τιμῆς ἀπαντῶντες κἂν τύχωσιν ἐπὶ τῆς κεφαλῆς τὸ ἱμάτιον ἔχοντες ἀποκαλύπτονται, und das sollte man so übersetzen: *Wenn die Römer jemandem begegneten, der ehrwürdig war und sie zufällig ihr Kleid über dem Haupt hatten, entblössten sie das Haupt.* Dies sind die Kopfbedeckungen und Entblößungen, die es in Rom gab. Einen Zipfel der Toga, sage ich, – denn das ist die wirkliche Bedeutung von Plutarch- schlugen sie oft wegen des Windes oder die Hitze über den Haupt und bei einer Begegnung mit einer ehrwürdigen Person zogen sie ihn wieder auf. Plutarch schilderte dieselbe Gewohnheit auch in seinen *Gracchi*, über Nasica: τὸ κράσπεδον τοῦ ἱματίου θέμενος ἐπὶ τῆς κεφαλῆς, *und er schlug den Zipfel der Toga über seinen Kopf wieder auf.*

3. Und überall zeigen Münzen und Marmordenkmale, wie oft sie das verwirklichten, wenn sie ein Opfer darbrachten. Und das war die übliche Kopfbedeckung ohne Zeichen. Eine Andere bringe ich ans Licht, die typisch ist für verweichlichte und kränkliche Leute und die häufig mit dem Verdacht von Sittenlosigkeit zusammenfiel. Diese waren so, dass sie mit einer Kapuze über dem Kopf einhergingen. Seneca sagt über unseren scharfsinnigen, aber kraftlosen Vater der Musen, ich nenne ihn den Maecenas: *Er ist es, der am Amtssessel der Tribunen, an der Rednerbühne und bei jedem öffentlichen Zusammentreffen so erschien, dass er mit einem Mantel seinen Kopf mit Ausnahme seiner beiden Ohren bedeckte, nicht anders als bei einer prächtigen Posse die Ausreißer üblicherweise haben.* Plutarch, der den Stolz des freigelassenen Pompejaners Demetrius schätzte, sagte: *Während sein Herr stand, nahm er selbst zum Essen Platz* ἔχων δι' ὤτων κατὰ τῆς κεφαλῆς τὸ ἱμάτιον, *mit seinem Kleid über seinem Kopf bis zu den Ohren.* Diese Stelle leuchtet der von Seneca gut bei, wie auch dieser von Petronius, der das Hinliegen vom sanftesten Mann aller Melchionen beschrieb: *Mit einem scharlachfarbenen Mantel hatte er seinen rasierten Kopf umhüllt.* Ich wage auch die von wenigen im eigentlichen Sinn begriffene Zeile von Plautus dorthin zu ziehen: *Dann diese bemäntelnen Griechen, die spazieren, den Kopf verhüllt.* Denn theatralisch berührt er die Verweichtlichten und Schwachen, was auch sonstwo bei Gelegenheit üblich ist.

4. Sed dixi quoque aegros eo vsos haud dubie cum iustiori iam excusatione. Nec de alio palliolo capies illa Suetonii Claudio capite ii: *Ob valetudinem gladiatorio munere nouo more palliolatus praesedit.* Hoc Quinctiliani: *Palliolum sicut fascias et focalia sola excusare potest valetudo.* Item Senecae: *Videbis quosdam graciles et palliolo focalique circumdatos pallentes et aegros.*

Caput XXI

Spoliarii vbi locus fuerit. Gladiatorum cadauera vnco tracta. Victor illustratus. De gradibus qui intra porticus

1. Et satin' vt exsolui hunc nodum? Certe me iamque abeo et surgo bona fide," simul descendit. Ego consecutus sum et ad portam cum venissemus quae ducit ad Forum "heus tu" inquam, "spoliarium nonne etiam in amphitheatris, vbi illud?" Florentius "non ipsis" inquit, "sed iuxta ipsa. Et censeo e regione ad alteram illam portam fuisse, quae, nisi fallor, Libitinensis dicta. Nam spoliarium, quod receptaculum mortuorum aut grauiter in arena laesorum, iure constituam iuxta mortualem istam portam. Enimuero solent gladiatores occisi turpiter vnco per arenam trahi in spoliarium. Docent adclamationes illae senatus, quae apud Lampridium in Commodo: *Gladiatoris cadauer vnco trahatur! Gladiatoris cadauer in spoliario ponatur!* Et hoc idem censeo Victorem significare in Domitiano, cum scribit: *At senatus gladiatoris more funus ferri radendumque nomen decreuit.*"

2. Iamque ad porticus veneramus, ad quas substitit "videsne hos gradus?" inquiens "paulum etiam ascende, videbis alios ita flexos et dispositos apte, vt quantumuis conferta multitudo statim egredi et ingredi ordinate et sine conflictu potuerit. Ordines hi graduum siue scalarum, vt vides, miro artificio paene inuicem decussantur et ad ostiola sua siue vomitoria singuli ducunt. Iam

---

12 ipsis *1585, 1589, 1598*] in ipsis *1584*   13 dicta *1598*] *deest in 1584, 1585, 1589*

4. Aber ich erwähnte, dass auch die Kranken eine Kopfbedeckung gebrauchten, zweiffellos bereits mit einer gerechteren Entschuldigung. Nicht über einer anderen Kapuze wirst du die Stelle von Suetonius in seiner Claudiusvita, zweiten Kapitel, erfassen: *Wegen seines Gesundheitszustandes saß er dem Gladiatorenspiel nach einer neuen Vorschrift mit einer Kapuze vor.* Und Quintilianus schreibt dies: *Nur der Gesundheitszustand kann die Kapuze wie die Kopfbinden und Halstücher rechtfertigen.* Ebenso gibt es eine Stelle von Seneca: *Du wirst manche sehen, die mager sind und mit einer Kopfbinde und einem Halstuch umgeben, blass und krank.*

XXI. Kapitel

Wo die Stelle des Ablegplatzes war. Man zog die Gladiatorenleichen mit einem Haken. Viktor wird aufgeklärt. Über die Stufen im Säulengang

1. Und, habe ich das Problem genügend gelöst? Ich bin sicher und ich gehe schon und auf Treu und Glauben erhebe ich mich." Sofort stieg er hinab. Ich folgte ihm und als wir beim Tor, der zum Forum führt, gekommen waren, sagte ich: „Heda du, es gab doch auch einen Ablegplatz in den Amphitheatern, wo ist er?" Florentius antwortete: „Nicht in den Amphitheatern selbst, sondern daneben. Und ich meine, dass es der Tor von diesem Gebiet zum Anderen war, den man, wenn ich mich nicht irre, den Libitinensischen nannte. Denn ich werde mit Recht den Ablegplatz, der der Sammelplatz der Toten oder der in der Arena schwer verwundeten war, neben diesem Totentor stellen. Allerdings zog man getötete Gladiatoren normalerweise mit einem Haken schändlich durch die Arena in den Ablegplatz. Das berichten die Zurufe des Senats bei Lampridius in seiner Commodusvita: *Die Leiche des Gladiators muß man mit dem Haken ziehen! Die Leiche des Gladiators muß man in den Ablegplatz legen!* Und ich schätze, dass Viktor in seiner Domitianusvita dasselbe meint, wenn er schreibt: *Aber der Senat beschloss, seine Leiche einem Gladiator gleich hinauszuschleppen und seinen Namen tilgen zu lassen.*"

2. Wir waren schon bei den Säulengängen angekommen, wobei er stehen blieb und fragte: „siehst du diese Stufen? Steige noch ein bißchen hinauf, du wirst andere so Gebogene und angemessen Geordnete sehen, so dass, die zusammengedrängte Menge, so groß sie auch war, geordnet und ohne Zusammenstoß gleich herausgehen und eintreten konnte. Die Reihen der Stufen oder Treppen sind, wie du siehst, mit einer wunderbaren Kunstfertigkeit beinahe abwechselnd kreuzweise abgeteilt und führen einzeln zu den Türchen oder Eingängen.

columnae istae, iam coronae, epistylia, zophori et vno verbo omnia exteriora huius operis admiranda nostro saeculo, non imitanda. Sed haec videlicet potentia Romana, hae olim opes, quas etiam docti plerique capiunt dumtaxat et vident per nubem."

5 **Caput XXII**

De pegmatis accurate dictum Latinis, confixa. Apuleius explicatus noue. Pegmata libraria in Cicerone. Theatrica qua forma et cui vsui. Mira in iis et stupenda. Varii ad hanc rem scriptores aduocati et cum luce dimissi

1. Egressi iam eramus et viam rectam institimus ad Forum. Atque ego "hoc vnum
10 etiam, Florenti," inquam, "vbi pegmata hic? Aut quid sibi voluit poeta eo verbo? Nam ruminor Martialis eccillos versus quos adduxti,

> *Hic vbi sidereus propius videt astra colossus*
> *et crescunt media pegmata celsa via."*

Florentius "properare tibi melius sit, adolescens" inquit, "nam vt diei tempus
15 est, ad aulam tuam venies vacuis iam aulis. Caena, inquam, tibi comesa erit." "Sic fiet" inquam, "tu modo aures mihi farci, vt cum Varrone dicam, scholica ista dape, qua replear et explear numquam". "Age" inquit Florentius, "sed vt sine iactura tua sit inter eundum.

2. Pegmata antiqui appellarunt machinas quasdam e ligno, quibus vsus in thea-
20 tris aut arenis. Vox graeca origine est ἀπὸ τοῦ πήγνυμι, quod est *figo, gelo, compingo.* Itaque glossae priscae πήγμα interpretantur *confixum* et docte Apuleius *confixilem machinam* dixit allusione ad vim ipsam verbi. De pegmatis enim ego interpretor quae libro iiii scribit in apparatu muneris: *Confixilis machinae sublicae, turres tabularum nexibus, instar circumforaneae domus, floridae picturae,*
25 *decora futurae venationis receptacula.*

---

17 replear et *1598*] *deest in 1584,1585,1589*

Bald die Säulen, bald die Kränze, die Architrave, die Friese und, mit einem Wort, alles Äußere dieses Bauwerks muß man in unserer Zeit bewunderen, nicht nachahmen. Aber das ist offenbar die römische Kraft, die waren einst die Reichtümer, die selbst sehr viele Gelehrten lediglich durch einen Nebel erfassen und wahrnehmen."

XXII. Kapitel

Die Latiner sprachen ausführlich über Versenkungsmaschinen. Apuleius wird aufs Neue erklärt. Versenkungsmaschinen als Bücherschränke bei Cicero. Welche Form die Versenkungsmaschinen im Theater hatten und zu welcher Anwendung sie dienten. Was darin wunderbar oder erstaunlich war. Verschiedene Autoren sind hierbei zu Hilfe gerufen und nach Aufklärung wieder entlassen

1. Wir waren schon herausgegangen und hatten einen rechten Weg zum Forum eingeschlagen. Und ich fragte: „Das eine noch, Florentius, wo waren hier die Versenkungsmaschinen? Oder was meinte der Dichter mit diesem Wort? Denn, siehe, ich kaue Martialis' Zeilen wieder, die du ins Gespräch gebracht hast: *Dort, wo ein glänzendes Riesenstandbild von näher den Himmel sieht und die hochen Versenkungsmaschinen mitten im Gang emporkommen.*" Florentius antwortete: „Es ist für dich besser zu eilen, Junge, denn, so wahr es Zeit ist, wirst du zu deinem Königshof kommen, wenn die Töpfe schon leer sind. Du wirst zu spät kommen zum Essen, sage ich." Ich flehte: „So wird es geschehen, du, fülle nur meine Ohren, um mit Varro zu sprechen, mit der gelehrten Speise, womit ich nie vollgefüllt und gesättigt werde." „Gut," seufzte Florentius, „aber ich hoffe, dass du den Spaziergang nicht wieder unterbrichst.

2. Die Alten nannten gewisse Maschinen aus Holz Gerüste, die man in den Theatern oder Arenen verwendete. Der griechische Wort kommt ursprünglich ἀπὸ τοῦ πήγνυμι, das heißt, *befestigen, gefrieren lassen, zusammenfügen*. So verstanden die alten Glossen πήγμα als *etwas zusammengefügtes* und klug nannte Apuleius es eine *zusammengefügte Maschine* mit einer genauen Verweisung nach der Bedeutung des Wortes. Unter Versenkungsmaschinen verstehe ich das, was er im vierten Buch über die Vorbereitung des Schauspiels schreibt: *Die Brückenpfähle einer zusammengefügten Maschine, die Türme von bemalten Tafeln mit Verbindungen, wie ein ortsbewegliches Haus, Blumengemälde, Schmuckgegenstände als Sammelplätze einer künftigen Tierhetze.*

3. Pegma paullo aliter pro loculamentis pluteisque librariis Cicero dixisse videtur libro iiii ad Atticam epistola viii: *Nihil venustius quam illa tua pegmata.*
Postquam misisti, libros illustrarunt valde. At nostrum istud non aliud quam
grandis quaedam et ingeniosa contabulatio, quae sponte et occulte statim cres-
5   ceret, statim subsideret ideoque compacta raris quibusdam tabulis et sublicis.
Prudentius:

> *Tabulis superne strata texunt pulpita*
> *rimosa rari pegmatis compagibus.*

Quae ornatus caussa tecta saepe argento vel auro, sed tenui. Martialis:

10   *Hac fuerat nuper nebula tibi pegma perunctum.*

Etsi Caius Princeps, vt Plinii verba sunt, *in circum* – ita lego- *pegma duxit, in quo*
fuere argenti pondo centum vigintiquattuor.

4. In his pegmatis varia inuenta et stupendi lusus ingeniorum, de quibus Augustinum loqui sentio libro xxii De Ciuitate capite xxiv: *Ad quam stupenda opera*
15   *industria humana peruenit, quae in theatris mirabilia spectantibus, audientibus*
incredibilia, facienda et exhibenda molita est? Nam ait *in theatris.* Seneca pleraque ea omnia conatus est exprimere epistola xci: *His licet annumeres,* inquit,
machinatores qui pegmata ex se surgentia excogitant et tabulata tacite in sublime
crescentia et alias ex inopinato varietates aut dehiscentibus quae cohaerebant aut
20   *quae distabant sua sponte cohaerentibus aut iis quae eminebant paulatim in se*
residentibus.

5. *Crescebant,* ait, *in sublime.* Ideo Martialis:

> *Et crescunt media pegmata celsa via.*

Subsidebant eadem et recte Claudianus:

25   *Mobile ponderibus descendit pegma reductis.*

Siue quis legere mauult *desedit.* Quin interdum chasmate et ruina subita dehi-
scebant siue tota pegmata siue homines qui impositi. De machina ipsa

---

14 libro xxii *1584*] libro xxiv *1598,1589,1585*   26 Siue quis ... *desedit 1598*] *deest in 1584,1585, 1589*

3. Offenbar verwendete Cicero *pegma* (Versenkungsmaschine) ein bißchen anders: für Truhen, Speisesofas und Bücherschränke, im vierten Buch, achter Brief *Ad Atticam*: *Nichts ist schöner als deine* Bücherschränken (*Pegmata*). *Seitdem du sie gesendet hast, verschönern sie meine Bücher sehr.* Aber die Unsrige ist nichts anderes als eine große und vernünftige Bretterdecke, die von selbst und unbemerkt regelmäßig emporkam und sank und deshalb aus bestimmten seltenen Tafeln und Brückenpfählen zusammengefügt war. Prudentius erzählt: *Von oben her bauen sie die Bühnen voller Risse mit Tafeln bedeckt, mit Zusammenfügungen einer ungewöhnlichen Versenkungsmaschine.* Wegen der Ausschmückung waren diese oft mit Silber oder mit Gold bedeckt, aber dünn. Martialis meldet: *Du hattest unlängst die Versenkungsmaschine mit einem Film bestrichen.* Obwohl Kaiser Gaius, wie Plinius' Wörter sind *rundum* – so lese ich das- *eine Versenkungsmaschine hinführte, in der es 124 Pfund Silber gab.*

4. Inmitten diesen Versenkungsmaschinen gab es verschiedene Erfindungen und erstaunliche technische Spielereien, worüber ich Augustinus in seinem 22. Buch *De Civitate*, 24. Kapitel, sprechen höre: *Wie sehr ist die menschliche Tätigkeit in erstaunlichen Werke geraten, die bedacht sind, um in den Theatern gemacht und dargestellt zu werden, wunderbar für die Zuschauer, unglaublich für die Zuhörer?* Denn er sagt *in den Theatern.* Seneca versuchte beinahe dies alles auszudrücken in seinem 91. Brief: *Dazu kann man die Techniker rechnen, die von selbst entstehende Versenkungsmaschinen erfinden und Stockwerke, die stillschweigend in die Höhe kommen und andere unvermutete Mannigfaltigkeiten, wenn das, was verbunden war, sich spaltet, oder das, was getrennt war, sich von selbst verbindet oder was herausragte allmählich in sich selbst versinkt.*

5. Er sagte: *sie kamen in die Höhe.* Darum erwähnt Martialis: *und die hohen Versenkungsmaschinen kommen mitten im Gang empor.* Sie senkten sich auch und Claudianus erzählt mit Recht: *Die bewegliche Versenkungsmaschine senkte sich, nachdem die Gewichte zurückgezogen waren.* Oder *sinkte*, wenn jemand bevorzugt dieses zu lesen. Ja, selbst spalteten sie sich auch manchmal durch einen Erdriss und einen plötzlichen Einsturz, entweder die ganzen Versenkungsmaschinen oder die Menschen, die darauf gestellt waren. Über die Maschine selbst

Apuleius indicat libro x: *Iamque tota suaue fragrante cauea montem illum lig-*
neum terrae vorago decerpit siue, vt liber scriptus, *decepit.* Bene et proprie.

6. De hominibus Petronius: *Non taces,* inquit, *gladiator obscaene, quem de ruina*
arena dimisit? Non taces, nocturne percussor, qui ne tum quidem cum fortiter
5   *faceres, cum pura muliere pugnasti?* Significat enim aperte fugitiuum illum in
arenam damnatum et cum foeda muliere aliqua – non dissimili schemate quo
asinus Apuleius- commissum ruina pegmatis praeter spem euasisse. Et clare
iterum: *Ergo me non ruina terra potuit haurire, non iratum etiam innocenti-*
bus mare? Aufuge iudicium, arenae imposui, hospitem occidi, vt inter audaciae
10   *nomina mendicus, exsul in diuersorio Graecae vrbis iacerem.*

7. Et solent interdum ita componere pegma et hanc ruinam, vt ii qui impositi
praecipites ruerent in caueas ferarum ibique discerperentur. Strabo eleganter
de Siculo quodam latrone qui Aetnae filius audiebat: τοῦτον, inquit, ἐν τῇ ἀγορᾷ
μονομάχων ἀγῶνος συνεστῶτος εἴδομεν διασπασθέντα ὑπὸ θηρίων. ἐπὶ πήγματος γάρ
15   τινος ὑψηλοῦ τεθεὶς ὡς ἄν ἐπὶ τῆς Αἴτνης, διαλυθέντος αἰφνιδίως καὶ συμπεσόντος
κατενέχθη καὶ αὐτὸς εἰς γαλεάγρας θηρίων εὐδιαλύτους ἐπίτηδες παρεσκευασμένας
ὑπὸ τῷ πήγματι, *eum nos in foro per ludos gladiatorios discerpi a feris vidimus. In*
sublimi enim tabulato tanquam in Aetna positus eoque compagibus solutis subito
concidente, ipse quoque cecidit in caueas ferarum, quae facile exsoluerentur, infra
20   *tabulatum de industria dispositas.*

8. Sed et flammarum quidam lusus et imago in hoc pegmate sine vlla eius
plerumque noxa. Claudianus:

       Mobile ponderibus descendat pegma reductis
       inque chori speciem spargentes ardua flammas
25   *scaena rotet, varios effingat Mulciber orbes*
       per tabulas impune vagus pictaeque citato
       ludant igne trabes et non permissa morari
       fida per innocuas errent incendia turres.

Vopiscus in Carino: *Pegma praeterea, cuius flammis scaena conflagrauit, quam*
30   *Diocletianus postea magnificentiorem reddidit.*

---

17 πήγματι, *eum 1598*] πήγματι, id est, *eum 1584,1585,1589*

zeigt Apuleius im zehnten Buch: *Und schon hat ein Schlund des Erdbodens den hölzernen Berg mit dem ganzen süß riechenden Arena abgepflückt* oder *erfasst*, wie im ausgearbeiteten Buch gut und angemessen steht.

6. Über die Menschen erzählt Petronius: *Schweigst du nicht, schmutziger Gladiator, den die Arena nach den Einsturz entlasste? Schweigst du nicht, nächtlicher Mörder, der du dich selbst nicht so tapfer benahmst, als du nur mit einer Frau strittest?* Denn das bedeutet deutlich, dass der Ausreißer zur Arena verurteilt war und mit einer schändlichen Frau zusammengestellt, – nicht mit einer anderen Redewendung als der Esel Apuleius- nach dem Einsturz der Versenkungsmaschine ohne Hoffnung entkommen war. Deutlich sagt er wieder: *Konnte der Erdboden mich dann nicht mit einem Einsturz verzehren und selbst nicht das böse Meer mit den Unschuldigen? Meide das Urteil, ich habe die Arena getäuscht, ich habe einen Gast getötet, so dass ich unter den Frechheitanklagen als Bettler, als Verbannter in der Herberge einer griechischen Stadt liege.*

7. Inzwischen richteten sie üblicherweise die Versenkungsmaschine und deren Einsturz so ein, dass sie, die darauf gestellt waren, kopfüber in die Höhlen der wilden Tiere stürzten und dort zerrissen wurden. Strabo hörte das angemessen über einen sizilianischen Räuber, der Sohn der Aetna genannt wurde: τοῦτον, inquit, ἐν τῇ ἀγορᾷ μονομάχων ἀγῶνος συνεστῶτος εἴδομεν διασπασθέντα ὑπὸ θηρίων. ἐπὶ πήγματος γάρ τινος ὑψηλοῦ τεθεὶς ὡς ἄν ἐπὶ τῆς Αἴτνης, διαλυθέντος αἰφνιδίως καὶ συμπεσόντος κατενέχθη καὶ αὐτὸς εἰς γαλεάγρας θηρίων εὐδιαλύτους ἐπίτηδες παρεσκευασμένας ὑπὸ τῷ πήγματι, *wir haben gesehen, wie er auf dem Forum während den Gladiatorenspielen von wilden Tieren zerrissen wurde: er war nämlich auf ein hohes Gerüst – wie auf den Ätna- gesetzt worden, das plötzlich auseinander fiel und niederstürzte, wodurch auch er hinabstürzte und in leicht zerbrechende Käfige mit wilden Tieren fiel, die absichtlich unter dem Gerüst angebracht worden waren.*

8. Aber es gab auch ein Spiel und ein Bild von Flammen in der Versenkungsmaschine, meistens ohne viel Schaden daran. Claudianus schreibt: *Die bewegliche Versenkungsmaschine senkte sich, nachdem die Gewichte zurückgezogen waren und auf die Weise eines Sternenreigens soll die hohe Bühne sprühende Flammen schwingen lassen. Vulkan soll verschiedene Kreise schildern ohne Schaden anzurichten, über die Tafel umherschweifend, und die geschilderten Balken sollen mit dem schnellen Feuer spielen und die treuen Fackeln, die nicht zögern dürfen, sollen durch die unbeschädigten Türme umherirren.* Vopiscus sagt in seiner Carinusvita: *Vor allem die Versenkungsmaschine, durch deren Flammen die Bühne verbrannte, die Diocletianus später prächtiger zurückgab.*

9. Duces etiam captiuos et opida in pegmatis solere ostendi Iosephus adnotat libro vii Iudaïci Excidii, sed non haec theatrica intelligens, verum fercula quae portari solita per triumphum. Verba eius: θαῦμα δὲ ἐν τοῖς μάλιστα παρεῖχεν ἡ τῶν φερομένων πηγμάτων κατασκευή καὶ γὰρ διὰ μέγεθος ἦν δεῖσαι τῷ βεβαίῳ
5   τῆς φορᾶς ἅπαν ἀπιστήσαντα, τριώροφα γὰρ αὐτῶν καὶ τετρώροφα πολλὰ πεποίητο, *maximam autem admirationem praebuit apparatus pegmatum, quae ferebantur. Nam ob magnitudinem eorum iure metuere licebat et diffidere omnino viribus portantium, quippe quaedam triplici tabulato adsurgebant, quaedam et quadruplici.* Statimque addit: τέτακτο δὲ ἐφ' ἑκάστῳ τῶν πηγμάτων ὁ τῆς ἁλισκομένης
10 πόλεως στρατηγός, ὃν τρόπον ἐλήφθη, *collocatus autem in quoque pegmate erat captae ciuitatis dux, eo modo quo captus.* Magis proprie ad haec nostra pertinent Suetonii loci duo, alter in Caio capite xxvi, Claudio alter capite xxxiiii, quos vide.

10. Ambigo an et Aristoteles ad Alexandrum ad has machinas non adspexerit:
15 ὥσπερ δρῶσιν οἱ μηχανότεχνοι διὰ μιᾶς ὀργάνου σχαστηρίας, πολλὰς καὶ ποικίλας ἐνεργείας ἀποτελοῦντες. Certe Apuleius dum verba ea vertit: *Machinatores fabricarum adstutia vnius conuersionis multa et varia pariter administrant.* Parapegmata etiam nominata Vitruuio inuenies pro instrumentis astrologorum et in Laertio scriptum Democritum scripsisse astronomica parapegmata."

20 11. Inter hos sermones ventum iterum ad Pantheon, ille ad sinistram, ego ad dextram vale dicto defleximus.

FINIS

5–6 πεποίητο, *maximam 1598*] πεποίητο, id est, *maximam 1584, 1585, 1589*   10 ἐλήφθη, *collocatus 1598*] ἐλήφθη, id est, *collocatus 1584, 1585, 1589*

9. Josephus bemerkt im siebten Buch des jüdischen Untergangs, dass man gewöhnlich auch Führer als Kriegsgefangene und Städte auf den Versenkungsmaschinen zeigte, aber er meinte nicht diese theatralischen, sondern Tragbahren, die normalerweise bei einem Triumphzug getragen wurden. Seine Wörter sind: θαῦμα δὲ ἐν τοῖς μάλιστα παρεῖχεν ἡ τῶν φερομένων πηγμάτων κατασκευή καὶ γὰρ διὰ μέγεθος ἦν δεῖσαι τῷ βεβαίῳ τῆς φορᾶς ἅπαν ἀπιστήσαντα, τριώροφα γὰρ αὐτῶν καὶ τετρώροφα πολλὰ πεποίητο, *Das meiste Staunen aber erregte der Aufbau der getragenen Schaugerüste. Denn wegen ihrer Größe konnte man zu Recht Furcht haben und durchaus die Kräfte der Träger misstrauen, weil manche mit drei Stockwerken emporkamen, andere auch mit vier.* Und gleich fügt er hinzu: τέτακτο δὲ ἐφ᾽ ἑκάστῳ τῶν πηγμάτων ὁ τῆς ἁλισκομένης πόλεως στρατηγός, ὃν τρόπον ἐλήφθη, *aber auf jedes Gerüst hatte man einen Befehlshaber einer eingenommenen Stadt gestellt, so, wie er ergriffen worden war.* Mehr angemessen noch für unsere Themen sind zwei Stellen von Suetonius, die eine in seiner Gajusvita, im 26. Kapitel, die andere in seiner Claudiusvita, im 34. Kapitel, die du sehen wirst.

10. Ich frage mich ob Aristoteles in seiner *Rhetorica ad Alexandrum* nicht diese Maschinen vor Augen hatte: ὥσπερ δρῶσιν οἱ μηχανότεχνοι διὰ μιᾶς ὀργάνου σχαστηρίας, πολλὰς καὶ ποικίλας ἐνεργείας ἀποτελοῦντες. Sicherlich meinte Apuleius das, als er diese Wörter übersetzte: *Die Maschinenbauer liessen ihre Machinen durch die kluge Anwendung eines einzigen Veränderungsmechanik zugleich viele verschiedene Fücktionen erfüllen.* Du wirst auch Maschinentafeln (*parapegmata*) für die Werkzeuge von Astrologen bei Vitruvius vermeldet finden und dass Democritus in seiner Laertiusvita astronomische Maschinentafeln beschrieben hat."

11. Während diesen Gesprächen waren wir wiederum beim Pantheon angekommen und nachdem wir uns Lebwohl gesagt hatten, bog er nach links ab und ich nach rechts.

ENDE

IVSTI LIPSI

DE

AMPHITHEATRIS

QVÆ

EXTRA ROMAM

LIBELLVS.

In quo Formæ eorum aliquot & typi.

LVGDVNI BATAVORVM,

Ex officina Chriſtophori Plantini.

cIɔ. Iɔ. LXXXIV.

BILD 9   *Iusti Lipsii De Amphitheatris quae extra Romam libellus in quo formae eorum aliquot et typi, Lugduni Batauorum, ex officina Christophori Plantini,* MDXXXIV. *Ex. Universiteitsbibliotheek Leiden*

IVSTI LIPSI

DE

AMPHITHEATRIS

QVÆ

EXTRA ROMAM

LIBELLVS.

In quo Formæ eorum aliquot & typi.

ANTVERPIÆ,

Apud Chriſtophorum Plantinum.

cIɔ. Iɔ. LXXXIV.

BILD 10   *Iusti Lipsii De Amphitheatris quae extra Romam libellus in quo formae eorum aliquot et typi, Antuerpiae, apud Christophorum Plantinum, MDXXXIV. Ex. Universiteitsbibliotheek Leiden*

IVSTI LIPSI

DE

AMPHITHEATRIS

QVÆ

EXTRA ROMAM

LIBELLVS.

In quo Forma eorum aliquot & typi.

ANTVERPIÆ,

Apud Chriſtophorum Plantinum.

cIɔ. Iɔ. LXXXV.

BILD 11   *Iusti Lipsii De Amphitheatris quae extra Romam libellus in quo formae eorum*
aliquot et typi, Antuerpiae apud Christophorum Plantinum MDXXXV. Ex.
Universiteitsbibliotheek Leiden

IVSTI LIPSI

DE

AMPHITHEATRIS

QVÆ

EXTRA ROMAM,

LIBELLVS.

In quo Formæ eorum aliquot & typi.

LVGD. BATAVORVM,

EX OFFICINA PLANTINIANA,

Apud Franciſcum Raphelengium.

cIɔ. Iɔ. LXXXIX.

BILD 12   *Iusti Lipsii De Amphitheatris quae extra Romam libellus in quo formae eorum aliquot et typi, Lugduni Batauorum ex officina Plantiniana apud Franciscum Raphelengium* MDXXXIX. *Ex. Universiteitsbibliotheek Leiden*

IVSTI LIPSI

DE

AMPHITHEATRIS

QVÆ

EXTRA ROMAM

LIBELLVS.

In quo Forma eorum aliquot & typi.

ANTVERPIÆ,

EX OFFICINA PLANTINIANA,

Apud Ioannem Moretum.

M. D. XCVIII.

Cum Priuilegiis Cæsareo & Regio.

Iusti Lipsii
De amphitheatris quae extra Romam libellus

∴

Iusti Lipsii De amphitheatris quae extra Romam libellus
in quo formae eorum aliquot et typi
Antuerpiae ex officina Plantiniana
apud Ioannem Moretum MDXCVIII
5   cum priuilegiis caesareo et regio

Caput I

Amphitheatra crebra admodum in prouinciis fuisse eorumque aliquot recensio

1. Si aedificii aut publici operis vllum genus crebrum in Italia et prouinciis
fuit, reperies hoc fuisse, quod ad ludos spectat. Vt enim Romani victis genti-
10   bus linguam et mores intulere, sic vitia, haec praesertim quae blandiebantur
et admissionem sibi postulabant specie quadam amoenae voluptatis. Itaque
theatra, circi, stadia exstructa passim, sed imprimis amphitheatra, quia omnis
plebs dedita maxime in spectaculis illis crudis et cruentis erat.

2. Historiae passim docent et christiana item martyrologia, in quibus toties
15   mentio puri illius sacrique sanguinis in ferina hac sede effusi. Quod si tamen
non ingerant libri, certe oculi, cum etiamnunc ruinae et reliquiae vbique occur-
rant insignium locorum. Et de aliis prouinciis dubitemus? Ecce Iudaea illa ipsa
conscia Dei veri, Dei magni, in hanc culpam venisse reperietur, quamquam sine
sua paene culpa. Herodes enim, magnificus sane et cetera illustris rex, non vno
20   loco Iudaeae amphitheatra inaedicauit, siue ipse pronus in eos ludos siue studio quodam hac quoque parte placendi Romanis. Exstruxit in ipsa vrbe sacra ἐν
τῷ πεδίῳ, vt Iosephus ait, ἀμφιθέατρον μέγιστον, *in campo maximum amphitheatrum*. Item Caesareae, ait idem scriptor, ἀμφιθέατρον κατεσκέυασε πολὺν ὄχλον

1–5 Titulus] Iusti Lipsii ... MDXCVIII | cum priuilegiis Caesareo et regio *1598*   Iusti Lipsii De
amphitheatris quae extra Romam libellus | in quo formae eorum aliquot et typi | Antuerpiae
apud Christophorum Plantinum MDLXXXIV *1584*   Iusti Lipsii De amphitheatris quae extra
Romam libellus | in quo formae eorum aliquot et typi | Antuerpiae apud Christophorum Planti-
num MDLXXXV *1585*   Iusti Lipsii De amphitheatris quae extra Romam libellus | in quo formae
eorum aliquot et typi | Lugduni Batauorum ex officina Plantiniana | apud Franciscum Raphelen-
gium MDLXXXIX *1589*   9 spectat *1598*] *deest in 1584,1585,1589*   13 erat *1598*] *deest in 1584,1585,1589*
17 insignium *1598*] infelicium *1584,1585,1589*   22–23 *in campo maximum amphitheatrum 1598*]
deest in 1584,1585,1589

Justus Lipsius' kleine Schrift über die Amphitheater außerhalb von Rom
Worin es von diesen einige Umrisse und Abbildungen
gibt. Antwerpen, aus Plantijns' Werkstätte, bei Ioannes
Moretus 1598 mit kaiserlichen und königlichen Privilegien

I. Kapitel

Es gab sehr viele Amphitheater in den Provinzen. Eine Musterung von manchen

1. Wenn eine Art Bauwerk oder offentliche Tätigkeit in Italien und den Provinzen häufig vorkam, wirst du entdecken, dass es die war, die sich auf die Spiele bezog. Wie die Römer den besiegten Völkern ihre Sprache und Sitten überbrachten, so auch die Fehler, vor allem jene, die anlockten und durch einen Schein von angenehmer Lust den Zutritt zu sich erbaten. Also wurden überall Theater, Zirkusse und Stadien errichtet, vor allem aber Amphitheater, weil das ganze Volk den blutigen und blutdürstigen Schauspielen am meisten hingegeben war.

2. Auch die Geschichtsschreibung zeigt das weit und breit und ebenso die christlichen Martyrologien, worin es so viele Meldungen gibt vom reinen heiligen Blut, das in diesem Ort durch wilde Tieren vergossen wurde. Wenn die Bücher das doch nicht anführen würden, dann sicherlich die Augen, weil auch nun noch überall Ruinen und Reste von den auffallenden Orten sichtbar sind. Zweifeln wir über die anderen Provinzen? Sieh, sogar Judäa, vertraut mit dem wahren Gott, dem großen Gott, hat sich offensichtlich dieser Sünde hingegeben, wenn auch beinahe ohne ihre eigene Schuld. Denn Herodes, der ungemein prachtliebende und im übrigen hervorragende König, baute nicht nur an einer Stelle in Judäa Amphitheater, entweder weil er selbst diesen Spielen zugetan war oder weil er durch eifriges Streben auch hierin den Römern gefallen wollte. Er errichtete sogar in der heiligen Stadt ἐν τῷ πεδίῳ ἀμφιθέατρον μέγιστον, *in der Ebene ein sehr großes Amphitheater*, wie Josephus schreibt. Auch in Caesarea, erzählt derselbe Autor, ἀμφιθέατρον κατεσκεύασε πολὺν ὄχλον ἀνθρώπων δέχεσθαι

ἀνθρώπων δέχεσθαι δυνάμενον, *amphitheatrum construxit quod multam hominum turbam caperet.*

3. Nec de Graecia mihi aliquis dubitet, Africa, Asia, Hispania, Gallia, non certe is, qui res et mores in parte norit saeculi vetusti. Audeo adfirmare raram aliquam siue coloniam siue municipium fuisse in quibus non et ludi isti et ludorum simul sedes. Adeo velut tabes quaedam animos omnium peruaserat ludicrum istud studium, an furor dicam? Itaque vix aliqua prouincia etiam nunc est in qua non vestigia amphitheatrorum, quaedam obscura et fugientia longo aeuo, quaedam clarius exstantia et viua in parte. Quorum non equidem accuratum indicem polliceor, multa me fugiunt, scio, sed pauca tantum fidei caussa subiiciam, visa nobis aut firmiter audita.

4. Exstat igitur hodieque in Italia ad Lyrim Campaniae fluuium, Garigliano nunc dicunt, iuxta Minturnas pars amphitheatri latericii bene conspicua. Exstat secundo Puteolis pariter amphitheatrum latericium. Tertio Capuae, sed magnificum et e solido marmore. Quarto Albae in Latio, e qua materia, non enim vidi aut accepi, mihi incertum. Quinto Ocriculi in Vmbria, materiem ignoro. Sexto Veronae, pulcherrimum, cuius pleniorem descriptionem vna cum designatione mox dabo. Haec quod sciam in Italia.

5. At in Graecia etiam Athenarum veterum solo conspici aiunt magnificum et marmoreum. In Istria Polae ad mare Hadriaticum, quod item mox subiiciam. In Hispania Hispali extra muros, nisi fallor, pulchrum, sed cuius formam nancisci mihi non fuit. In Gallia Perigeusii in Petrocoriis, vrbem eam Vesunam Ptolomaei fuisse volunt, pulchrum et satis integrum extra moenia, cuius icunculam vidi sed parum exactum aut certam ideoque mihi non ponendam. E lapide quadrato est et arenae eius longitudo xxx perticarum, latitudo xx. Arelate etiam esse aiunt sed parum integrum. Burdegalae exstat, quod videre multi nec descriptionem tamen sum nactus. Nemausi est celebre et notum, cuius infra do formam. Ad Ligerim mirum et, quod miror, haud satis notum, cuius item do formam.

1–2 *amphitheatrum ... caperet 1598*] *deest in 1584,1585,1589*   7 dicam *1598*] *deest in 1584,1585,1589*

δυνάμενον, *baute er ein Amphitheater, das eine umfangreiche Menschenmenge bergen konnte.*

3. Niemand zweifelt meines Erachtens an Griechenland, Afrika, Asien, Spanien oder Gallien, sicherlich nicht der, der die Sitation und die Sitten der alten Zeit teilweise kennt. Ich wage zu behaupten, dass es nur eine seltene Kolonie oder Kleinstadt gegeben hat, worin die Spiele und auch die Spielorten nicht vorkamen. Sosehr, wie eine Seuche, hat die Spiellust, oder soll ich sagen Raserei, alle Seelen durchdrungen. So gibt es auch nun noch kaum eine Provinz, worin sich keine Spuren von Amphitheatern finden. Manche sind unbekannt und lange Zeit unbemerkt geblieben, manche bestehen klarer und sind teilweise im Gebrauch. Und hiervon verspreche auch ich keinen sorgfältigen Katalog. Viele entwischen mir, ich weiß, aber wenige nur, die ich gesehen habe oder worüber ich mit Sicherheit gehört habe, werde ich der Zuverlässigkeit halber hinzufügen.

4. So ist ein Teil eines Ziegelamphitheaters, das weithin sichtbar ist, in Italien beim Liris, einem Fluss in Campanien, auch heute noch vorhanden. Sie nennen es heute den Garigliano, neben Minturnae. Zweitens existiert ebenso in Puzzuoli ein Ziegelamphitheater. Drittens eines in Capua, prachtvoll doch und aus massivem Marmor. Viertens in Alba in Latium, ich weiß nicht aus welchem Material, denn ich habe es nicht gesehen oder erfahren. Ein fünftes in Otricoli in Umbrien, dass Material kenne ich nicht. Ein sechstes in Verona, ein sehr schönes, wovon ich bald eine vollständigere Beschreibung mit einer Bezeichnung geben werde. Das sind die, die ich in Italien kenne.

5. Aber sie sagen, dass in Griechenland auch in der Gegend des alten Athen ein prächtiges Amphitheater und zwar aus Marmor zu sehen ist. In Istrien in Pola bei dem Adriatischen Meer und auch das werde ich bald beschreiben. In Spanien in Hispalis außerhalb der Mauern, gibt es, wenn ich mich nicht irre, ein Schönes, aber ich habe keine Daten über die Form gefunden. In Gallien, in Périgueux bei den Petrocorien – sie meinen, dass die Stadt Vesuna von Ptolomaeus war- gab es ein schönes und wenig beschädigtes außerhalb der Mauern, wovon ich eine Abbildung sah, aber ungenau oder sicher und darum darf ich das nicht darstellen. Es ist aus einem viereckigen Stein und die Länge der Arena ist dreißig Messlatten lang, die Breite zwanzig. Sie sagen, dass es ein Amphitheater in Arles gibt, aber es ist beschädigt. In Bordeaux ist noch eines vorhanden, das viele sahen, aber ich habe doch keine Beschreibung bekommen. Das in Nîmes, wovon ich unten die Form wiedergebe, ist viel besprochen und bekannt. Bei der Loire ist ein wunderliches, und, ich verwundere mich darüber, nicht genug bekanntes, wovon ich ebenso den Umriss wiedergebe.

6. Haec praecipua quae satis quidem certo acceperim in nostra Europa, nisi quod etiam in Heluetiis exstat Auentici. Dignum autem nota, quod et hodie haec omnia fere loca arenas appellant, retenta prisca scilicet et vulgata voce.

Caput II

5 *De Veronensi amphitheatro et primo quando vel a quo structum*

1. Post illud Romanum inter pulcherrima et integerrima Veronense amphitheatrum esse fatemur, quod e marmore est totum. Quando et quis struxerit, multi et diu quaerunt. Torellus Sarayna, qui Veronam suam descripsit adfectu magis eximio quam successu, suadet nobis valde vetus esse et structum ante tempora Augusti aut certe illisipsis. Sed argumenta huic rei quae adfert non sunt profecto a dea Pitho, quae recensebo tamen et refellam breuiter atque vt in re ludicra per lusum. Iamprimum hoc sibi sumit amphitheatrum antiquius esse quam theatrum, quod ibidem conspicitur iuxta Athesim flumen. At theatrum hoc exstructum est, inquit, ab Augusto, magis igitur amphitheatrum.

15 2. Item lapides in eo aliquot tauri effigiem habent insculptam. Taurus autem symbolum Augusti, quoniam et in nummis expressus et natus ipse ad capita bubula, vti Suetonius testatur. Clarum igitur Augusti hoc esse opus, sed et lapis alius Veronae qui praefert OCTAVIAE C.F. ET SORORI CARISSIMAE. Constat vero Octauiam hanc sororem fuisse Augusti. Denique duodetriginta colonias per Italiam Augustus deduxit easque variis operibus instruxit narrante Tranquillo, inter eas Veronam fuisse nihil ambigendum. En argumenta e plumbo an e vitro, quae leui et ludente manu reiiciamus. Ait primo amphitheatrum antiquius theatro esse. Non credo et caussa haec, quia vbique fere locorum ludi scaenici priores origine et vsu muneralibus istis, igitur et eorum sedes. Quid opponis? Tauros? Et illi, inquis, insculpti in hoc opere. Quid tum, nempe vt ornamentum operis, non vt auctoris indicium. Quod si omnia ad Augustum trahes, vbi tauri, quis finis? Etiam Nemausense illud gloriabitur structore Augusto.

---

2 quod etiam *1598,1589,1585*] quod aiunt etiam *1584*   2 exstat *1598,1589,1585*] exstare *1584*
2 Auentici. Dignum *1598, 1589, 1585*] Auentici, nisi fallor. Dignum *1584*   2 et hodie *1598*] etiam hodie *1584, 1585, 1589*   7 marmore est totum *1598*] marmore totum *1584,1585,1589*   11 tamen *1598*]
deest in 1584, 1585, 1589   11 atque *1598*] *deest in 1584,1585,1589*   22 quae ... reiiciamus *1598*] Nec refellam nisi libeat mihi paullisper ridere mimicum hunc risum *1584, 1585, 1589*

6. Diese sind vor allem in unserem Europa, über sie habe ich jedenfalls genug sichere Informationen bekommen, außer dass auch noch ein Amphitheater bei den Helvetii in Avenches besteht. Das ist doch einer Notiz würdig, weil sie auch heute beinahe alle diese Orten Arenen nennen, natürlich früher erhalten, und mit einem allen preisgegebenen Wort.

11. Kapitel

Über das Amphitheater in Verona und zuerst wann und von wem es gebaut worden ist

1. Wir geben zu erkennen, dass das Amphitheater in Verona, das ganz aus Marmor ist, nach dem Römischen zu den Schönsten und Unbeschädigsten gehört. Wer es baute und wann, haben viele sich lange Zeit gefragt. Torellus Serayna, der mit mehr außerordentlicher Zuneigung als Erfolg sein Verona beschrieben hat, überzeugt uns, dass es sehr alt ist und vor Augustus oder doch gewiss in seiner Zeit errichtet ist. Aber die Argumente, die er hierfür anführt, sind wirklich nicht von der Göttin Pytho. Doch werde ich sie kurz durchgehen und widerlegen, wie im Schauspiel durch das Spiel. Zuerst nimmt er an, dass das Amphitheater älter ist als das Theater, das man ebenso neben dem Strom, dem Athesis, wahrnemen kann. Aber dieses Theater ist von Augustus gebaut, sagt er, desto mehr also das Amphitheater.

2. Gleichfalls haben einige Steine daran ein eingraviertes Bild von einem Stier. Der Stier aber war das Kennzeichen von Augustus, das ist auf Münzen anschaulich und er selbst ist bei Ochsen geboren, wie Suetonius zeugt. Also sei das Werk klar von Augustus, aber es gibt auch einen anderen Stein in Verona, der zeigt: FÜR OCTAVIA BESORGTE ER DIES, FÜR SEINE SEHR GELIEBTE SCHWESTER. Sicher ist jedoch, dass diese Octavia die Schwester des Augustus war. Schließlich gründete Augustus 28 Kolonien verteilt über Italien und dort gab er zu verschiedenen Werken Auftrag, wie Tranquillus erzählt. Zweiffellos gehörte Verona dazu. Siehe was für schwache Argumente er anführt, die wir leicht und scherzend abweisen. Erst sagt er, dass das Amphitheater älter als das Theater sei. Das glaube ich nicht. Und dies ist der Grund, weil in fast allen Orten die Bühnespiele, was ihren Ursprung und Gebrauch betrifft, früher als die Spiele waren, also auch ihre Plätze. Was entgegnest du? Die Stiere? Und die, sagst du, sind ins Werk eingraviert. Was dann, natürlich wie Schmuck des Werks, nicht wie eine Anweisung der Autor. Wenn du alles was Stiere betrifft auf Augustus beziehst, wo ist dann die Grenze? Auch das Amphitheater in Nîmes wird

Sed tamen hoc, inquis, eius principis symbolum, quoniam nummi Augustaei cum impresso tauro. Etiam aliorum, o bone senex, quia taurus siue bos coloniae deductae nota, non peculiare aliquod signum.

3. At enim Augustus natus ad capita bubula. O tu quoque inter ea! Et ignosce,
5   non enim vltra comprimo hunc lienem, non si ego obiiciendus sim vero tauro, sed in Octauia etiam es suauior, ais illam fuisse sororem Augusti. Quis tibi fecit indicium? Ego imo illum lapidem sepulcralem fuisse verius auguror et municipalis alicuius Octauiae, non illius principalis, quae mortua et sepulta Romae. Nam de coloniis et per eas Augusti operibus sparsis communiter non nega
10   mus, ad Veronam tuam si adstringis, opus sit alio teste. Sed ecce quoque eum, inquis. Nam Cyriacus Anconitanus in Itinerario suo scribit his verbis: *Denique Veronam feracissimam et antiquam ciuitatem venit, vbi non exigua veterum monimenta comperit, praesertim labyrinthum, quod arena nunc dicitur et habetur, quod instructum fuerit anno imperii Octauiani Augusti trigesimonono, cuius pars*
15   *exterior terrae motibus corruit.*

4. Tibicen hic aliquis, fateor, sed parum firmus. Famae enim innititur, quae in his talibus plurimum inuenitur fallax et cur credam Augusti aeuo structum in colonia hoc egregium opus, cum ne Romae quidem tunc fuerit et in ipsa vrbe matre? Nam amphitheatra mansura et lapidea tarde ibi coepere, vt docui, et
20   sub Augusto. Valde autem verisimile exemplum illinc manasse ad vrbes subditas et minores, non autem contra. Itaque Taurello nostro siue Cyriaco nihil adsentior de tam grandi aeuo, aegre etiam Carolo Sigonio, praelustri viro, qui nimis nouitium facit et refert ad Maximiani aeuum hoc solo argumento, quod is in vicinia pleraque condiderit ampla et magnifica, Mediolani, Aquileiae, Bri
25   xiae.

5. Ego etsi certus sum nihil in hac re nunc esse certi, tamen paullo antiquius quam pro illo principe suspicer. Primum quia iam tum Plinii Secundi aeuo gladiatorum et ferarum spectacula Veronae satis crebra. Praeit ipse in epistolis,

---

1 inquis, eius *1598*] eius *1584,1585,1589*   5 sim *1598*] *deest in 1584,1585,1589*   17 inuenitur *1598*] *deest in 1584,1585,1589*   18 ipsa *1598*] *deest in 1584,1585,1589*   19 vt docui *1598*] *deest in 1584,1585,1589* 26 nunc *1598*] *deest in 1584,1585,1589*

sich dann rühmen mit dem Baumeister Augustus. Aber na, sagst du, das war doch das Kennzeichen jenes Kaisers, weil Augustus' Münzen einen eingravierten Stier hatten. Auch Münzen von anderen hatten das, guter alter Mann, weil ein Stier oder eine Kuh Zeichen von gegründeten Kolonien sind, kein persönliches Kennzeichen.

3. Aber Augustus ist bei Ochsen geboren. O, du, setze dich da doch auch zwischen! Verzeihe, denn ich überspitze es nicht weiter, nicht wenn ich einem echten Stier ausgeliefert werden sollte, aber für Octavia bist du noch süßer, wenn du sagst, dass sie Augustus' Schwester war. Wer hat dir das bewiesen? Im Gegenteil, ich prophezeie wahrheitsliebender, dass das ein Grabstein war und von einer Octavia aus einer Kleinstadt, nicht von der kaiserlichen Octavia, die in Rom gestorben und begraben ist. Denn was du sagst über die Kolonien und das Augustus' Werke darüber gemeinsam verteilt waren, verneinen wir nicht. Wenn du das mit deiner Verona verbindest, brauchen wir aber einen anderen Zeugen. Aber hier ist er auch, sagst du, denn Cyriacus Anconitanus formuliert es in seinem *Itinerarium* so: *Schließlich kam er bei der sehr ergiebigen und alten Stadt Verona, wo er keine geringen Merkmale der Alten aufdeckte, besonders ein Labyrinth, das man nun die Arena nennt und so sieht, und das man im 39. Jahr der Regierung von Octavianus Augustus baute, wovon der äußere Teil durch ein Erdbeben eingestürzt ist.*

4. Hier gibt es ein Argument, das erkenne ich, aber es ist wenig sicher. Denn es stützt sich auf die Überlieferung, die bei solchen Themen offenbar größtenteils betrügerisch ist und warum werde ich glauben, dass in Augustus' Zeit dieses hervorragende Werk in einer Kolonie gebaut wurde, wenn so etwas selbst in Rom, genau in der Mutterstadt, nicht vorhanden war? Denn die dauerhaften und steinernen Amphitheater kamen dort auch unter Augustus spät, wie ich erklärt habe. Es ist doch sehr wahrscheinlich, dass es sich vom Vorbild zu den unterworfenen und kleineren Städten verbreitet hat, und nicht umgekehrt. Also stimme ich unserem Taurellus oder Cyriacus über so eine wichtige Zeit nicht zu, mit Mühe selbst Carolus Sigonius, einem sehr berühmten Mann, der etwas überaus Neues macht und es auf Maximianus' Zeit zurückführt mit nur diesem Argument, dass er in der Nähe sehr viele große und prächtige Bauwerke gegründet habe, in Milano, Aquileia und Brebeia.

5. Obwohl ich sicherlich weiß, dass in dieser Angelegenheit nichts sicher ist, ist es doch ein bißchen älter, als ich zugunsten des Kaisers vermuten würde. Zuerst einmal, weil es dann schon in Plinius Secundus' Zeit in Verona sehr zahlreiche Schauspiele von Gladiatoren und wilden Tieren gab. Selbst verordnet er sie in

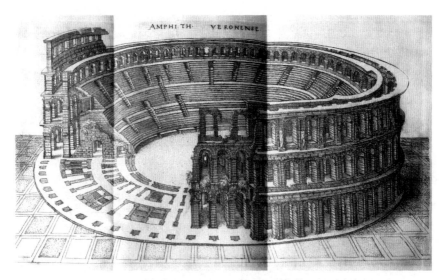

BILD 14   *Iusti Lipsii De Amphitheatris quae extra Romam libellus in quo formae eorum*
aliquot et typi, Lugduni Batauorum ex officina Christophori Plantini MDXXXIV,
S. 14–15. Ex. Universiteitsbibliotheek Leiden

in quadam ad Maximum Africanum. Deinde Othonis et Vitellii principatu Placentiae vicinisque opidis insignia amphitheatra fuisse scio, qui minus tunc
Veronae? Certe de Placentino egregium testimonium Cornelii Taciti secundo
Historiarum: *In eo certamine pulcherrimum amphitheatri opus situm extra mu-*
5   *ros conflagrauit siue ab oppugnatoribus incensum, dum faces iaculantur, siue ab*
obsessis, dum regerunt. Municipale vulgus pronum ad suspiciones fraude illata
ignis alimenta credidit a quibusdam vicinis coloniis inuidiae aemulatione, quod
nulla in Italia moles tam capax esset.

6. Vbi et laudes eius ampli operis amplas vides et simul, si attendis, crebra iam
10   et vulgata per Italiam amphitheatra fuisse, sed quod combustum Placentinum
illud ait, fortasse haereas et quid? Fuitne igitur ligneum? De toto non opinor,
de parte suspicor, ea scilicet quae subsellia et gradus interne complexa. At
exteriora omnia firma et e lapide fuisse censeo, ni fuissent, cur vt de magna
iactura aliqua historicus noster questus? Fuerit igitur ad eam formam, ad quam
15   Polanum illud, quo de infra. Nec plura de ortu Veronensis amphitheatri dico aut
magis certa. Et ipsam formam, non eam prorsus quidem vti nunc conspicitur,
sed adiutam, vt solet, leuiter ab antiquariis et architectis. Ex iis enim, quae
restant, facile conceptu totum opus et designatu.

Briefen, auch in einem zu Maximus Afrikanus. Ich weiß, dass es danach während des Prinzipats von Otho und Vitellius in Piacenza und in naheliegenden Städten auffallende Amphitheater gab, warum also dann nicht auch in Verona? Sicherlich gibt es über das Amphitheater in Piacenza ein augezeignetes Zeugnis von Cornelius Tacitus im zweiten Buch seiner Historien: *Bei diesem Kampf verbrannte ein sehr schönes Bauwerk eines Amphitheaters, außer den Mauern gelegen. Entweder war es von Angreifern angezündet, als sie Fackeln warfen, oder von Belagerern, als sie sie zurückwarfen. Das Volk der Kleinstadt, zu Vermutungen geneigt, glaubte, dass von gewissen naheliegenden Kolonien aus Neid Zeuge für das Feuer betrügerisch hineingebracht waren, weil in Italien kein Riesenbau so geräumig war.*

6. Wo du auch seine umfangreichen Lobreden für das umfangreiche Werk siehst und gleich, wenn du bemerkst, dass die Amphitheater zahlreich und über Italien verbreitet waren, aber da schwankst du vielleicht, weil er sagt, dass das Amphitheater in Piacenza verbrannt war, und warum? War es also aus Holz? Nicht ganz, denke ich, ich vermute teilweise, nämlich die Sitzbänke und die mit einander verbundene Treppen. Aber die mehr nach Außen gelegene Teile waren fest, meine ich, und aus Stein. Wenn sie das nicht gewesen waren, warum beklagt unser Historiker sich dann, wie über einen großen Verlust? Es war also wahrscheinlich gemäß dieser Form, wie auch jenes in Pola, worüber ich unten mehr erzähle. Mehr oder sicherere Informationen erwähne ich über den Ursprung des Amphitheaters in Verona nicht. Und die Form selbst war jedenfalls nicht ganz die, wie sie nun anschaulich ist, aber die Kenner der altrömischen Literatur und die Baumeister haben dabei ein bißchen geholfen, wie das üblich ist. Denn aus den Resten, die übrig sind, ist das ganze Werk leicht zu erfassen und im Umriss darzustellen.

Caput III

Descriptio eius distincta magis et dimensio

1. Addam nonnulla, quae ad formae eius intellectum et quod penicillus non potuit, calamus hic mihi explebit. Paries totus exterior – alam vulgo vocant-
5 e marmore est, opere quod rusticum dicitur factus. Diuiditur in arcuum tres ordines, qui alii super alios scandunt. Quisque ordo arcus continet siue fornices septuaginta duo. In supremo ordine statuae olim columnis adsitae vel insitae potius, vti vestigia docent. Supra eum ordinem paries adsurrexit, in quo fenestrae grandes quadratae lxxii. Earum vsus me quidem iudice ad aerem et
10 lucem hauriendam, cum amphitheatrum velis tectum siue etiam ad ventum, quia refrigerio certe opus in aestu et concursu tot animarum. Nec alius huiusmodi foraminum vsus censendus in illo etiam Romano.

2. Arcuum dimensio auctore Sebastiano Serlio, eximio architecto, haec: primi arcus altitudo pedum xxiii, latitudo xii. Columnarum vtrimque altitudo pedum
15 xxvii. Epistylii deinde zophori, coronicis, pedum circiter viii et semis. Altitudo secundi arcus pedum xxiiii, latitudo xii. Columnarum eius altitudo pedum xxvii et semis. Epistylii zophori, coronicis, pedum ix et semis. Tertii arcus altitudo pedum xvii et semis, latitudo ix et semis. Columnarum xx et semis, coronicis v. In parte ima – ad terram enim iterum descendo- triplex continuatur porticuum
20 ordo, quae ambiunt et sustinent totum opus. Ex iis porticus extima lata pedes xiii, media pedes ix et semis, intima pedes viii et semis. Ex hac portae siue aditus decem et octo in arenam interque eas duae grandiores oppositae, qua longissimum amphitheatrum est, quarum latitudo pedum xii, vnciarum vi.

3. At arenae ipsius longitudo perticas continet xxxviiii, latitudo xxii, ita vt in
25 pertica pedes numeres vi. Gradus spectaculorum Torello definiente non plus quadraginta duo, alti singuli pedem et vncias ii, lati pedes ii. Excipio quod in media cauea gradus vnus est excelsior, vnum dico ex Torelli mente, nam qui formam hanc nostram concepit, tres adnotauit, qui altus pedes ii, vncias

III. Kapitel

Klarere Beschreibung und Vermessung

1. Ich werde einige Informationen zum Begriff der Form hinzufügen und, das was der Pinsel nicht konnte, wird die Schreibfeder für mich ausfüllen. Die ganze äußere Mauer – sie nennen sie im allgemeinen den Säulengang- ist aus Marmor, gebaut in einem Stil, den man ländlich nennt. Er ist in drei Bogen-reihen verteilt, die über einander aufsteigen. Jede Reihe enthält 72 Bogen oder Gewölbe. In der letzten Reihe waren früher Bilder neben die Säulen gestellt, oder eher darauf gestellt, wie die Spuren deutlich machen. Über diese Reihe hat sich eine Mauer erhoben, worin 72 große viereckige Fenster sind. Der Nut-zen hiervon ist, meines Erachtens jedenfalls, Luft und Licht zu erfassen, weil das Amphitheater mit Segeln bedeckt war, oder auch für den Wind, weil man sicherlich in der Hitze und mit dem Zusammenströmen von so vielen Lebewe-sen Abkühlung brauchte. Wir brauchen auch für das römische Amphitheater keine andere Benutzung von dergleichen Öffnungen zu bedenken.

2. Die Abmessungen der Bögen war nach dem Autor Sebastianus Serlius, ein ausgezeichneter Baumeister, die folgenden: Die Höhe des ersten Bogens beträgt 23 Fuß, die Breite 12. Die Höhe der beiden Säule beträgt 27 Fuß. Die Höhe danach des Architravs, des Fries, des Kranzes ist ungefähr acht einhalb Fuß. Die Höhe des zweiten Bogens beträgt 24 Fuß, die Breite 12. Die Höhe der Säulen beträgt 27 einhalb Fuß. Vom Architrav, Fries und Kranz ist es neun einhalb Fuß. Die Höhe des dritten Bogens beträgt 17 einhalb Fuß, die Breite neun einhalb. Von den Säulen ist es 20 einhalb, vom Kranz fünf. Im unteren Teil – denn ich steige wieder zu Boden hinab- schließen sich drei Reihen Säulengänge unmit-telbar an, die um das ganze Bauwerk gehen und es unterstützen. Davon ist der äußerste Säulengang dreizehn Fuß breit, der mittlere neun einhalb, der innerste acht einhalb Fuß. Hiervon kommen zehn Tore oder Zugänge und acht davon kommen in die Arena und dazwischen gibt es zwei zwiemlich große, die da gegenüberliegen. Dort ist das Amphitheater am größten, wo die Breite der Zugänge zwölf Fuß und sechs Zwölftel ist.

3. Aber die Länge der Arena selbst beträgt 39 Messlatten, die Breite 22, so dass es sechs Fuß in einer Messlatte gibt. Sowie Torellus es festgelegt hat, gab es nicht mehr als 42 Stufen auf der Tribüne. Eine Einzelne ist ein Fuß und zwei Zwölftel hoch, und zwei Fuß breit. Ich vernehme, dass der mittlere Zuschauerraum eine Stufe emporragender ist, eine sage ich nach Torellus, denn er begriff dieses bekannte Modell zusammen. Er notierte drei Stufen, die zwei Fuß und sechs

vi. Eum praecinctionem siue diazoma censemus. At scalares gradus, qui ad vomitoria, minores scilicet quam illi sessiles nec alti plus quam vncias vii, lati tamen adaeque ac sessiles. Sedere in his gradibus potuere Torelli calculo hominum ad *viginti tria millia centum octogintaquattuor*, ita vt singulis pes et
5   medius adsignetur ad sessionem. Harum omnium mensurarum auctores mihi Torellus et Serlius nec in re quae manuum et lineae est, fidem meam ego temere obstringam. Plura et magis minuta, quisquis voles, apud eos vide.

Caput IV

De amphitheatro quod Polae

10 1. Polam vrbem Istriae maritimam esse scimus, coloniam Romanorum priscam et quae Iulia Pietas olim dicta. In hac vestigia et reliquiae multae antiquorum operum dudumque inprimis insignium theatri et amphitheatri. Vtrumque Sebastiano Serlio accurate descriptum, cui viro praeter proprias laudes obuenticia illa accedit, quod doctor et ductor fuit ad architectonicen, Guilielmo illi
15 Philandro, viro vere perito et apud magnos magno. Sed hoc amphitheatrum Polanum alia quadam forma et facie structum, quam ea quae alibi videmus ideoque iure me allicuit ad exprimendum.

2. Non enim e lapide aut vno opere tota moles fuit, sed exterior tantum pars, quae lapide quadro adsurgit cum columnis suis opere item rustico facta. At
20 interiora omnia membra, subsellia, aditus, gradus, podia e ligno fuisse certum est et pro tempore construi potuisse destruique. Itaque hodie totum illud internum vacuum apparet nudo tantum muro et, quod in tabella nostra expletum hic vides, a manu est et mente Serliana. Situm est in vrbe media ad montem totiusque operis dimensiones pete, si voles, ab eo, quem dixi, accurato archi-
25 tecto.

Zwölftel hoch waren. Diese betrachten wir als einen Wandelgang oder Raum zwischen den Sesseln. Aber die Treppen, die zu den Eingängen führen, sind weniger hoch als die Tribünen und nicht höher als sieben Zwölftel, doch sind sie ebenso breit wie die Tribünen. Nach Torellus' Berechnung konnten bis zu 23184 Menschen auf den Tribünen sitzen, so das dem Einzelne anderthalb Fuß zum Sitzen zugewiesen wurde. Für al diesen Maße sind Torellus und Serlius meine Quellen. Und bei einem Thema, dass mit fachmännischem Können oder Abmessungen zu tun hat, würde ich nicht blindlings mein Vertrauen festlegen. Wenn du mehr Details ausführlicher wissen möchtest, solltest du bei ihnen sehen.

IV. Kapitel

Über das Amphitheater in Pola

1. Wir wissen, dass Pola eine Stadt am Meer in Istrien ist, eine frühere Kolonie der Römer, die man einst Julia Pietas nannte. In ihr finden sich die Spuren und viele Reste der Werke von den Alten und seit längerer Zeit vor allem der Prachtstücke des Theaters und des Amphitheaters. Sebastianus Serlius hat beide sorgfaltig beschrieben. Diesem Mann kommen außer den eigentlichen Lobreden noch Andere zu, weil er der Lehrer und der Führer des Baumeisters Gulielmus Philander war, ein wirklich kundiger Mann, groß inmitten der Großen. Aber das Amphitheater in Pola war nach einem anderen Entwurf und einer anderen Figur gebaut, als wir sonstwo sehen und darum reizte es mich mit Recht, es wiederzugeben.

2. Denn der ganze Riesenbau war nicht aus Stein oder nach einem Stil, sondern nur der äussere Teil, der sich aus viereckigem Stein erhebt, mit Säulen die ebenso nach einem ländlichem Stil gemacht sind. Aber alle Abschnitte, die nach Innen liegen, die Sitzbänke, Eingänge, Treppen und die Podien, waren sicherlich aus Holz und konnten für eine Periode erbaut und abgerissen werden. Heute ist also der ganze innere Teil offensichtlich leer und gibt es nur eine Mauer, und das, was du in unserem Notizbuch hier ausgefüllt siehst, ist von Serlius' Hand und seinem Geist. Es ist mitten in der Stadt beim Berg gelegen und du kannst, wenn du willst, die Abmessungen des ganzen Werkes bei dem sorgfältigen Baumeister, den ich nannte, suchen.

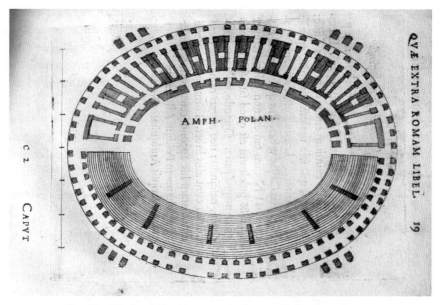

BILD 15   *Iusti Lipsii De Amphitheatris quae extra Romam libellus in quo formae eorum*
aliquot et typi, Antuerpiae apud Christophorum Plantinum MDXXXIV, S. 19. Ex.
Universiteitsbibliotheek Leiden

Caput v

De Amphitheatro Nemausensi

1. Noti hoc nominis et celebris non per Galliam solum, sed per Europam. Et credunt multi eximium etiam olim opus fuisse, non ego, qui scio maiora multo et operosa magis habuisse Lugdunum, Viennam et nobiles illas Galliae vrbes. Prae quibus, quid Nemausus? Nomen tamen non iniuria retinet, quia et pulchrum est, quod satis sit, et integrum magna parte.

2. Quando vel a quo structum nescimus nec nugari mihi aut rixari iterum cum aliis lubet. Hoc reperio nota dignum, olim a Gothis loco arcis habitum et contra vim firmatum. Rodericus Toletanus id notat in Rebus Hispaniae libro iii capite vii appellatque *Praesidium Arenarum*. Formam eius dimidiatam hic appono. Cetera vide et quaere apud Iohannem Poldum Albenatem in libro quem inscripsit *Antiquitates Nemausi*.

9–11 Hoc ... *Arenarum 1598*] *deest in 1584,1585,1589*   11 eius dimidiatam *1598*] eius saltem dimidiatam *1584, 1585, 1589*

v. Kapitel

Über das Amphitheater in Nîmes

1. Es hat, nicht nur in ganz Gallien, sonder in ganz Europa einen bekannten und berühmten Namen. Und viele glauben, dass es früher sogar ein außerordentliches Bauwerk gewesen sei. Ich denke nicht, denn ich weiß, dass Lyon, Wien und die vornehmen Städte in Gallien viel größere und kunstvollere hatten. Was war Nîmes im Vergleich zu ihnen? Den Namen hat es doch zu Recht, weil es schön ist, was genug sein muß, und es ist größtenteils unbeschädigt.

2. Wir wissen nicht, wann es gebaut ist und von wem und ich will nicht wiederum mit anderen Unfug treiben oder streiten. Ich finde das einer Notiz würdig, dass es einst von den Gothen als ein Burg betrachtet wurde und gegen Gewalt befestigt ist. Rodericus Toletanus vermeldet das in *De Rebus Hispanicis*, im dritten Buch, siebtes Kapitel und er nennt es *Bollwerk der Arenen*. Die Hälfte der Form füge ich hier hinzu. Siehe und suche die übrigen Gegebenheiten bei Johannes Poldus Albenas im Buch, das er mit der Aufschrift *Antiquitates Nemausi* versehen hat.

BILD 16 *Iusti Lipsii De Amphitheatris quae extra Romam libellus in quo formae*
eorum aliquot et typi, Antuerpiae ex officina Plantiniana apud Ioannem
Moretum MDXCVIII *cum priuilegiis Caesareo et Regio, S. 70. Ex.*
Universiteitsbibliotheek Leiden

Caput VI

De amphitheatro – incolae, siue accolae potius, arenas etiam hodie vocant- quod
ad Ligerim iuxta Doueonam in quo describendo fidem meam nihil tamen obligo,
vetusne an nouum, vera commensuratio an falsa, pendeat a meo auctore

5 1. Amphitheatrum mihi superest mirum nouum et quod latere tamdiu in illa
Galliae luce potuisse vix sit fides. Nullumne ex tot curiosis et auidis inge-
niis vidisse, notasse, prodidisse? Nullum. Itaque fateor, cum delata primum
ad me res fuit, delata autem ab Cornelio Aquano, viro eiusmodi monumentorum veterum diligente, haesi medius inter credendi temeritatem et pudorem
10 reiiciendi. Valde enim ille adseuerabat et simul forma, quam offerebat, videba-
tur non esse nouitiae aut calidae inuentionis. Tamen etiam haerebam, donec
perueni ecce ad caput ipsum famae huius et formae, qui non auribus suis sed

2–4 *De amphitheatro ... auctore 1598,1589,1585*] *De amphitheatro quod ad Ligerim iuxta Doueonam*
1584 6 sit *1598*] *deest in 1584,1585,1589*

VI. Kapitel

Über das Amphitheater – die Einwohner, oder lieber Anwohner, nennen es auch heute Arenen- das bei der Loire neben Cahors liegt. Ich verplichte mich bei der Beschreibung des Amphitheaters doch nicht ganz zur Zuverlässigkeit: ob es alt ist oder neu, ob es eine echte Symmetrie gibt oder nicht, das soll von meinem Berichterstatter abhängen

1. Ein wunderbares neues Amphitheater bleibt übrig und dass es so lange in der gallischen Sonne verborgen bleiben konnte, ist kaum zu glauben. Hat keiner von den vielen neugierigen und unersättlichen Genien es gesehen, beschrieben oder überliefert? Keiner. Also erkenne ich, dass, wenn man diese Gegebenheit zuerst mir überbrachte, – Cornelius Aquanus war es, ein Mann, der bei dieser Art alter Merkmale sorgfältig ist- ich schwankte zwischen der Unbesonnenheit, es zu glauben und der Scham, es abzuweisen. Denn er behauptete es sehr ernsthaft und die Form, die er darstellte, war offenbar nicht neu und auch keine übereifrige Erfindung. Doch schwankte ich noch immer, siehe, bis ich endlich genau zur Quelle des Gerüchts und der Umrisse kam. Er wollte, dass man es nicht nur mit den Augen, sondern auch mit den Ohren und mit dem Verstand

oculis sensibusque id credi volebat. Cur repugnarem? Vidisse serio adfirmabat, calcasse, deformasse. Is fuit Laeuinus Kersmakerus, vir grauitate et doctrina apud nos notus, qui in finitimis huic amphitheatro locis aliquot annos egit. Non semel ipse lustrarat, non semel cum eo alii, quos etiam nunc viuos nec procul
5 positos testes aduocabat obseruationis suae et dimensionis. Itaque ausus sum hac fiducia formam totius operis dare et descriptionem, quae a mente quidem et lingua aliena erit, a stilo tamen et ordine nostra. In quo siquid peccabo designando aut demetiendo, quae mea culpa esse potest praeter credulitatem? Quam non nimis hercle deprecor quoniam reuera, vt comicus ille ait,

10   Αὕτη γε χρηστῶν ἐστιν ἀνδρῶν ἡ νόσος.

2. Est igitur hoc amphitheatrum, quod dico, manu quidem et arte humana factum, sed ita vt videri possit a natura. Totum enim excisum et cauatum est in monte sine externa vlla materiatione calcis, lapidis, ligni. Mons in quo et e quo id est, abest plus minus diei mediae itinere a Ligeri fluuio, parte ea qua
15 ab Andegauis in Pictones itur, vbi pons priscus quem Caesaris aliqui appellant. Pagus haud procul inde qui dicitur Douaeus.

3. Mons est lapideus totus, cuius generis ibi plures, sed lapide tamen non plane duro quique caesuram et ferrum facile admittat. Color ei qualis Tyburtino, e quo Titi Romae amphitheatrum est. Magnitudo montis paullo minus milliare
20 Gallicum in latitudine, in longitudine duo circiter continet, sed ea tamen facies vt in edito satis planus et iacens sit et ab lateribus vtrimque clementer adsurgat. Cortex vt sic dicam et tegumentum vniuersi montis e terra est, viscera tantum e lapide ideoque non gramine solum sed segete saepe vestitur.

4. In summo, sed paullo tamen ad latus, hoc amphitheatrum repperis, haud
25 facillime, quia etiam praescios, nisi intendant animum, fallat. Cum enim superne despicis, aliquem cauum aut puteum censebis ex istis qui ob lapidum excidia vulgati ibi et crebri. Atqui aliud profecto opus est et a Daedalo quopiam acute inuentum, adfabre factum. Gradus subselliorum a summo margine sta-

---

7 nostra *1598*] nostro *1584,1585,1589*   19 paullo minus *1598,1589,1585*] *deest in 1584*   25 facillime, quia *1598,1589,1585*] facillime tamen quia *1584*   26 aliquem cauum *1598,1589,1585*] cauum aliquem *1584*

glaubte. Warum würde ich es abweisen? Er behauptete im Ernst es gesehen, betretet und gezeichnet zu haben. Es war Laevinus Kersmakerus, ein Mann, der durch seine Erhabenheit und Gelehrsamkeit bei uns bekannt ist, der einige Jahren in dem Amphitheater angrenzenden Orten lebte. Öfter hatte er es selbst genau betrachtet, öfter hatten auch andere es mit ihm gesehen, die auch nun noch leben und die er nicht als in die Ferne eingesetzte Zeugen seiner Betrachtung und Ausmessungen anrief. Also wagte ich es, aus diesem Vertrauen die Form des ganzen Bauwerks wieder zu geben und die Beschreibung, die zwar vom Geist und von den Worten eines anderen stammen werden, doch allerdings von unserer Schreibart und Ordnung sind. Wenn ich in etwas versage, in der Bezeichnung oder der Ausmessung, welch anderer Fehler als Leichtgläubigkeit kann es von mir sein? Echt, ich bitte hier nicht allzusehr um Verzeihung, weil in Wirklichkeit, wie der Komiker sagt, Ἄυτη γε χρηστῶν ἐστιν ἀνδρῶν ἡ νόσος (dies ist die Krankheit von gutartigen Männern).

2. Das Amphitheater, das ich erkläre, ist ja mit menschlicher Hand und Kunst gebaut, aber so, dass es offenbar aus der Natur sein könnte. Denn es ist ganz herausgehauen und aus dem Berg ausgehöhlt ohne jeglichen Gebrauch von äußeren Materialen, wie Kalk, Stein und Holz. Der Berg, worin und woraus es ist, befindet sich ungefähr eine halbe Tagreise vom Fluss der Loire, im Teil, wo sie von den Andegavi zu den Pictones geht, wo die frühere Brücke war, die manche „die von Caesar" nennen. Das Dorf, das man Cahors nennt, ist nicht fern davon.

3. Der Berg ist ganz aus Stein und von dieser Sorte gibt es dort viele, aber der Stein ist nicht völlig hart, so dass er das Hauen und das Beil leicht zuläßt. Seine Farbe ist wie tyburtinisch, Titus' Amphitheater in Rom ähnlich. Der Umfang des Berges ist in der Breite ein bißchen geringer als eine, und in der Länge ungefähr zwei gallische Meilen. Aber das Ansehen war, dass er in der Höhe flach genug und tief gelegen war und an den beiden Seiten sanft emporkam. Die Hülle, sozusagen, und die Decke des ganzen Berges ist aus Erde, nur das Innerste ist aus Stein und darum ist der Boden nicht mit Grass bedeckt, sondern oft mit Anpflanzung.

4. An der Spitze, aber doch ein wenig an der Seite findest du nicht sehr leicht – weil es auch Kennern, wenn sie nicht aufmerksam sein, entgeht- dieses Amphitheater. Denn wenn du von oben herabsiehst, wirst du meinen, dass eine Höhlung oder Grube daraus kommt, die wegen der Steintrümmer dort zahlreich sind. Aber sicherlich ist es ein anderes Werk von einem Daedalus, scharfsinnig gefunden und kunstvoll gebaut. Die Treppen der Sitzbänke beginnen gleich

tim incipiunt minuunturque, vt solet, paullatim euntes in decliue. A summo, dico, incipiunt, vt nunc quidem adspectus est.

5. Olim vix ambigo, quin cancelli aut murus aliquis circumpositus fuerit siue ad ornandum, siue magis ad seruandum. Aliquid enim certe sepimenti fuisse debet ad pecudes arcendas et petulcos. At nunc tamen descendens pedem statim ponis in ipsis gradibus, quorum primo initu confusus satis adspectus. Terra enim et puluere cottidie complentur, quae ventus inuehit aut imber. Itaque gramen etiam ibi passim et formosa olim nec ad hunc vsum loca perambulant informes oues. Qui haec nobis narrauit, addebat cultris et ferramentis ea omnia a se et comitibus perpurgata, vt formam intuerentur exacte. Gradus aiebat esse numero liv, quorum supremus latus capaxque in orbem pedum dccxlii. Linea dimetiens in summo, longa pedes ccxxxvi.

6. At ab imo gradu statim sequitur murus, qui podium attollit et arenam claudit estque altus pedes ix. Inde area et in ea media praeter morem quidem omnium eiusmodi theatrorum, quod sciam, tumulus quidam rotundus, eleuatus ex eodem lapide, altus pedes vii aut paullo amplius, longus in diametro pedes xxx. Is planus in superficie et aequus, excipio quod ad oras a medio paullum vergit et declinat. In eo ipso tumulo aequis interuallis sex foramina, quaedam rotunda item, lata pedes v, quibus imposita vel adiuncta putealia – omnia semel dictum volo ex vno eodemque lapide- paullo grandiora quam ipsa foramina, vti necessum, contra illapsum. His putealibus inserti annuli crassi ferrei fuere. Vestigia et aerugo clare docent, vt baculo iis inserto admoueri possent vel amoueri. Nam alias pondus iis satis grande quodque duo homines aegre commouerint.

7. Haec foramina velut ostiola sunt, quae per scalas quasdam coclides siue incuruas ad viam infra ducunt, de qua mox dicam. Scalae igitur totidem quot foramina, quae singulae gradibus non magnis xiii constabant. In orbem tumuli in ipso muro foramina quadra exsecta, quae scalis illis lumen infundebant ad ascensum aut descensum. Foramina haec singula ita collocata, vt vnum seruire

---

11–12 quorum supremus ... ccxxxvi *1598,1589,1585*] lineam dimetientem in summo gradu longam pedes ccxxx *1584*   18 sex 1598,1589,1585] *deest in 1584*

vom höchsten Rand und werden schmäler und wie es üblich ist, gleichsam in den Abhang gehend. Sie beginnen in der Höhe, sage ich, jedenfalls sowie nun das Ansehen ist.

5. Früher bezweifelte ich kaum, dass Schranken oder eine Mauer herumgesetzt war, entweder zur Verzierung oder mehr zum Schutz. Denn sicherlich mußte etwas wie eine Umzäunung da gewesen sein um das Kleinvieh und die gehörnten Tieren abzuwehren. Aber jetzt, wenn du hinabsteigst, setzt du gleich deinen Fuß genau auf die Stufen, wovon anfänglich der Ausblick einigermaßen ungeordnet ist. Denn sie werden täglich mit Erde und Staub, die der Wind oder der Regen hineinführt, bedeckt. Also gibt es auch dort überal Gras und auf den einst schönen Plätzen, die nicht für dieses Ziel bestimmt waren, spazieren hässliche Schafe. Der uns das erzählte, fügte hinzu, dass er und seine Gefährten das alles mit Messern und eisernen Werkzeugen völlig gereinigt haben, so dass sie die Form genau sehen konnten. Er sagte, dass es 54 Stufen gab, wovon die Oberste breit und weit im Zirkel 742 Fuß war. Eine Richtsnur, die die Höhe abmaß, war 236 Fuß lang.

6. Aber von der unterste Stufe an folgt gleich eine Mauer, die das Podium erhöht und die Arena umgibt und die ist neun Fuß hoch. Von da an ist der Kampfplatz und in der Mitte gibt es, jedenfalls gegen die Gewohnheit von allen Theatern dieser Sorte, insofern ich weiß, einen runden Hügel, hochgezogen aus demselben Stein, sieben Fuß hoch oder ein bißchen mehr, der Diameter is dreißig Fuß lang. Die Oberfläche ist flach und waagrecht, mit der Ausnahme, dass sie sich von der Mitte zu den Rändern hin ein bißchen senkt und hinneigt. In diesem Hügel gibt es mit gleichen Zwischenräumen sechs Öffnungen. Manche sind ebenso rund, fünf Fuß breit, woran Brunneneinfassungen hineingestellt oder hinzugefügt sind – ich will einmal gesagt haben, dass alles aus einem und demselben Stein ist–, etwas größer als die Öffnungen selbst, wie es notwendig ist gegen das Einstürzen. In den Brunneneinfassungen waren grobe eiserne Ringe hineingesteckt. Die Spuren und der Rost zeigen klar, dass sie mit einem hineingesteckten Stock angebracht oder entfernt werden konnten. Denn sonst war ihr Gewicht schwer genug, dass zwei Männer sie mit Mühe bewegen konnten.

7. Diese Öffnungen sind wie kleine Tore, die durch Treppen wie Schneckengehäuse oder gebogen zu der Straße unten hineinführen, worüber ich bald sprechen werde. Es gibt also ebensoviele Treppen wie Öffnungen. Die einzelnen bestanden aus 13 kleinen Stufen. Im Umschwung des Hügels sind in der Mauer selbst vier Öffnungen gemacht, die zu den Stufen beim Aufstieg und Abstieg Licht eindringen lassen. Diese einzelne Öffnungen sind so gestellt, dass eine

scalis duabus possit, velut ex icone vides. At in meditullio ipso huius tumuli cauus est rotundus siue puteus, quem ambigebat meus doctor antiquumne diceret an ab histrionibus illis factum, de quibus mox referam. Certe ii vsi sunt ad malum defigendum, a quo funes dependerent et per eos fluitantia vela.

5 Formae nostrae sculptor haud satis apte id expressit, captu alioqui pronum.

8. Circa hunc tumulum, vt dixi, depressior multo area ambit, quae lata vndique vsque ad murum podii pedes xv. Ita diametrum totius arenae esse oportet pedum lx. Haec amphitheatri ipsius imago, at iuxta ipsum in eius latere bina grandia et rotunda siue cubicula siue potius camerae occurrunt in eodem illo

10 lapideo monte seorsim excisa. Forma eorum velut pillei nautici siue prisci Romani. Lata sunt in imo pedes circiter lxxx, sed in altum paullatim arctantur. In fastigio vtriusque foramen patet rotundum, grande pedes ix, quod ad lumen infundendum seruit, prorsus eo modo quo Romae in Agrippae vidimus templo. Cubicula haec cetera paria sunt, hoc differunt, quod vnum aditus peregre

15 habet, alterum non habet. Ita enim sita sunt, vt alterum internum videatur, alterum externum. Per hoc in illud ingressus patet per breuem et fornicatam viam, alias vndique clausum.

9. At externum aditus siue vias habet tres. Prima ducit subterraneo meatu ad tumulum, qui in arena et per scalas illas ad ostiola tendit, ita vt infra gradus

20 omnes subselliorum totumque amphitheatrum abeat, vti cogitanti clarum. Longitudo primae huius viae pedes cxxv, latitudo pedes vii, altitudo pedes viii. Altera paullo breuior, pariter meatu infero tendit infra omnes gradus et in muro podii emergit ita, inquam, vt in arenam ipsam recta ducat. Haec priore minus lata, minus ampla.

25 10. Tertia via opposita istis foras spectabat et vallem montis. Per eam ingressus in hoc cubiculum per eam item, vt apparet, omnis pluuia et confluges aquarum deriuatae e toto theatro cubiculisque. Forma harum viarum similis, factae omnes in lapideo monte et cauatae in arcum. Opus eiusque membra, vt

---

11 circiter *1598,1589,1585*] *deest in 1584*　21 latitudo ... viii *1598,1589,1585*] *deest in 1584*　23–24 Haec ... ampla *1598,1589,1585*] *deest in 1584*　28 arcum. Opus *1598,1589,1585*] arcum singulisque altitudo pedum circiter xiii, latitudo ix. Opus *1584*

Öffnung zwei Treppen nützen kann, wie du auf der Abbildung sehen kannst. Aber genau in der Mitte dieses Hügels gibt es eine runde Höhlung oder Grube, worüber mein gelehrter Freund zweifelte und sagte dass sie entweder alt, oder von jenen Schauspielern gemacht war, auf wie ich bald zurückkommen werde. Sicherlich sind sie verwendet um einen Eckbalken zu richten, woran Taue und daran wogende Segel hängen. Der Bildhauer unserer Form hat das nicht angemessen genug dargestellt, obwohl es im Übrigen durch den Umfang leicht ist.

8. Dieser Hügel herum, ist, wie ich sagte, ein viel niedriger gelegenes Gebiet, das überall bis an die Mauer des Podiums 15 Fuß breit ist. So muß der Durchmesser der ganzen Arena 60 Fuß sein. Das ist der Anblick des Amphitheaters selbst, aber daneben an der Seite zeigen sich ein Paar große und runde Kaiserlogen oder eher Vorratskammern, die in demselben steinernen Berg getrennt ausgehauen sind. Ihre Form war wie die Filzkappe der Seeleute oder der früheren Römer. Sie sind unten ungefähr 80 Fuß breit, aber in der Höhe allmählich verengt. In der Abdachung von beiden ist eine runde Öffnung sichtbar, neun Fuß groß, die dazu dient, dem Licht Eingang zu verschaffen, durchaus auf die Weise, wie wir in Rom in Agrippa's Tempel sahen. Die Kaiserlogen sind übrigens gleich, sie unterscheiden sich nur hierin, dass die eine außerhalb einen Eingang hat, die andere nicht. Denn sie sind so gelegen, dass die eine nach innen schaut, die andere nach aussen. Der Eintritt ist dadurch zugänglich, durch einen kurzen und gewölbten Gang, sonst ist es überall geschlossen.

9. Aber draussen gibt es drei Eingänge oder Wege. Der Erste führt durch einen unterirdischen Gang zum Hügel, der in der Arena und durch die Treppen zu den kleinen Türen führt, so, dass er unter allen Stufen der Sessel und dem ganzen Amphitheater verschwindet, wie für jemand, der denkt, deutlich ist. Die Länge dieses ersten Ganges beträgt 125 Fuß, die Breite sieben Fuß, die Höhe acht Fuß. Der Andere ist ein bißchen kürzer, er geht ebenso durch einen unterirdischen Gang unter allen Stufen und wird in der Mauer des Podiums sichtbar, ich sage so, dass er selbst recht zur Arena lenkt. Dieser ist weniger breit als der Erste und weniger geräumig.

10. Der dritte Gang schaut gegenüber diesen nach aussen und nach dem Tal des Berges. Durch diesen Gang ist der Eingang in die Kaiserloge und durch ihn geht ebenso, wie deutlich wird, der Regen und die Zusammenströmungen von Wasser, hinausgeleitet aus dem ganzen Theater und den Kaiserlogen. Die Form dieser Gänge ist gleich, sie sind alle in dem steinernen Berg gemacht und zu einem Bogen ausgehöhlt. Das Werk und die Abschnitte davon, wie jedenfalls

quidem conceptus et expressio mea ferunt, sic habent, vsum, si placet, breuiter
et leuiter delibemus, qui mihi etiam haud satis certus. Nam forma ipsa amphitheatri videtur, clausum enim in orbem vndique et vix tamen est vt amphithea-
tralis vsus. Primum tumulus ille, qui in medior surrectior, quid ad pugnam aut
5　cursum? Aequitatem enim ea res et planiciem postulat, non tumorem aut colles.

11. Deinde area ipsa circumiecta, nonne exigua et angusta ad venationes? Certe
apparet. Quomodo enim satis liber in illo quindenorum pedum spatio cursus
ferarum hominumque ac recursus, an de theatrali et scaenico igitur vsu verius
10　est? Non abhorret ille tumulus, qui instar scaenae rettulisse videtur in qua spectari possent et audiri personae. Foramina etiam illa sena non incommodum
vsum habuisse videntur ad actores pro tempore submittendos aut recipiendos.
Choragium enim omne instrui in cubiculis illis adiunctis occulte potuit exque
iis ornati et parati histriones via subterranea venire in hanc scaenam. Sed cir-
15　cumiectae areae tum quid fiet, cui rei seruiet, denique rotunditas illa loci et
graduum orbis quomodo idonea theatro? Vultus enim certe loquentium agenti-
umque obuerti in vnam partem tantum possunt nec audiri aut cerni commode
ab iis qui a tergo. Ideo theatra hemicycli semper imagine facta bono iure. Nisi
si fortasse velo aut discrimine aliquo pars tumuli diuisa et spectatores coacti
20　in graduum vna parte. Sane fateor lippire hic mihi oculos nec capere vsionem
omnem huius loci satis certo.

12. De gladiatoribus tantum nihil impedire videtur, quin adfirmem quibus locus
in area illa satis laxus, quoniam in gradu fere inter pugnandum manebant et in
statu. Sed quid singillatim circumeo? Credo reuera varium et miscellum huius
25　loci vsum fuisse ideoque formam eius mixtam nec aptam ad ludicrum vnum.
Potuit venatio in eo dari, sed ferarum paucarum, potuere gladiatores, potuere

mein Eindruck und Fassung einbringen, sind so. Den Gebrauch werden wir gern kurz und leicht berühren, denn der ist bestimmt auch für mich nicht sicher genug. Die Form ist offenbar die eines Amphitheaters. Es ist ringsum geschlossen und doch ist der Gebrauch kaum der von einem Amphitheater. Erstens wegen des Hügels, der in der Mitte höher ist: was soll der beim Kampf oder beim Wettlauf? Denn diese Aktivitäten verlangen eine ebene Lage und eine Fläche, keine Erhöhung oder Hügel.

11. Danach war der Kampfplatz selbst umgeben. Aber war der nicht klein und eng für die Tierhetzen? Das ist gewiss offensichtlich. Denn wie kann in einem Raum von fünfzehn Fuß ein einigermaßen freier Lauf von wilden Tieren und Männer und auch der Rücklauf stattfinden? Oder ist Theater- oder Bühnegebrauch dann wahrscheinlicher? Der Hügel macht das nicht unwahrscheinlich, der gerade wie eine Bühne offenbar etwas gebracht hat, worauf man die Personen sehen und hören konnte. Auch die sechs Öffnungen hatten offenbar keinen unbequemen Nutzen, um die Schauspieler nach den Umständen hervorzubringen oder zurückzuziehen. Denn die ganze Theaterausstattung konnte heimlich in den angrenzenden Kaiserlogen geordnet werden und von daraus kamen die ausgeschmückten und vorbereiteten Schauspieler durch einen unterirdischen Gang auf die Bühne. Aber warum gab es die Rennbah dann, die darum hingelegt wurde? Wozu diente sie? Schließlich, warum waren die runde Form des Ortes und der Kreis der Treppen für das Theater geeignet? Denn die Gesichter der sprechenden und der handelnden Personen können sich sicherlich nur zu einer Seite wenden und die Leute, die nur ihren Rücken sehen, können sie nicht leicht hören oder ihren Gesichtsausdruck sehen. Darum sind Theater immer mit gutem Recht nach dem Vorbild eines halben Zirkels gemacht. Außer vielleicht wenn durch einen Sonnensegel oder durch eine Entscheidung ein Teil des Hügels abgesondert war, man auch die Zuschauer zu einem Teil der Treppen zusammenführte. Gewiss erkenne ich hier, dass ich visuell versage und den Gebrauch dieses Orts sicher nicht ganz begreife.

12. Nur im bezug auf die Gladiatoren hemmt mich offenbar nichts, zu behaupten, dass für manche der Ort im Kampfplatz einigermaßen weit war, weil sie beim Kämpfen meistens ungefähr in der Stellung und am Platz blieben. Aber warum umschreibe ich das im Einzelnen? Ich glaube tatsächlich, dass der Gebrauch dieses Orts verschieden und gemischt war und dass die Form darum gemischt war und nicht für nur ein Spiel geeignet. Mann konnte darin eine Tierhetze abhalten, aber mit nur wenigen Tieren, mann konnte Gladiatorenspiele

histriones aut mimi, potuere velut in stadio luctatores et pugiles, quod ipsum genus ludi valde crebrum et gratiosum in prouinciis fuisse indicat et indignatur Tertullianus.

13. Cubicula quae ad latus mihi noua et ignoti finis. Potuere tamen instar
5 spoliarii esse siue etiam odaei, quod vtrumque genus adiungi amphitheatris vel theatris suis solere scimus. Receptacula etiam non incommode fuerint ad omnem scaenicum aut arenarium apparatum.

14. Pagum autem hunc, qui amphitheatro haud longinquus, olim aliquid amplius fuisse satis conuincamus vel hoc non pagani operis argumento: viae etiam
10 antiquae et publicae reliquiis, quae ex hoc pago pertinuit ad pontem Caesarianum, cuius viae pars conspicitur, pars maxima corrupta est et lapides in aedificia varie absumpti aut auecti. Sed et incolae ipsi antiquitatem aliquam iactant et Druides sedem habuisse apud se volunt. Ceterum bella vetera fortasse et – quod magis constat- anglicana incendiis, quidquid et quo nomine id
15 fuit, delerunt. Doueonam Ptolomaei fuisse non vane ego suspicer, ex nominis quod pagus nunc praefert claro argumento et collocatio ipsa Ptolomaei non dissidet.

15. Narrant regem vel heroem potius, vere magnum Franciscum, anno ∞. lɔxxxix circumforaneis quibusdam histrionibus, qui Apostolorum Acta repraesentabant, permisisse hunc amphitheatri locum ad spectacula ea edenda, illos
20 sentabant, permisisse hunc amphitheatri locum ad spectacula ea edenda, illos purgasse, ornasse, et magnum populum contraxisse, ex quo conuentu, qui dies triginta perseuerauit, multum atque vberum quaestum ad paganos rediisse; ea re motos impetrasse a rege, nequis in posterum illic lapidem excidisse vellet propius ab eo amphitheatro perticas xxx. Crebris enim effossionibus absque
25 eo interdicto fuisset, interitus iam imminebat huic loco. Tantum sciui, tantum audiui, siquid aliter est, mendacium ego fortasse dixi, at non sum mentitus.

FINIS

---

24 perticas xxx *1598,1589,1585*] perticas xxxvi *1584*

geben, Bühnenspiele oder Possenreißer, mann konnte sozusagen im Stadion Ringer und Boxer darstellen. Tertullianus zeigt an, dass diese Art von Spielen in den Provinzen stark besucht und beliebt war und er hält es für unwürdig.

13. Die Kaiserlogen an der Seite sind für mich neu und haben ein unbekanntes Ziel. Sie konnten doch so etwas wie ein Ablegplatz sein oder auch für musikalische Wettkämpfe bestimmt, weil wir wissen, dass beide Arten Räume üblicherweise an Amphitheater oder Theater grenzten. Auch Magazine waren bei jeder Bühnen- oder Areneneinrichtung nicht ungewöhnlich.

14. Wir können aber genügend beweisen, dass das Dorf, das nicht weit vom Amphitheater entfernt war, früher etwas größer war, aber wohl nicht mit einem dörflichen Argument: Durch die Reste einer alten und öffentlichen Straße, die sich von diesem Dorf zu Cäsars Brücke erstreckt. Von dieser Straße ist ein Teil sichtbar, der größte Teil ist verwüstet und die Steine, die zu den Gebäuden gehörten sind auf verschiedene Weise verschwunden oder weggebracht. Aber auch die Einwohner selbst brachten eine alte Zeit wiederholt zur Sprache und meinten, dass die Druiden früher bei ihnen zuhause waren. Übrigens haben die alte Kriege es vielleicht und, was sicherer ist, die anglikanische Kämpfe es mit Brandstiftungen – warum nur immer und unter welchem Namen dies auch geschah- vernichtet. Ich werde nicht grundlos vermuten, dass es das Cahors (*Doueona*) von Ptolomaeus war, mit einem klaren Argument aus den Namen, die das Dorf nun zeigt und die Stellung selbst ist nicht weit von die von Ptolomaeus entfernt.

15. Sie erzählen, dass ein König oder eher ein Held, in Wahrheit der große Franciscus, im Jahr 1539 auf Märkten herziehenden Schauspielern, die die *Acta Apostolorum* veranschaulichten, den Ort des Amphitheaters zum Abhalten dieser Schauspiele schenkte, dass er sie rechtfertigte und ausrüstete und eine große Volksmenge versammelte. Und aus dieser Zusammenkunft, die dreißig Tage dauerte, fiel ein bedeutender und überflüssiger Erwerb den Dorfsbewohnern zu. Durch dieses Geschehen bewogen, erlangten sie vom König, dass niemand in der Zukunft dort einen Stein, der sich näher als dreißig Messlatten vom Amphitheater befand, herausbrechen dürfte. Denn durch zahllosen Ausgrabungen, auch seit diesem Verbot, wurde gerade dieser Platz vom Verfall bedroht. Soviel wußte ich, soviel hörte ich: wenn etwas anders ist, habe ich vielleicht eine Lüge ausgesprochen, aber ich habe nicht gelogen.

ENDE

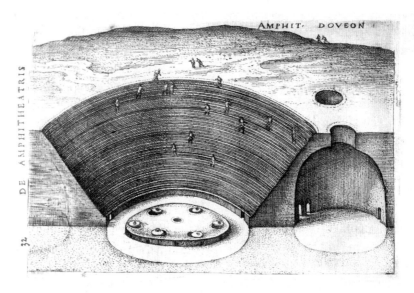

BILD 17   *Iusti Lipsii De Amphitheatris quae extra Romam libellus in quo formae eorum aliquot et typi, Antuerpiae apud Christophorum Plantinum MDXXXIV, S. 32. Ex. Universiteitsbibliotheek Leiden*

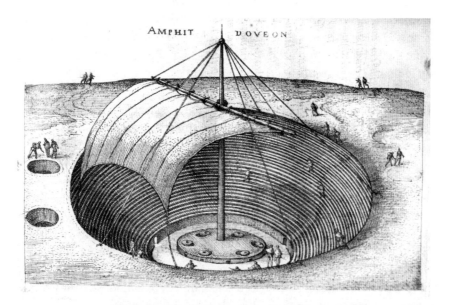

BILD 18   *Iusti Lipsii De Amphitheatris quae extra Romam libellus in quo formae eorum aliquot et typi, Antuerpiae apud Christophorum Plantinum MDXXXIV, S. 33. Ex. Universiteitsbibliotheek Leiden*

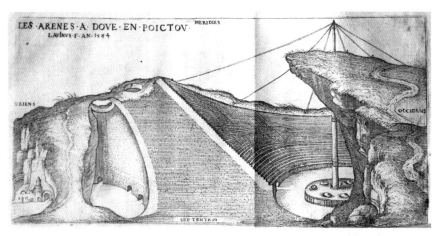

BILD 19 *Iusti Lipsii De Amphitheatris quae extra Romam libellus in quo formae eorum aliquot et typi, Lugduni Batauorum ex officina Plantiniana apud Franciscum Raphelengium* MDXXXIX, *S. 107. Ex. Universiteitsbibliotheek Leiden*

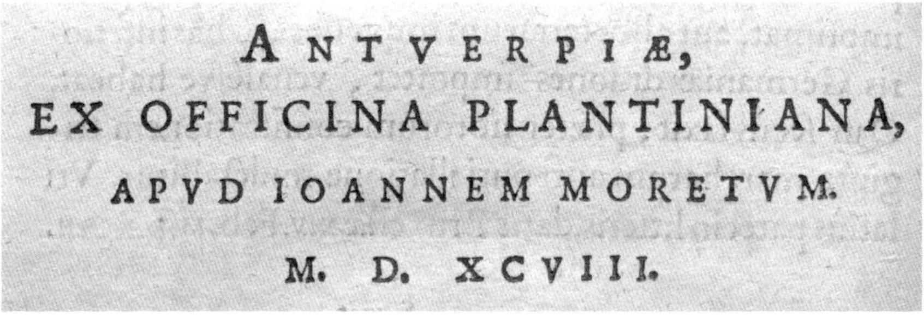

ANTVERPIÆ,
EX OFFICINA PLANTINIANA,
APVD IOANNEM MORETVM.

M. D. XCVIII.

BILD 20 *Iusti Lipsii De Amphitheatris quae extra Romam libellus in quo formae eorum aliquot et typi, Antuerpiae ex officina Plantiniana apud Ioannem Moretum* MDXCVIII, *cum priuilegiis Caesareo et Regio, S. 82. Ex. Universiteitsbibliotheek Leiden*

BILD 21   *Iusti Lipsii De Amphitheatris quae extra Romam libellus in quo formae eorum aliquot et typi, Antuerpiae ex officina Plantiniana apud Ioannem Moretum* MDXCVIII *cum priuilegiis Caesareo et Regio, S. 83. Ex. Universiteitsbibliotheek Leiden*

Kommentar

De Amphitheatro

I.1.1. Cum Romae ... agerem: 1567 kam Lipsius in Rom an. Er wurde später Privat-sekretär des Kardinals Antoine de Perrenot de Granvelle. Siehe die Einführung.

I.1.1. Nicolao Florentio: Nicolaus Florentius ist ein alter Freund von Lipsius. Er lebte schon lange Zeit in Rom, als Lipsius dort eintraf. Vielleicht wählte Lipsius ihn als Gesprächspartner für *De Amphitheatro* weil Nicolaus Florentius Interesse für Archeologie hatte und darum viel in Italien reiste. Er war auch ein guter Bekannter des oben genannten Kardinals.

I.1.1. elogium ... doctrinae: Gefolgt von Johannes Kirchman (1575–1643) in sei-ner *oratio funebris* für Paulus Merula (1558–1607): *Utinam, magnifici, reverendi, amplissimi, clarissimi, doctissimi, nobilissimi et ornatissimi auditores, utinam P. Merulae homini, dum vixit, probo et a quo verae eruditionis ac doctrinae elo-gium Veritas ipsa non spreverit, acerbum hoc ac triste officium persolvere non sit necesse! Iohanni Kirchmanni oratio in funere viri clarissimi Pauli Merulae,* Lugduni Batauorum 1672. Paulus Merula wurde 1592, nach Lipsius' Abreise nach Löwen, von den Kuratoren der Leidener Universität zum außerordent-lichen Professor der Geschichte berufen und übernahm am 8. Oktober 1593 den ordentlichen Lehrstuhl, vgl. *Wikipedia ad* Paul Merula.

I.1.1. Bataua quadam simplicitate: Vgl. Erasmus' *Adagium* 3535 (*Auris bataua*) wo er sich positiv über das *ingenium simplex et ab insidiis* der Bat6aver aüßert. ASD II.8, S. 36–44.

I.1.1. vestigiis ... cubilia: Vgl. Cicero, *Actio in Verrem* 2,2,77 §190: *avaritiae non jam vestigia, sed ipsa cubilia videre.*

I.1.2. vt cum Pindaro dicam: Pindarus, *Pythia* x,60.

I.1.2. manu prendens: Vgl. Cicero, *De Oratore* 1,56,240.

I.1.2. Phoebo: Phoebus Apollo wurde relativ spät mit Helios (dem Sonnengott) gleichgesetzt. *Der kleine Pauly* I, München 1979, Spalte 442.

I.1.3. Vipsanii Pantheon: Agrippa Marcus Vipsanius vollendete 25 das Pantheon.

© KONINKLIJKE BRILL NV, LEIDEN, 2015 | DOI: 10.1163/9789004285583_009

Der kleine Pauly 1, München 1979, Spalte 146. Es war ursprünglich ein allen
Göttern Roms geweihtes Heiligtum. Der Bau brannte im Jahr 80 nieder und
wurde unter Kaiser Domitian restauriert. 110 brannte das Pantheon erneut
und bedürfte eines vollständigen Wiederaufbaus. Die Errichtung des heute
zu sehenden Bauwerks war zwischen 118 und 125. Das Pantheon besaß für
mehr als 1700 Jahre die größte Kuppel der Welt. Der oströmische Kaiser Phokas
schenkte dem Papst Bonifatius IV das Pantheon im Jahre 608. Am 13. Mai 609
wurde das Pantheon als *Sancta Maria ad Martyres* zur Gedenken aller Märtyrer
gewidmeten Kirche geweiht. *Wikipedia ad* Pantheon.

1.1.3. ossa ... matris: Lipsius verweist auf einen Mythos über Deucalion und
Pyrrha, die die Gebeine ihrer Mutter hinter sich werfen mußten, um neue
Menschen zu kreieren.

1.1.3. Tres ... *decus*: Francis Meres (1565–1647) zitiert diese Passage in *Palladis
Tamia: Wits Treasury* (1598) auch ohne Quellenangabe.

1.1.3: pater gentis: Mars. Nach den Mythos sind die Römer die Nachkommen des
Gottes Mars und einer vestalischen Jungfrau, Rea Silvia, die Romulus en Remus
zur Welt brachte.

1.1.3. antiquus quispiam poeta: Hildebert von Lavardin, *Encomium Urbis* VII,2.
Statt *ad plenum* liest Lipsius *aeternum*.

1.1.3. Esquiliae: Ursprünglich gemeinsamer Name für die beiden Hügel Oppius
und Crispius. *Der kleine Pauly* 3, München 1979, Spalte 374.

1.1.3. Carinae: Der Westabhang des Esquilin. *Der kleine Pauly* 1, München 1979,
Spalte 1055.

1.1.3. Thermae Titi: Die Titusthermen waren eine antike Thermenanlage in
Rom, die unter Kaiser Titus errichtet wurde. Die Anlage wurde 80 n. C. zusammen mit dem nahegelegenen Colosseum fertiggestellt. *Wikipedia ad* Titusthermen.

1.1.3. Vicus Sceleratus: Lewis & Short: *that part of the Vicus Cyprius, on the Esqui-
line, in which Tullia, daughter of Servius Tullius, drove over her father's corpse.*

1.1.3. cum Plautino illo sycophanta: Titus Maccus Plautus, *Trinummus* 887:
CHARM. *Opus factost viatico ad tuom nomen, ut tu praedicas.*

I.2.Titel. *cauea* übersetze ich manchmal mit *Theater*, manchmal mit *Zuschau-erraum*, manchmal mit *Käfig* und manchmal mit *Keller*. Manchmal auch ist es besser, es nicht zu übersetzen, wie hier.

I.2.1. cum Aristophane: Aristophanes, *Plutus* 650.

I.2.2. Dio Cassius: *Historia Romana* 43,22,3. Zwischen θέατρον und κυνηγετικόν lässt Lipsius τι aus und nach κυνηγετικόν lässt er ἰκριώσας aus.

I.2.3 libera: vor der Kaiserzeit, also ein bißchen pleonastisch.

I.2.3. Ammianus libro xxix: Ammianus Marcellinus, *Res Gestae* 29.1.17.

I.2.3. Tertullianus: *Adversus Marcionem* 1,27,5.

I.2.3. Saluianus pariter: Salvianus, *De Gubernatione Dei* VI,60. Hier steht *circis*, nicht *circo*.

I.2.3. Iulius Firmicus: Iulius Firmicus, *Mathesis* X,1–4: *In I. parte Leonis oritur Canicula quae a Graecis Sirios dicitur. Quicunque hoc sidere oriente nati fuerint ... nascentur venatores, arenarii parabolari, qui sub conspectu populi in caveis cum feris pugnent. Fiunt etiam gladiatores ...* also paraphrasiert Lipsius hier einigermaßen.

I.2.3. Prudentius: Prudentius, *Contra Symmachum* 1,384–385.

I.2.3. Idem ... *pietas: Ibidem* II,1091–1092.

I.2.3. Apuleius item aperte: Apuleius, *Metamorphosen* 10,29,3.

I.2.4. Tertullianus: *De Spectaculis* 30,7.

I.3.1. Martialis: *Epigrammata* 2,75,5–8. Lipsius schreibt hier *iuuenilia* statt *pue-rilia*.

I.3.2. Plinius libro xxxvi: Plinius Maior, *Naturalis Historia* 36 (45),162. *eius lapidis* fügt Lipsius hinzu, auch *et* vor *candor* und zwischen *maximum* und *sternendi* läßt er *ludis circensibus* aus.

I.3.2. Ouidius: *Fasti* 3,813.

I.3.2. Plinius: *Visumque ... esset*: *Naturalis Historia* 33 (27), 90. Zwischen *Visumque* und *est* läßt Lipsius *iam* aus und er wählt *spargi* statt *sterni*.

I.3.2. Suetonius de Caio: Suetonius, *Caligula* 18,3.

I.3.3. Tacitus: *Annalen* 15,32,1.

I.3.3. Iuuenalis: Juvenalis, *Satiren* 3,34–35.

I.3.3. Suetonius: *Caligula* 30,2. Vgl. für die Übersetzung C. Suetonius Tranquillus, *Die Kaiserviten, De vita caesarum. Berühmte Männer. De viris illustribus*, herausgegeben und übersetzt von H. Martinet, Düsseldorf und Zürich 1997.

I.3.3. Horatius: *Epistolae* 1,5.

I.3.3. Capitolinus: *Scriptores Historiae Augustae*, Capitolini Marcus Aurelius 1,12.

I.3.3. In edicto aedilium: Corpus Iuris Civilis I, Digesta Iustiniani 21,1,1: ... *si quod mancipium ... inve harenam depugnandi causa ad bestias intromissus fuerit* ...

I.3.5. lege viii c. De Repudiis: *Corpus Iuris Civilis* II, 5,17,8,3. Lipsius paraphrasiert und läßt vieles aus.

I.3.5. Symmachus: *Epistolae* 5,59.

I.3.5. Arcadius iurisconsultus: *Digesta Iustiniani* 22,5,21. *Corpus Iuris Civilis* I, S. 328. Nach *similem* läßt Lipsius *personam* aus.

I.3.5. Tertullianus: *De Spectaculis* 22,2.

I.3.5. poeta: Juvenalis, *Satiren* 6,112.

I.3.6. Tertulliani ... *templum est*: Tertullianus, *De Spectaculis* 12,7.

I.4.1. Tertullianus ... *nouimus*: *Ibidem*.

I.4.1. Cassiodorus: *Varia* 5,42,1.

I.4.1. Dianae Tauricae: Lewis & Short *ad Tauri: The Taurians, a Thracian people, living in what is now Crimea, who sacrified foreigners to Diana.*

I.4.1. *Scythica Dianae*: Lewis & Short *ad Scytica Diana: i. e. the Taurian Diana.*

I.4.1. Martialis: *Epigrammatoon Liber* 12,1.

I.4.2 Ioui ... Latiari: Iuppiter Latiaris war der Schutzgott des Latinerbundes. *Pons ... Latein-Deutsch* Stuttgart 2007, *ad locum.*

I.4.2. Tertullianus: *Liber Apologeticus* 9.5. Lipsius verwechselt *Aeneadarum* und *vrbe* und nach *Aeneadarum* lässt er *piorum* aus. Er schreibt *bestiariorum* statt *bestiarii* und *hominum* statt *hominis.*

I.4.2. Idem scriptor: Tertullianus, *Adversus Gnosticos Scorpiace* 7,6. Zwischen *Dianam* und *Gallorum* läßt Lipsius *aut* aus. Ebenso zwischen *Mercurum* und *Afrorum* und weiter schreibt er *victima humana* statt *humanum victima.*

I.4.2. Minutius Felix: *Octavius* 23 (Hammon).

I.4.2. *Quid ... pompae?*: Prudentius, *Contra Symmachum* I,384–385.

I.4.2. *Hae ... Auerni: Ibidem* I, 388–389.

I.4.2. *Funditur ... cruorem?: Ibidem* I,396–399.

I.4.3. ex Minutio: Minutius Felix, *Octavianus* 30.

I.4.3. in Tertulliani loco: *Liber Apologeticus* 9,5. Vgl. oben I.4.2. Hier ändert Lipsius den Text nicht.

I.4.3. Lactantius: *Divinae Institutiones* 6,20,35: *et primitus quidem venationes, quae vocantur munera, Saturno sunt attributae, ludi autem scaenici Libero, circenses vero Neptuno. paulatim tamen et ceteris diis idem honos tribui coepit singulique ludi nominibus eorum consecrati sunt, sicut Sinnius Capito in libris spectaculorum docet.* Im kritischen Apparat steht ad *quae: „et quae* cum Lipsio Saturn." Cf. Lipsius' *Saturnales Sermones* I.5.3.

I.5. Titel *Statilii Tauri*: Varro, *De Re Rustica* 2,1,10. Cf. Orelli, Henzen, *Inscriptionum Collectio*, Nr. 2725 sq.

1.5.1. De impia vanitate satis: Bis hier besprach er die Spiele.

1.5.1. temporanea: *temporanea (opportun)* habe ich hier wie *temporalis (zeitlich)* übersetzt.

1.5.1. Plinius ... xxxvi: Naturalis Historia 36.15.(24.)117: *theatra iuxta duo fecit amplissima ligno ... cornibus in se coeuntibus faciebat amphitheatrum gladiatorumque proelia edebat, ...*

1.5.2. in Dione: *Historia Romana* 37.58.4. Zwischen ἄνθρωποι und παμπληθεῖς lässt Lipsius παρὰ πάντα ταῦτα aus. Im kritischen Apparat steht *ad locum:* „ξύλων *Lipsius (de amphitheatro c.5), quod dudum receptum non mutavi, quanquam praestat fortasse Nabero auctore restituere* ἰκρίων, σύρων L."

1.5.2. Vitruuius: *De Architectura* 5,5,7.

1.5.3. Dio: *Historia Romana* 43.22.3. Vgl. oben 1.2.2. Nun lässt er γε ἐπ' αὐτοῖς zwischen πολλούς und παντοδαπούς aus.

1.5.4. Victor: Sextus Aurelius Victor, *Epitome de Caesaribus*, Octavianus Augustus 1,10.

1.5.4. lapide Ancyrano: Th. Mommsen, *Res Gestae Divi Augusti ex Monumentis Ancyrano et Apolloniensi*, 22, Berlin, 1883. In Ancyra, nun Angora, war ein Tempel von Augustus.

1.5.5. Dio: *Historia Romana* 51.23.1. Zwischen Ταῦρος und Στατίλιος lässt Lipsius ὁ aus.

1.5.6. Septa: Lewis & Short: *a large enclosed place in the Campus Martius, where the people assembled to vote, and where were many handsome shops.*

1.5.6. Suetonio narrante: *Caligula* 21.

1.5.6. Tacitus: *Annalen* 13,31,1.

1.5.6. Suetonius: *Nero* 12.

1.5.6. Publius Victor, *De Regionibus Vrbis Romae*, Venetiis 1518, S. 207, Regio IX: *Circus Flaminius*. Genannt werden ... *theatrum Balbi ... Caesar dedicauit et*

appellatur a vicinitate ... Theatrum Marcelli capit loca xxx mil. ubi erat aliud templum Iani ... Campus Martis ... theatrum Pompei.

1.5.6. Plinius, Am nächsten kommt *Naturalis Historia* 36.15.(24.)115: *Pompeiani theatri*, aber ohne eine *varia lectio „Pompeii amphitheatri".*

1.5.6. nisi praeteritum ... Hermolao: Das stimmt. In *Pomponii Melae De situ orbis libri tres ... Hermolai Barbari in eundem Pomponium Melam castigationes,* s. d., S. 155–197 nennt er diese Stelle nicht.

1.6.1. Xiphilinus: 62.18.2. Zwischen τε und Παλάτιον läßt Lipsius γάρ aus und zwischen Ταύρου und ἐκαύθη lässt er τῆς τε λοιπῆς πόλεως τὰ δύο που μέρη aus.

1.6.1. Victor. Lipsius meint wahrscheinlich Sextus Aurelius Victor oder Publius Victor, die er manchmal zitiert, die aber das *Tauri Amphitheatrum* leider nicht erwähnen.

1.6.1. vt Suetonius ... *vrbe*: Siehe unten 1.6.2.

1.6.2. Vespasiano: Suetonius, *Vespasianus* 9,1–2. Zwischen *fecit* et *amphitheatrum* lässt Lipsius Folgendes aus: *et nova opera templum Pacis foro proximum divique Claudi in Caelio monte coeptum quidem ab Agrippa, sed a Nerone prope funditus destructum ....*

1.6.3. nummo: Lateinische Philologie, Münzsammlung des Seminars für klassische Philologie Nr. 350 Vespasian As, RIC 595:
    V: IMP CAESAR VESPASIAN AVG COS VIII P P
    R: IVDAEA CAPTA SC.

1.6.3. Sextus Rufus ... inscripsit: Jedenfalls nicht in seinem *Breviarium* oder seinem *De Historia Romana Libellus.*

1.6.4. Eutropius: *Breviarium* 7,21,4.

1.6.4. et Cassiodorus: Bei Cassiodorus habe ich dies nicht gefunden.

1.6.4. Aurelius Victor: *Liber de Caesaribus* 10, *Titus Flavius Vespasianus* 4–5.

1.6.4. *lautibusque vel lautiisque*: Lewis and Short: *lautia: the entertainment furnished in Rome to foreign ambassadors or distinguished guests at the expense of the state.*

1.6.4. Vbi lauti ... elauta: Buchstäblich: *Wo das Wort Baden für meine Nasenlöcher zu wenig erläutert.*

1.6.4. Festus: *De Significatione Verborum* 118: *lautulae locus extra urbem, quo loco, quia aqua fluebat, lauandi usum exercebant.*

1.6.4. Capitolinus: *Scriptores Historiae Augustae*, Capitolinus, *Antoninus Pius* 8,2. Hier steht: *Opera eius haec exstant: Romae templum Hadriani honori patris dicatum, Graecostadium post incendium restitutum, instauratum amphitheatrum.* Lewis & Short verweisen *ad Graecostadium* auf: *Graecostasis (Greek stadion or place) a building in Rome, near the Curia et Comitium, where at first Grecian and afterwards other foreign ambassadors took up their abode ...*

1.6.4. Eliogabalus: *Scriptores Historiae Augustae*, Lampridius, *Antoninus Heliogabalus* 17, 8.

1.6.5. Capitolinus: Scriptores Historiae Augustae, *Maximus ⟨et Balbinus Iuli Capitolini⟩* 1,4. Nach *opus* fügt Lipsius *est* hinzu, nach *templorum* läßt er *de basilicae ornatu* aus, und er schreibt *aedificatione* statt *exaedificatione.*

1.7.1. Ammianus: Ammianus Marcellinus: *Res Gestae* 16.10.14 Lipsius schreibt *moles solidata* statt *molem solidatam.*

1.7.1. *Tyburtini*: Tyburtinus, von Tibur, jetzt Tivoli.

1.7.1. Publius Victor: *De Regionibus Vrbis Romae*, Venetiis 1518, S. 202, Regio III: Isis et Serapis. Hier wird ein *Amphitheatrum quod capit loca lxxxvii* genannt. In A. Capelli, *Dizionario di Abbreviature*, Meiland 1912, steht *ad* ∞: Milaria (ala, *o* cohors). *Milaria* scheint eine *ala* von tausend Menschen zu sein.

1.7.2. Cassiodorus: *Variae* 5,42,5.

1.7.2. Martialis: *Liber Spectaculorum* 1.

1.7.2. idem poeta: *Ibidem* 2, 5–6.

1.7.3. *Manu ... toto*: Erasmus, *Adagium* 2052 (3.1.52): *manu serendum esse, non thylaco* (thylaco: sacco). S. 68, Z. 156–165 in *ASD* II,5: ... Τῇ χειρὶ δεῖ σπείρειν, ἀλλὰ μὴ ὅλῳ τῷ θυλάκῳ, *id est, manu sementem facere oportet, non autem tota corbe. Dictum Corinnae ad Pindarum poetam, vt auctor est Plutarchus in commentario,*

quem inscripsit Πότερον Ἀθηναῖοι κατὰ πόλεμον ἢ κατὰ σοφίαν ἐνδοξότεροι. (Plutarchus *Moralia* 348a).

1.8.2. Cassiodorus ... *nominatum*: Cassiodorus, *Varia* 5.42.5.

1.8.2. Isidorus: *Etymologiae siue Origines* 15,2,35.

1.8.2. Ouidius ... *arena*: Ovidius *Metamorphosen* 11, 25–26 Nach den zitierten Worten lässt Lipsius *praeda canum est ... aus.*

1.8.3. Cassiodorus ... *colligeret*: Cassiodorus, *Varia* 5.42.5.

1.8.3. Calpurnius ... *ouum*: Calpurnius Siculus *Bucolica* 7,34. Übersetzung: *Hirtengedichte aus Neronischer Zeit, herausgegeben und übersetzt von Dietmar Korzeniewski*, Darmstadt 1971, p. 69.

1.8.3. Idem ... *arenae*: Ibidem 7,30–33.

1.8.4. Dio: *Historia Romana* 66.21.2. Zwischen κυνηγετικῷ und θεάτρῳ läßt Lipsius τινι aus.

1.8.5. Andreas Fuluius: *in margine* der Edition von 1584 steht: *lib. I de mirabilibus vrbis* und ebenso: *Nam in stagnis Neronis structum Amphitheatrum.*

1.9.1. Cyriacus Anconitanus ... *redimitus sit*: *Kyriaci Anconitani Itinerarium nunc primum ex ms. cod. in lucem erutum*, ed. Laurentius Mehus, Florentiae 1742. Vor 1742 ist es nicht herausgebracht. (Es gibt eine Biographie über Cyriaco d` Ancona (1391–1452) von Marina Belozerskaya) Die von Lipsius zitierte Information ist leider nicht im *Itinerarium* zu finden. Wohl ist in der *Praefatio ad lectorem* (S. 27) diese Stelle von Lipsius zitiert. Hier erwähnt der Autor der *Praefatio* auch andere Autoren, die darum dieses *Itinerarium* vermeldet haben, wie Torellus Sarayna und Julius Caesar Bulengerus. Auf den Seiten 29 und 30 steht: *Sed tam theatrum Atheniense quam antrum subterraneum frustra quasiveris in hoc Itinerario, quod nunc primum in lucem profero. Quamobrem dicendum est haec omnia non ex Itinerario Kyriaci sumpta fuisse, sed ex antiquarum rerum commentariis ab eodem compositis, de quibus paulo infra dicemus. Eo quo suspicati fuimus modo rem se habere didicimus ex specimine eorundem commentariorum, quae sub titulo Inscriptionum Cyriaci Anconitani edidit Carolus Moronus.*

1.9.1. Liuius ... *intromitterentur*: Livius, *Ab vrbe condita* 41,27,6.

1.9.2. Statius ... *leones*: Statius, *Silvae* 2,5,11–12. Lipsius schreibt *pauidi* statt *placidi*.

1.9.2. Plautum: Plautus, *Persa* 435–436.

1.9.3. Ammianus: Ammianus Marcellinus, *Res Gestae* 28,1,40.

1.9.4. Varro: *De Re Rustica* 3.5.

1.9.4. Vopiscus: *Scriptores Historiae Augustae*, Flavius Vopiscus, *Probus* 19.6.

1.9.4. Faber: i.e. Petrus Faber, vgl. für Lipsius' Quellenangabe von Faber: *Iusti Lipsii Saturnalium Sermonum libri* ... 2011, S. 3–4.

1.9.4. Capitolinus: *Scriptores Historiae Augustae*, Capitolinus, *Gallieni Duo* 12,5.

1.9.5. Seneca ... *caueam*: Seneca, *De Ira* 2,11,5. Nach *Curriculi* läßt Lipsius *motus* aus und er schreibt *leonem* statt *leones*.

1.9.5. Vopiscus ... *apri*: *Scriptores Historiae Augustae*, Flavius Vopiscus, *Probus* 19,4.

1.9.6. Claudianus ... *rotis*: Claudius Claudianus, *De Consulatu Stichilonis* III, 24, 322–328.

1.10.1. Vopisci: *Scriptores Historiae Augustae*, Flavius Vopiscus, *Probus* 19,2–3.

I.10.2. Capitolinum: *Scriptores Historiae Augustae*, Capitolinus, *Gordiani tres* 3,6.

1.10.2. Martialis: *Epigrammatoon Liber De Spectaculis* 21,1–4.

I.10.2. Apuleius *Metamorphoses* 10.29.

1.10.3. Calpurnius ... *libro*: Calpurnius, *Bucolica* 7,69–72. Hier ist im kritischen Apparat Lipsius' Lesung *descedentis* genannt. Die Lesung *miseri* statt *trepidi*, hier bei Lipsius, ist keine *varia lectio*.

1.10.4. Dio: Xiphilinus, *Historia Romana* 61.12.2. Zwischen ἀνελεῖν und ναῦν lässt Lipsius πάντα γὰρ ἐκείνη ἰσχυρῶς ἐφυλάσσετο aus, er schreibt ἀμφιθεάτρῳ statt θεάτρῳ und ἔρρωσθε statt ἔρρωσθαι.

1.10.5. Seuero: Xiphilinus 76.1.4–5. Lipsius schreibt βίωνες statt βίσωνες. Nach βίσωνες lässt er βοῶν τι τοῦτο εἶδος, βαρβαρικὸν τὸ γένος καὶ τὴν ὄψιν aus. Lipsius übersetzt hier τῆς δὲ δεξαμενῆς ἁπάσης (ins Lateinischen) mit *Ein Sammelplatz für alle wilden Tiere* statt *ein ganzer Sammelplatz* und ἐξαίφνης mit *plötzlich und heimlich* statt allein *plötzlich*. Unbegreiflich im Zitat ist der Übergang von 400 zu 700.

1.10.6. Calpurnius: *Bucolica* 7,64–67.

1.10.7. Dione: Dio, *Historia Romana* 62,15,1–2.

1.10.7. Suetonius: *Domitianus* 4.

1.10.7. Seneca: *Epistola* 90,15.

1.11.1 *extraque oleas*: Siehe Erasmus, *Adagia* 2,2,10, LB II, 451 F–452 A: *Extra oleas .... Extra oleas fertur: Vbi quis terminos praescriptos transgreditur aut aliena, nec ad rem pertinentia facit dicitue.*

1.11.1. vt ille ait, πίονι μέτρῳ: Theocritus 7,33. Vgl. Adagium 3961 (*Pingui mensura*) LB II, 1174 A.

1.11.1. *quo plus biberint, plus sitire*: Erasmus, *Adagia* 4,10,21, ASD II,8, S. 236 (Nr. 3921): *... De Parthis vetere prouerbio dictum est quo plus biberint, eo plus sitire. Habet hoc temulentia vt, posteaquam obsurduit palatum, magis ac magis cupiant haurire. Apte dicetur in auaros ac studiosos; crescit enim discendi cupido cum eruditione.*

1.11.1 pedis ... nomen: *Pes* kann man mit Fuß übersetzen, *podium* mit Balkon.

1.11.1 Maenianorum: Maeniana, – orum Balkon, erker, nach den Maenii, eine römische Familie, benannt.

1.11.2. DOMITIANVS ... FECIT: Diese Inschrift habe ich so nicht gefunden. Vielleicht meint er CIL 6 1984 11–14 oder CIL 10, 531.

1.11.2. CIL 10, 00531 (= Inscr It-01–01, 011.)
   T(itus) Tettienus Felix Augustalis
   scriba librar(ius) aedili(ium) curul{l}(ium)
   viator aedil(ium) plebis accensus

consuli HS L m(ilia) n(ummum) legavit
ad exornandam aedem Pomonis
ex qua summa factum est fastigium
inauratum podium pavimenta
marm(orea) opus tectorium.

1.11.2. POMONIS: Pomona oder Pomon. Kleine Pauly 4, München 1979, Spalte 1017: alte Gottheit mit eigenem Kultplatz.

1.11.2. THEATRVM ... CIRCVMSCRIPSIT: Diese Inschrift habe ich nicht gefunden.

1.11.3. Vitruuius ... *diametri*: *De Architectura* 5,6,6.

1.11.3. Spartianus: *Scriptores Historiae Augustae*, Spartianus, *Severus* 22,3.

1.11.3. Dio Cassius: *Historia Romana* 50.8.3. Zwischen ὥστε καί und νίκης lässt Lipsius τρόπαιόν τι ἐν τῷ Ἀουεντίνῳ ἑστὸς καί aus.

1.11.4. Iuuenalis: *Satiren* 2,143,23.

1.11.4. Suetonius: *Augustus* 44,1.

1.11.4. vt Suetonius narrat: *Augustus* 43,5.

1.11.5. Tacitus, *Annalen* 16,12,1.

1.11.6. Suetonius: *Caesar* 76.

1.11.6. Suetonii Nerone: Suetonius, *Nero* 12,2.

1.11.7. Plinius ... *sedentem*: Plinius, *Panegyricus* 51.

1.11.8. Suetonii Augusto: Suetonius *Augustus* 44.3.

1.11.8. Vitruuius ... *tribunalia*: Vitruvius, *De Architectura* 6,7.

1.11.8. Prudentius ... *hastilia*: Prudentius, *Contra Symmachum* II, 1109–1111. Hier steht *tridenti*, nicht *tridente*.

I.12.3. Plinius: *Naturalis Historia* 37,45. *succini* hat Lipsius zur Verdeutlichung hinzugefügt und er hat *succinis* in *succino* geändert.

I.12.2 hominem albo hepate: Buchstäblich: *Mann mit einer weißen Leber*, hier übersetzt mit *Angsthase*.

I.12.3. Calpurnius: *Bucolica* 7,53–54.

I.12.3. Ammianus: *Res Gestae* 19,6,4. Vor *efferatae* lässt Lipsius *acerbius* aus.

I.12.4. Calpurnius: *Bucolica* 7, 48–53.

I.12.4. Legerem: Im kritischen Apparat *ad* Calpurnius' *Bucolica* 7,51 steht: *in rotulam* Lipsius ... *teretem* Lipsius.

I.12.4. Glossis: II,176,22. *Glossae Latinograecae et Graecolatinae*, ed. G. Goetz und G. Gundermann, Leipzig 1888. Dit ἀποψήκτιον staat niet in Liddell and Scott. Das Wort kommt auch im online Thesaurus Linguae Graecae (30 Juli 2014) nicht vor.

I.12.5. Plinius: *Historia Romana* 8,7,21.

I.13.1. Calpurnius: *Bucolica* 7,25.

I.13.2. Vitruuio: *De Architectura* 5,6,3. Nach *gradus* lässt Lipsius *spectaculorum* aus, nach *componantur* steht in Vitruvius' Text: *gradus ne minus alti sint palmopede ⟨ne plus pedem⟩ et digitos sex.*

I.13.3. Aristippi: *Aristippi et Cyrenaicorum Fragmenta*, ed. E. Mannebach, Leiden/Köln 1961, S. 5, N. 15.

I.13.4. Dio Cassius: *Historia Romana* 59,7,8. Lipsius schreibt καθίζονται statt καθίζωνται und ἡλιώσει statt τῇ ἡλιάσει.

I.13.4. Iuuenali: *Satyren* 3,153–155.

I.13.5. Vitruuius ... *latitudo*: *De Architectura* 5,3,4.

I.13.5. Iterum: ... *praecinctionem*: *De Architectura* 5,7,2. Zwischen *scalarum* und *contra* lässt Lipsius *inter cuneos et sedes* aus.

I.13.5. Torellus: *Torelli Saraynae De origine et amplitudine civitatis Veronae* 1540, S. 37a–b.

I.13.6. Calpurnius: *Bucolica* 7,47.

I.13.6. Tertullianus: *De Spectaculis* 3,6.

I.13.6. Vitruuius: *De Architectura* 5,6,7.

I.13.7. architectus: Vitruvius, *De Architectura* 5,3,5.

I.13.8. Macrobius: *Saturnalia* 6,4,3. Zwischen *antique* und *vnde* läßt Lipsius *nam Ennius ait: et Tiberis flumen vomit in mare salsum* aus.

I.13.8. Vergilii: *Georgica* 2,462.

I.13.9. Tertulliano: *De Spectaculis* 3,6.

I.13.9. Afer: Gnaeus Domitius Afer (starb 59) war ein römischer Redner und Anwalt, Lehrer von Quintilianus.

I.13.10. *itinera*: Vitruuius: *De Architectura* 5,6,7.

I.13.10. *scalaria*: Vitruuius: *De Architectura* 5,6,3.

I.13.10. Tertullianus: *De Spectaculis*: 3,6. Diese Stelle steht genau vor der vorhin zitierten. Lipsius lässt *et in cathedra sedetur* zwischen *spectacula* und *et in via* aus.

I.13.10. Martialis: *Epigrammata* 5,14. Für die übersetzung siehe: M. Valerius Martialis, *Epigramme*, Lateinisch-deutsch. Herausgegeben und übersetzt von Paul Barié und Winfried Schindler, Düsseldorf, Zürich, 1999.

I.13.10. Taciti: *Annales* 16,5.

I.13.12. Alexis: *Fragmenta* 41 (ed. T. Kock: II, S. 312).

I.13.13. Architectus ... Torellus: Torellus Sarayna, *De origine et amplitudine civitatis Veronae*, 1540, S. 37a–b.

I.13.14. Iuuenalis: *Satiren* 6,61–62.

I.13.14. Martialis, *Epigrammata* 1,26,4. Für die Übersetzung, siehe Udo Schnelle und Georg Strecker, *Neuer Wettstein* ... 1. Bd. Berlin 2001, S. 123.

I.13.14. ... *cuneati ... seditio*: Ausonius, *Eclogae* 4 und auch: *Appendix Vergiliana, De est et non* 11–12.

I.13.14. Ausonio: Ausonius, *Ludus septem sapientum*, Prologus 21.

I.13.14. excuneandi ... Apuleio: Apulaeus, *Florida* 16.

I.13.14. Suetonius: *Augustus* 44.

I.13.14. Tertullianus: *De Resurrectione Carnis* 2, 46–47.

I.13.14. Martialis: *Epigrammata* 5,41,7–8. Lipsius schreibt *haud* statt *non*. Siehe für die Übersetzung: M. Valerius Martialis, *Epigramme*, Lateinisch-deutsch. Herausgegeben und übersetzt von Paul Barié und Winfried Schindler, Düsseldorf, Zürich 1999.

I.13.15. Suetonius: *Domitianus* 4. Lipsius hat *diciderat* statt *decidebat*.

I.13.15. Virgilius: *Georgica* 2, 508–510.

I.13.16. Tertullianus: *De Spectaculis* 3.

I.13.16. Calpurnium: Calpurnius, *Bucolica* 7,4–5.

I.13.16. Suetonius: *Augustus* 44. Siehe für mehr Kontext, unten I.14.9.

I.13.16. Martialis: *Epigrammata* 5,14,4–5.

I.13.17. Suetonius: *Nero* 26,2.

I.13.18. Iuuenalis: *Satiren* 9,142–144. Siehe für die Übersetzung: Juvenal, *Satiren*, Lateinisch-deutsch. Herausgegeben, übersetzt und mit Anmerkungen versehen von Joachim Adamietz, München, Zürich, 1993.

I.13.18. Vitruuii: Vitruvius, *De Architectura* 5,6,3. Nach *gradus* läßt Lipsius *spectaculorum* aus.

I.13.19. Calpurnius: *Bucolica* 7,47–48.

I.13.19. Dio: Xiphilinus, *Historia Romana* 61.17.2. Statt ἐς schreibt Lipsius εἰς.

I.13.19. Vitruuius: *De Architectura* 5,6,4.

I.13.19. Tertulliano: Tertullianus, *De Spectaculis* 20,5. Auch hier steht, dass, wie Lipsius sagt, die Bedeutung von *apulias* wissenschaftlich nicht geklärt ist.

I.14.1. Plutarchus: *Vitae Parallellae*, Sulla 35, 5–6. Lipsius schreibt ἐμπρεπής statt εὐπρεπής. Das finde ich hier auch angemessener.

I.14.2. Vitruuius: *De Architectura* 5,6,5.

I.14.2. Cicero: *De Senectute* 14,48. Lipsius schreibt *quam qui in vltima* statt *delectatur tamen etiam, qui in vltima.*

I.14.2. Horatius: *Epistulae* 1,67.

I.14.3. Senecae: Seneca, *De Beneficiis*: 7,12. Siehe für die Übersetzung: Lucius Annaeus Seneca. Band 5: *De clementia. De Beneficiis. Über die Milde. Über die Wohltaten.* Lateinischer Text von Francois Préchac. Übersetzt, eingeleitet und mit Anmerkungen versehen von Manfred Rosenbach, Darmstadt, 1995.

I.14.3. Suetonio: Suetonius, *Caligula* 26,4. Vgl. für die Übersetzung: C. Suetonius Tranquillus. *Die Kaiserviten. De vita caesarum. Berühmte Männer. De viris illustribus.* Lateinisch-deutsch. Herausgegeben und übersetzt von Hans Martinet. Düsseldorf, Zürich, 1997.

I.14.3. Petronium: Petronius, *Satiricon* 126.

I.14.3. Seneca: *Epistula* 44,3. Lipsius fügt *gradus* vor *sunt* hinzu und schreibt *sunt clausi* statt *clausa sunt.* Im Kontext wird kein *gradus* genannt.

I.14.4. Calpurnius: *Bucolica* 7,26–29. Hier steht *densauere*, nicht *compleuere.*

I.14.5. Ouidius: *Fasti* 4,381–384.

I.14.6. Martialis: *Epigrammata* 3,95,9–10. Vgl. für die Übersetzung: M. Valerius Martialis. *Epigramme*. Lateinisch-deutsch. Herausgegeben und übersetzt von Paul Barié und Winfried Schindler, Düsseldorf, Zürich 1999.

I.14.6. *Sum ... eques*: Martialis, *Epigrammata* 5,13,1–2.

I.14.7. locum illum epodon: Horatius, *Epoden* 4,15. Auf diese Zeile folgt: *Othone contempto sedet.*

I.14.7. commode notat: Lipsius paraphrasiert *Pomponii Porphyrii commentarii ad Q. Horatium F.* ad Epoden 4,15.

I.14.8. *Germanorum ... transierant*: Suetonius, *Claudius* 25.

I.14.8. Domitiano: Suetonius, *Domitianus* 4.

I.14.8. quae rettuli supra: Siehe oben I.13.15.

I.14.8. Vlpianus ... *quietem*: Th. Mommsen und P. Krüger, *Corpus Iuris Civilis* I, *Digesta Iustiniani* I.12.1.12. *turbulentibus* sollte entweder *turbulentis oder turbuletiis* oder *turbulentantibus* sein, aber findet sich genauso in der Quelle.

I.14.8. Callistratus: Callistratus 1,6 *De Cognitionibus*; *Digesta Iustiniani* 48,19, 28,3/ 1.28.3 (*De poenis*).

I.14.8. apud Iuuenalem: Juvenalis, *Satiren* 3, 177–178.

I.14.9. Suetonius: *Augustus* 44.

I.14.9. Calpurnii versus: Calpurnius, *Bucolica* 7,79–82. Lipsius schreibt *adesset* statt *inesset* und *obstiterunt* statt *obfuerunt.*

I.14.9. apud Senecam: Seneca, *De Tranquillitate* 11.

I.14.10. Propertius: *Elegien* 4,8,75–77. Lipsius schreibt *et cum* statt *nec cum.*

I.15.1. Lampridius: *Heliogabalus* 23,2.

1.15.1. Martialis: *Epigrammata* 5,14. Siehe für den Kontext oben, I.13.10.

1.15.1. Spartianus: Capitolinus, *Iulianus* 4,7.

1.15.1. Tertullianus: *De Pallio* 4.8. Lipsius fügt *sedere* hinzu.

1.15.1. Addatur Suetonius: *Caligula* 26. Siehe für die Übersetzung: *C. Suetonius Tranquillus, Die Kaiserviten. De vita caesarum. Berühmte Männer*. Lateinisch-deutsch. Herausgegeben und übersetzt von H. Martinet, Düsseldorf, Zürich 1997.

1.15.1. Plautinus: Plautus, *Poenulus*, prologus 23–25.

1.15.1. in Callimacho scholiastae: *Scholia in hymnum* III,74 in: *Callimachus*, ed. R. Pfeiffer, 2. Bd. II: *Hymni et Epigrammata*, Oxford 1953.

1.15.2. Martialis: *Epigrammata* 5,24,8–10. Hier steht *ludiarum*, nicht *ludiorum*.

1.15.2. Tertullianus: *De Spectaculis* 10,2. Wo Lipsius *inter tribus et tibias* schreibt, steht hier: *et illa infelicitate turis et sanguinis inter tibias et tubas itur*.

1.15.2. Plautinus ... prologus: Plautus, *Poenulus* prologus 19.

1.15.2. ... *neu lictor ... mutiant: Ibidem* 18.

1.15.3. Horatii illud: Horatius, *Epistula* 7,5–6.

1.15.3. Vlpianus: Th. Mommsen und P. Krüger, *Corpus Iuris Civilis* I, *Digesta Iustiniani* 3,2,4,1.

1.15.4. ille Hispanus: Suetonius stammte wahrscheinlich aus Hippo (*Kleine Pauly* 5, München 1979, Spalte 411).

1.15.4. *licentiam ... cohibuit*: Suetonius, *Domitianus* 8,3. Hier steht: ... *licentiam theatralem promiscue in equite spectandi inhibuit* ...

1.15.4. *Bis ... castra*: Martialis, *Epigrammata* 5,14,3. Vgl. für die Übersetzung: M. Valerius Martialis. *Epigramme*. Lateinisch-deutsch. Herausgegeben und übersetzt von Paul Barié und Winfried Schindler, Düsseldorf, Zürich, 1999.

I.15.4. *Et sedeo ... Oceanus*: Martialis, *Epigrammata* 3,95,10.

I.15.4. Suetonius: *Augustus* 14. Nach *quattuordecim* lässt Lipsius *ordinibus* aus.

I.15.4. Appianus: *Appiani Historia Romana* 5,15,62.

I.15.4. Diogenes ... Laertio: *Diogenis Laertii Vitae Philosophorum*, Diogenes 6,2,48.

I.15.4. Cassiodorum: Cassiodorus, *Variae* 7,10: *Formula praefecturae vigilum urbis Romae*.

I.16.1. Seneca: *Epistula* 90,15.

I.16.1. Idem ... Naturalibus: Seneca, *Naturales Quaestiones* 2,9,2.

I.16.1. Apuleius: *Metamorphosen* 10,34. Siehe für die Übersetzung: *Metamorphosen oder Der Goldene Esel*, Lateinisch und Deutsch von Rudolf Helm, Berlin 1961.

I.16.2. Antonius Musa: *a Roman physician who archieved fame by treating the emperor Augustus with cold baths when he fell ill with typhoid.* (Lewis& Short *ad locum*). Aber er ist mit dem Zitat, das Lipsius hier gibt, nicht von Seneca Maior zitiert worden.

I.16.2. Turnebus: *Adriani Turnebi Adversarii* III,8.

I.16.2. Glossae priscae: *Corpus Glossariorum Latinorum* III,429,21, ebenso *Thesaurus Glossarum Emendatarum ad locum*.

I.16.2. Martialis: *Epigrammata* 5,25,7–8. Siehe für die Übersetzung: M. Valerius Martialis, *Epigramme*, Lateinisch-deutsch. Herausgegeben und übersetzt von Paul Barié und Winfried Schindler. Düsseldorf, Zürich, 1999.

I.16.2. *Et Cilices ... suis*: Martialis, *Epigrammatoon Liber de Spectaculis* 3,8. Vgl. für die Übersetzung: M. Valerius Martialis, *Epigramme*, Lateinisch-deutsch, herausgegeben und übersetzt von Paul Barié und Winfried Schindler, Düsseldorf, Zürich, 1999.

I.16.2. *lubrica … nimbo*: Martialis, *Epigrammata* 9,38,5. Siehe für die Übersetzung: M. Valerius Martialis, *Epigramme*, Lateinisch-deutsch, herausgegeben und übersetzt von Paul Barié und Winfried Schindler, Düsseldorf, Zürich, 1999.

I.16.3. Lucanus: Lucanus, *Bellum Civile* 9,808–810. Vgl. für die Übersetzung: G. Luck, *Lukan, der Bürgerkrieg, Lateinisch und deutsch* (Schriften und Quellen der alten Welt 34), Berlin 1989.

I.16.4. Plinius: *Naturalis Historia* 21,17.33. Siehe für die Übersetzung: C. Plinius Secundus d. Ä. Naturkunde. Buch XXI–XXII. Lateinisch-deutsch. Herausgegeben und übersetzt von Roderich König in Zusammenarbeit mit Gerhard Winkler, Darmstadt 1985.

I.16.4. Ouidius: *Ars Amatoria* I,104.

I.16.4. Spartianus: *Hadrianus* 19,5.

I.16.4. Propertius: *Elegien* 4,1.

I.16.5. Plutarchus, *Vitae Parallellae, Galba* 19,5. Nach χρυσοῦς lässt Lipsius προβαλεῖν ἄφνω aus.

I.16.5. Neronis … *spargerentur*: Suetonius, *Nero* 31,2.

I.17.1. Valerius Maximus: *Facta et Dicta Memorabilia* 2,4,6.

I.17.1. Ammianus: Ammianus Marcellinus, *Historia* 14,6,25. Hier steht *imae*, nicht *minimae* und *vinariis*, nicht *atris*. Wohl wird im kritischen Apparat *atriis* genannt, aber das hat eine andere Bedeutung. Siehe für die Übersetzung: *Ammianus Marcellinus, Römische Geschichte*, Lateinisch und deutsch und mit einem Kommentar versehen von Wolfgang Seyfarth, Berlin 1968.

I.17.2. Plinius: *Naturalis Historia* 19,6,23.

I.17.2. Propertius: *Elegien* 3,18,13.

I.17.2. Suetonius: *Gaius* 26.

I.17.2. Martialis: *Epigrammata* 12,28,15–16.

I.17.3. Vitruuius: *De Architectura* 10, praefatio 3.

I.17.3. Lampridius: *Commodus* 15,6. Siehe für die Übersetzung: *Historia Augusta. Römische Herrschergestalten. 1.* Bnd, *von Hadrianus bis Alexander Severus.* Eingeleitet und übersetzt von Ernst Hohl u. a., Zürich, München 1976.

I.17.3. Plutarchum: *Vitae Parallellae, Romulus* 5,5. Nach ἔνιοι lässt Lipsius δέ aus und nach ῥωμαϊστὶ schreibt er δή statt δέ.

I.17.4. Lucretius: *De Rerum Natura* 4,75–80.

1.17.5. Plinius: *Naturalis Historia* 19,6,23.

I.17.5. Dio: *Historia Romana* 43,24,2. Nach ἵνα lässt Lipsius γάρ aus und vor ἵνα fügt er καί hinzu.

I.17.6. Xiphilinus: *Historia Romana* 63,6,2. Lipsius schreibt διατιθέντα statt διαταθέντα / διατεθέντα, vermeldet im kritischen Apparat bei Xiphilinus' Text *ad locum* und zwischen ἐνέστικτο und ἀστέρες lässt er πέριξ δὲ aus. Nach ἀστέρες ergänzt er δέ und nach χρυσοῖ fügt er πέριξ hinzu.

1.18.1. Iuuenalis: *Satiren* 4,121–122.

I.18.1. *Raptus ... opus*: Martialis, *Epigrammatoon liber De Spectaculis* 16.

I.18.1. PRAEPOSITVS ... AVGVSTAE: *Corpus Inscriptionum Latinarum* 6,2,8649. hier steht nicht *Augustae*, sondern *Augustianae*. Die ganze Inschrift lautet:

D.M.
TI.CL.THALLVS
PRAEPOSITVS.VELARIORVM
DOMVS.AVGVSTIANAE
FEC.SIBI.ET.FILIS.SUIS.L.L
POST.EORVM

I.18.1 velarios ibi accipio: *velarium*: Sonnenschirme; *velarius*: Sklave der Sonnenschirme, vgl. Lewis & Short *ad locum*.

I.18.1. VELARII DE DOMO AVGVSTI und VELARII DOMVS AVGVSTANAE: In Lipsius' Inschriftensammlung (*Inscriptionum antiquarum quae passim per Europam liber Martini Smetii, accessit auctarium a Iusto Lipsii*) werden sie erwähnt *ad* CV14 und CV15: Neapoli in suburbio. CV14: In templo Saturni:

TI.CL.THALLVS
PRAEPOSITVS. VELARIORVM
DOMVS. AVGVSTANAE
FECIT. SIBI. ET. FILIIS. SVIS. L.L.
POST. EORVM
CV15 Neapoli in suburbia
D.M.
L.FLAVI.AVG.
LIB. PRIMIGENI
SVPRA.VELARIOS
DE DOMV.AVG.
FECIT. FLAVIA
PRIMIGENIA
LIB.PATRONO.B.M.

I.18.2. Hispanus poeta: Martialis, *Epigrammata* 11,21,6. Lipsius schreibt *aut* statt *quam*.

I.18.2. Pillei ... rettuli: oben in XIII.4.

I.18.2. Iunius: *Hadriani Iunii Hornani medici Animadversa* II,6.

I.18.2. Apophoretorum: Martialis, *Epigrammata* 14,29–30. Hier verwechselt Lipsius *ventus* und *populo*.

I.18.3. Vopiscus in Carino: *Flavi Vopisci Syracusii Carus et Cari⟨nus⟩ et Numerianus* 20,6.

I.18.3. Martialis idem: *Epigrammata* (*Apophoreta*) 14,28.

I.18.3. Iuuenalis: *Satiren* 9,50.

I.19.2. Soranus: *Vita Hippocratis secundum Soranum* § 11–12.

I.19.2. Tacitus: *Germania* 38,1–2.

I.19.2 Sueuis: Lewis & Short: *a powerful people in the north-eastern part of Germany.*

I.19.2 *Frustra ... ad me*: Martialis, *Epigrammata* X,72,1.

I.19.2 *ad Parthos ... pilleatos*: Martialis, *Epigrammata*, X,72,5.

I.19.4. volsellis pugno: A. Otto, *Die Sprichwörter und sprichwörtlichen Redensarten der Römer*, Leipzig 189, S. 378: *pugnant volsellis, non gladio, sie kämpfen mit unschädlichen Waffen*, Varro, *Lingua Latina* 9.33.

I.19.4. τὸ τὰς ... ἔχειν: *Eusthatii Commentarii ad Homeri Odysseam, ad* A121.

I.19.4. Martialis: *Epigrammata* 11,6,4.

I.19.4. *Dumque ... Iouem*: Martialis, *Epigrammata (Apophoreta)* 14,1,2.

I.19.5. Plautus ... aptat: Plautus, *Pseudolus* 2,4,45: *opus est chlamyde et machaero et petaso.*

I.19.5. Cicero: *Epistolae ad Familiares* 15, 17: *Petasati veniunt, comites ad portam exspectare dicunt.*

I.19.5. Suetonii de Augusto: Suetonius, *Augustus* 82. Zwischen *Solis* und *ne* hat Lipsius *vero* ausgelassen.

I.19.5. Vegetio: Vegetius, *Epitoma Rei Militaris* 1,20,18–19 (510). Nach *praesentem* lässt Lipsius *prope* aus.

I.19.6. Ouidius: *Ars Amatoria* I,733–734. Hier steht *palliolum*, nicht *pilleolum*.

I.19.6. Artemidorus: Artemidori Daldiani Onirocriticon 1,21. Nach Ἔρια lässt Lipsius δέ aus und in Artemidorus' Text steht προαγορεύει, nicht προαγορεύειν.

1.19.6. Plato iii De Republica: Plato *Republica* 406d.

I.19.7. Varronis fragmentum: Varro, *De Vita Populi Romani* I.

I.19.7. Nicephorus Gregoras: *Nicephori Gregorae Byzantina Historia* 11,8,(567).

I.19.8. Horatius: *Epistulae* 1,13,14–15.

I.19.8 Pyrrhia: Lewis & Short: *name of a thievish female slave.*

I.19.8. vetus ibi interpres: *Psaudoacronis Scholia in Horatium vetustiora* ad Epistulam I,13,15. Das zweite Zitat *Haec erat ... calceis,* findet sich vor, nicht nach dem ersten Zitat *Neue ... pilleolo.* In den Scholia steht *vt cum pilleolo. Haec apud antiquos consuetudo veteranorum erat.*

I.19.9 Athenaei: Athenaeus, *Dipnosophistae* 6,274b.

I.20.1. Sallustius: *Historiarum Reliquiae* 5,20. Lipsius fügt *Pompeio vni* hinzu. Aber hier steht im kritischen Apparat: Legit hunc locum Valerius Maximus 5,2,9: *Dictator enim priuato Pompeio et caput adaperuit et sella adsurrexit et equo descendit.*

I.20.1. Senecam: Seneca, *Epistula* 64,10.

I.20.2 Gordium: *Hauptstadt des Königs Gordius von Phrygien, bekannt durch den sogenannten Gordischen Knoten, den Alexander der Große löste, indem er ihn mit dem Schwert durchtrennte.* Langenscheidt, Schulwörterbuch Latein, Berlin und München 2007.

I.20.2. Tenedia: *Der Kleine Pauly* 5, Munchen 1979, Spalte 586 *ad* Tenedos: *Tenedisch war sprichwörtlich für Härte, Rohheit und Falschheit.*

I.20.2. Plutarchus in Caussis: Das habe ich nicht gefunden.

I.20.2. Plutarchus idem: *Vitae Parallellae, Gracchi* 19,5.

I.20.3. Seneca ... *solent*: Seneca, *Epistula* 114,6.

I.20.3. Plutarchus: *Pompeius* 40,7–8.

I.20.3. huic Petronii: Petronius, *Cena Trimalcionis* 32.

I.20.3. Malchionum: Lewis and Short: *Malchio: the name of a man.*

I.20.3. Plauti versum: Plautus, *Curculio* 2,3,288.

I.20.4. Suetonii Claudio: Suetonius, *Claudius* 2. Vor *valetudinem* läßt Lipsius *hanc eandem* aus und nach *valetudinem* lässt er *et* aus und nach *munere* lässt er *quod simul cum patre memoriae patris edebat* und *nouo more* und *palliolatus* verwechselt er.

I.20.4. Hoc Quinctiliani: Quintilianus, *Institutio Oratoria* 11,144. Nach *fascias* lässt er *quibus crura vestiuntur* aus und nach *focalia* lässt er *et aurium ligamenta* aus.

I.20.4. Idem Senecae: Seneca, *Quaestiones Naturales* 4,13,10.

I.21.1. Libitinensis: Libitina ist die Leichengöttin.

I.21.1. Lampridium: Lampridius, *Commodus* 19,3.

1.21.1. Victorem ... Domitiano: Aurelius Victor, *Liber de Caesaribus* 11.

I.22.1. Martialis: *Epigrammatoon Liber de Spectaculis* 2,1–2.

I.22.1. Varrone ... dape: Varro apud Nonum 452,1.

I.22.2. Apuleius: *Metamorphosen* 4,13.

I.22.3. Cicero: *Epistulae ad Atticum* 4,8,2.

I.22.3. Prudentius: *Sancti romani martyris contra gentiles dicta* 10,1016–1017.

I.22.3. Martialis: *Epigrammata* 8,33.

I.22.3. Plinii verba: Plinius, *Naturalis Historia*: 33,16,53.

I.22.4. Augustinum: Augustinus, *De Civitate Dei* 22,24. Hier steht: *Quam stupenda industria humana pervenit ... molita sit.*

I.22.4. Seneca: *Epistulae Morales* 88,22. Lipsius verwechselt *licet* und *annumeres*, er schreibt *ex se* statt *per se*, zwischen *aut* und *quae* lässt er *his* aus, er schreibt *cohaerentibus* statt *coeuntibus* und er schreibt *iis* statt *his*.

I.22.5. Martialis: Siehe oben I.22.1: *Epigrammatoon Liber de Spectaculis* 2,1–2.

I.22.5. Claudianus: Claudius Claudianus, *Panegyricus dictus Manlio Theodoro consuli* 325. Claudianus schreibt hier *descendit*, wie ich es auch übersetzt habe. Wahrscheinlich ist es ein Druckfehler, denn im überlieferten Text steht *descendat* (wie Lipsius es hier unten in I.22.8 auch liest) oder als Emendation auf Lipsius' Namen *desidat*. Und auch das wirkt befremdlich, weil Lipsius hier (in I.22.5) die Lesung *desedit* vorschlägt.

I.22.5. Apuleius: *Metamorphosen* 10,34.

I.22.6. Petronius: *Satyricon* 9,8–10.

I.22.6. clare iterum: Petronius, *Satyricon* 81,3. Lipsius schreibt *aufuge* statt *effugi* aut *aufugi*.

I.22.7. Strabo: *Geographica* 6,273. Lipsius schreibt τοῦτον statt ὄν. Für die Übersetzung, siehe S. Radt, *Strabons Geographika*, 2. Bd., Buch v–viii, Text und Übersetzung, Göttingen 2003, S. 187.

I.22.8. Claudianus: Claudius Claudianus, *Panegyricus dictus Manlio Theodoro consuli* 325–330.

I.22.8. Vopiscus in Carino: *Flavi Vopisci Syracusii Carus et Cari⟨nus⟩ et Numerianus* 19,2.

I.22.9. Iosephus: *Bellum Judaicum* 7,5,5 (7,139–140). Vor ἀπιστήσαντα fügt Lipsius ἅπαν hinzu und πολλά schreibt er nach τετρώροφα statt zwischen αὐτῶν und καί.

I.22.9. Statimque addit: Iosephus: *Bellum Judaicum* 7,5,5 (7,147).

I.22.10. Aristoteles: pseudo-Aristoteles, *De Mundo* 6,398,14–16. Nach ὥσπερ lässt Lipsius ἀμέλει aus und μηχανότεχνοι sollte μηχανότεχναι heißen.

I.22.10. Apuleius ... vertit: Apuleius, *Liber de Mundo* 27,351.

I.22.10. Parapegmata ... Vitruuio: *De Architectura* 9,6,3 (233): ... *Hipparchus, Aratus ceterique ex astrologia parapegmatorum disciplinis inuenerunt et eas posteris explicatas reliquerunt.*

I.22.10. in Laertio ... parapegmata: Nach dem Oxfordtext listet Diogenes Laertius auf vier Seiten Titel von Democritus auf, aber er nennt kein Buch mit einem solchen Titel.

De Amphitheatris quae extra Romam Libellus

II.1.2. Iosephus: *Antiquitates* 15,268. Lipsius verwechselt ἀμφιθέατρον und μέγιστον.

II.1.2. idem scriptor: Josephus, *Antiquitates* 15,341. Josephus formuliert: κατεσκεύασε δ'ἐν αὐτῇ καὶ θέατρον ἐκ πέτρας καὶ πρὸς τῷ νοτίῳ τοῦ λιμένος ὄπισθεν ἀμφιθέατρον πολὺν ὄχλον ἀνθρώπων δέχεσθαι δυνάμενον.

II.1.4. Lyrim ... Minturnas: Lewis & Short *ad Minturnae: a city of Latium, on the border of Campania, at the mouth of the Liris ...*

II.1.4. Puteolis: *Ibidem ad Puteoli: a city on the coast of Campania ... now Puzzuoli.*

II.1.4. Ocriculi: Ocriculum ist eine Stadt in Umbrien, jetzt Otricoli.

II.1.5 Istria: Oder *Histria, Istrien, Halbinsel im Adriatischen Meer.* Pons Wörterbuch für Schule und Studium, Latein Deutsch, Stuttgart 2007.

II.1.5 Pola: *Ibidem: a maritime town of Istria.*

II.1.5. Perigeusii ... Petrocoriis: Lewis & Short *ad Petrocorii: a Gallic tribe in Aquitania, in the modern Périgueux.*

II.1.5. Vesunam: *Ibidem, ad Vesuni: a people of Libya.* Der kleine Pauly kennt nur eine Göttin Vesuna.

II.1.5. Arelate: Arelas ist heute Arles (Lewis and Short).

II.1.5. Burdegalae: jetzt Bordeaux (*ibidem*).

II.1.5. Nemausi: Nemausum/us, Stadt in Gallia Narbonensis, heute Nîmes (*ibidem*).

II.1.5. Ligerim: Liger ist jetzt die Loire (*ibidem*).

II.1.6 Helvetii: keltisches Volk.

II.1.6. Auentici: Adventicum ist die Hauptstadt der Helvetier am Murtener See, jetzt Avenches (*ibidem*).

II.2.2. OCTAVIAE ... CARISSIMAE: Diese Inschrift habe ich nicht gefunden. C.F. bedeutet vielleicht *curavit faciundum*, vgl. Lewis & Short *ad* f., aber *et* ist dann nicht begreiflich.

II.2.2. bone senex: Torellus Sarayna.

II.2.2. En argumenta ... vitro: Buchstäblich: Siehe die Argumente aus Blei oder aus Glas.

II.2.4. Cyriaco: Cyriacus Anconitanus: Cf. oben I,9,1. Wiederum findet sich dieses Zitat nicht im *Itinerarium* selbst, sondern in der *Praefatio* zu diesem Text. Dort ist es beinahe wörtlich ein Zitat aus Torellus Sarayna Veronensis liber 2 *De origine et amplitudine civitatis Veronae* (*Nam pag. xiii Edit. Veronensis an. 1540 haec habet:*), dies ist übrigens dasselbe Zitat, woraus Lipsius in I.9.1 zitiert.

II.2.4. Carolo Sigonio: *Caroli Sigonii Historiarum de Occidentali Imperio libri* xx, Basileae, MDLXXIX, S. 30.

II.2.4. Mediolani: Meiland, jetzt Milano.

II.2.4. Aquileae: Aquileia, Lewis and Short: *Aquileia, a town in upper Italy.*

II.2.4. Brixiae: *Ibidem*: *Gallia Gisalpina, now Brebeia.*

II.2.5. Placentiae: *Ibidem*: *a city in Gallia Cispadana, on the Po, the modern Piacenza.*

II.2.5. testimonium Cornelii Taciti: Tacitus, *Historiae* 2,21. Nach *faces* lässt Lipsius *et glandes et missilem ignem in obsessos* aus, nach *dum* lässt er *retorta* aus und er schreibt *esset* statt *foret*.

II.3.2. auctore Sebastiano Serlio: Sebastianus Serlius, *Antiquitates* III,4, Antwerpen 1553, S. 62.

II.3.3. Torello definiente: *Torelli Saraynae De origine et amplitudine civitatis Veronae* 1540, S. 37a/b.

II.4.1. Iulia Pietas: Das Amphitheater in Pola.

II.4.1. Sebastiano Serlio: Sebastianus Serlius, *Antiquitates* III,4, Antwerpen 1553, S. 61.

II.5.2. Rodericus Toletanus: *Roderici Ximenii de Rada Historia de Rebus Hispanie sive Historia Gothica* III,7: *De Irruptione Nemausi et Desperatione Pauli.*

II.5.2. Iohannem Poldum Albenatem: Jean Poldo d'Albenas, *Discours Historial de l'Antique et Illustre Cité de Nismes et la Gaule Narbonoise* XXIIII, Lyon 1569.

II.6.Titel. *Doueona*: (oder Divona) Cahors (Lewis and Short).

II.6.1. Cornelio Aquano: Cornelius Water oder Cornelius Aquarius war Goldschmied und Metallbearbeiter in Leiden. Er war wichtig während der Belagerung von Leiden. A.J. van der Aa, *Biographisch Woordenboek der Nederlanden*, 12. Bd., Haarlem 1878.

II.6.1 Laeuinus Kersmakerus: ibid., 6. Bd., Haarlem 1867. Keersemaker (1528–1613) oder Kaarsemaker gab sich stets andere Namen, z.B. Lieven Janssoon, Lieven Jansz. Boheym, alias Kaersemakere, Levin Jansson Lynchites usw. Er lebte in Zierikzee, war Jurist und war, insbesondere im Kampf gegen die Spanier, in der Politik tätig.

II.6.1. comicus ille: Aristophanes *Vespae* 80. *In margine* steht hier: *Hic morbus esse proprius bonis amat* (*Diese Krankheit pflegt gutartigen Menschen eigen zu sein*).

II.6.2. Andegavis: Lewis and Short: *Andecavi: a Gallic tribe in the region of the present Anjou, with a town of the same name, now Angors.*

II.6.2. Pictones: Lewis and Short: *keltisches Volk in den heutigen Pays de Poiteau.*

II.6.3 Titi Romae amphitheatrum: Das Flavische Amphitheater, das man später das Colosseum nannte. Titus hat es eingeweiht.

II.6.8: Agrippae ... templo: Diesen Tempel baute man unter dem Konsul Markus Agrippa in 27 n. Chr. In 80 n. Chr. ist der Tempel bei einem großen Brand zerstört. Das Pantheon baute man hier zwischen 118 und 125. Jetzt ist es eine Kirche: Die *Santa Maria ad Martyres.*

II.6.14 Doueonam Ptolomaei: G. Bradshaw, *Bradshaw's illustrated travellers' handbook into France*, London, s.d., S. 202: *Cahors ... Ptolemy calls it Doueona after the Latin Divona (from a sacred spring here) ...*

II.6.15. Franciscum: Franciscus I. war König von Frankreich von 1515 bis 1547.

Appendices

Appendix 1: Widmungsbrief an die Kuratoren der Universität

Aufgenommen in die Ausgaben 1584, 1585 und 1589

Nobilissimis amplissimisque viris Iano Dousae, Paulo Busio, Abrahamo ab Almonde, Academiae curatoribus Justus Lipsius dedico,

Opus hoc meum, siue opellam potius, de Amphitheatro vobis, viri amplissimi, inscripsi, vt in parte aliqua exsoluerem et laxarem vinclum istud beneficiorum, quo arte me ligastis. Debere enim largiter me vobis fateor, siue meo nomine, quod hospitem et paene ignotum excepistis, fouistis, ornastis, siue magis publico, quod vitam ac spiritum reddidistis optimarum artium studiis, quae profugae inter insana haec arma apud exteros iam circumspiciebant noui exsilii sedem, sed vos perculsas eas ac trementes firmastis et cum multorum admiratione, quorundam inuidia in ea regione collocastis, quae antea Mercurio magis amica quam Mineruae. Magna haec res et laus apud animos non minutos et quae redundet aliquando necessum est, non ad Belgicae solum commodum, sed christiani huius orbis. Scilicet multum est in his temporum tenebris ac ruinis, lucem tamen aliquam priscae et ingenuae doctrinae retinere sine qua nec memoria rerum temporumque adseruari nec mitescere iuueniles animi serio possint et ad humanitatem imbui ac virtutem. Vt enim fertilissimos agros siluescere paullatim et sentibus obseri necessum sit sine humana subactione aut cultu, sic optima ingenia efferari et inhorrescere sine cultura ista litterarum. Laudabiles igitur vos qui prudenter id vidistis, animose tentastis, feliciter perfecistis vocatis et adductis in nouum hoc Athenaeum viris, quorum aliqui eruditione et splendore nominis clari per Europam. In quo tam praeclaro instituto vt perseueretis, non vos hortor – scio facturos vestra sponte- illud magis rogo, vt munus hoc meum magnae gratitudinis exiguum apud vos pignus sit. Quod vt ad gloriam aliquam vestri nominis faciat, opto et vix spero, iuuentutis tamen nostrae studia adiutum eo iri, sine superbia confido, imo confirmo. Valete.

Nonis ianuariis anni MDLXXXIV

© KONINKLIJKE BRILL NV, LEIDEN, 2015 | DOI: 10.1163/9789004285583_010

Appendix II: Brief an den Leser

Aufgenommen in die Ausgaben 1584, 1585, 1589 und 1598

Ad lectorem,

Cum vniuersam rem spectaculorum veterum illustrare statuissem, muneris, inquam, vtriusque, tum circi et scaenae atque ad eam cogitationem parata mihi iam materia omnis et seges esset, valde pro bono mihi visum imo necessario de locis ipsis eorumque forma quaedam praedici. Nam cum ratio tota ludorum innexa iis et apta sit, sit omnino vt qui illa non capiat, istos parum firmiter teneat et caligans haesitansque nesciat, etiam quae scire se arbitratur. Itaque cum libros meos De Gladiatoribus iam emisissem, non sine caueae senatoriae et equestris aliquo plausu, illos De Venatione in manibus haberem et perpolirem. Hoc quod vides, De Amphitheatro, prius contexui, in quo imago, facies, habitus omnis arenae expressus, qua stilo meo, qua penicillo. Nam nec formas et imagines operum neglexi, etsi fateor maiorem me rationem rituum duxisse quam architecturae. Illis enim haec nostra seruiunt et praelucent vt illos censemus scriptoribus priscis. Tamen nec architectura spreta a me prorsus, quatenus ea quidem ad voluptatem aliquid conferre videretur siue admirationem. Sed quidquid hoc est operae, feriatum id mihi et vere ludicrum fuisse, non nego. Vix enim duodecim dierum tota ista scriptio et meditatio est, quos lege ac more sepositos a seriis publicisque lectionibus transferre mihi visum ad hanc curam. Nec adfirmatione alia res eget, ipsum syntagma ostendet, non ea cura ac cultu fortasse quo quaedam e meis. Sed quid opus aut neruos in remissionibus intendere aut serio tractare ludos? Mihi – licet inuidia audiente et gemente hoc dicam- non ista, non alia ex antiquitate tractare nimis arduum, ad quae explicanda otium fortasse aut voluntas deesse mihi poterit vix facultas. Nec placeant sibi nimis, qui nescio quid tale adnotant et decerpunt per partes. Sed me amor alius studii iam incendit et acri quodam thyrso pectus mihi percussit alta illa diua. Sapientiam intellego, cuius meracos purosque fontes nunquam erit vt nimis misceam aut diluam mitioribus istis succis. Adhibebo tamen, sed vt lusum, non vt curam, vt accessionem, non vt opus. Quem eumdem animum in his talibus, mi lector, ex animo tibi opto. Salue.

Appendix III: Errataliste

Aufgenommen in die Ausgabe 1584

Pag. 16. De rasa arena Ouidii[1], possit Epitheti et haec caussa adferri, quod superficies tota arena aequabilis et velut rasa.

Pag. 55. Haec verba, *Formam ex aere hic vides*[2]. Discriminari alia littera a reliquo textu et secerni debebant: quia non dialogi pars, sed seorsum apposite ad indicium de subiecta graduum forma.

Pag. 65. *Lin. 15. In Murenam*[3]. Scribe *Maenam*.

Appendix IV: Priuilegium von Maximilianus II.

Aufgenommen in die Ausgaben 1584, 1585 und 1589

Priuilegii Caesarei Summa

Maximiliani II Romanorum Imperatoris semper Augusti, publico edicto cautum et sancitum est, ne quis cuiuscunque status, gradus, ordinis aut conditionis fuerit, quacunque sacri Romani imperii et ditionis eius fines patent, quaecunque probatorum auctorum opera, quotquot vel hactenus nondum impressa, vel ab aliis quidem impressa, nouis autem deinceps scholiis, annotationibus aut commentariis aucta et illustrata, Christophorus Plantinus ciuis et typographus Antuerpiensis primus typis procuderit, inter proximum sexennium a prima cuiusque operis aut voluminis editione, vllo pacto eiusdem vel diuersi characteris forma excudat, aut excusa ab aliis, intra eiusdem Maximiliani et imperii fines vendenda importet, seu quouis modo distrahat manifeste vel occulte, sub poena decem Marcharum auri puri, quarum dimidia fisco imperiali fraudis vindici, residua vero pars praenominato Plantino cedat, praetor librorum ad imitationem impressorum amissionem, quos idem Plantinus vbicunque locorum nactus fuerit per se vel suos adiumento magistratus loci, vel citra propria auctoritate sibi vindicare inque suam potestatem redigere poterit. In cuius rei fidem ipsi edicto manu subscripsit et sigillum apponi iussit caesarea maiestas. Datum in ciuitate Viennae Austriae, die vigesima prima mensis februarii anno Domini MDLXV.

---

1 Hier Kapitel III.2
2 Hier Kapitel XIII.11, aber siehe den kritischen Apparat.
3 Hier Kapitel XIV.7, siehe den kritischen Apparat.

Subsignatum
Maximilianus
Ad mandatum sacrae caesareae maiestatis proprium
Haller[4]

Appendix v: Priuilegium vom König von Frankreich

Aufgenommen in die Ausgaben 1584, 1585 und 1589

Priuilegium Galliarum regis

Cautum Henrici III, Galliarum regis priuilegio, ne quis in omni eius regno libros totos
aut in parte quoscunque Chistophorus Plantinus aut nouos excuderit aut veteres, sed
correctos siue illustratos aut adnotatos eosce iterum excudat, excudi faciat aut excu-
sos vendat. Idque intra sexcennium a cuiusque libri editione. Id autem hoc fine, vt ne
idem Plantinus laborum suorum sumptuumque meritissimo fructu priuetur cogatur-
que tandem intermittere aut omittere laudabile suum munus, cum detrimento republi-
cae litterariae et doctorum. Qui contra fecerit, sciat paratum librorum confiscationem
aliasque poenas siue mulctas quae regiis edictis continentur. Cum lege tamen ne iidem
libri quicquam contineant quod vel religioni catholicae apostolicae Romanae vel huius
regni statui aduersetur. Atque huius edicti exemplar cum fronti aut calci cuiusque operis apponetur nullus typographorum siue bibliopolarum vllam ignorantiae caussam
praetexat. datum Fontibellaquae quinta augusti MDLXXXII

signatum
Per regem,
De Neufuille[5]

---

4 Übersetzung: Unterzeichnet: Maximilian (Kaiser Maximilian II) Auf die eigene Anordnung
   der heiligen kaiserlichen Majestät, Haller. Haller steht für Wolf Haller von Raitenbuch (ca.
   1525–1591), Mitglied von Maximilians kaiserlichen Rat, ungefähr Minister.
5 Nicolas de Neufville, Herr von Villeroy, (1543–1617) war Statssekretär unter König Henry III
   von Frankreich.

Appendix VI: Widmungsbrief an Abraham Ortelius

Aufgenommen in die Ausgaben 1584, 1585, 1589 und 1598

Iustus Lipsius Abrahamo Ortelio suo salutem dicit

Nae tu benefica quadam natura es, mi Orteli, qui rem omnem tuam librariam tam prompte non offers mihi solum, sed vltro adfers. Vix inieceram de libellis aliquot, tu mihi promis largiter ex vbere tua penu et ambabus, quod Graeci dicunt, manibus donas. Amo iure, vt antea virtutem modestiamque tuam, sic prolixum hunc amorem. Nec diffiteor vsui mihi apparatum istum fuisse ad meam hanc arenam.

Illa praesertim Serlii, quae etsi ad Architecturam externam inprimis spectatur, quam anxie hic non quaesiui, tamen infuere iis, quae in forma facieque ipsa loci, gressus meos vacillantes direxerint aut firmarint. Imagines enim aliquot talium monumentorum cum iudicio et fide repraesentat, quorum adspectus viam nobis in parte sternit ad intellectum veterum morum. Et quanquam ipsi coram ea olim vidimus et per biennium fere solum pressimus dominae vrbis, tamen vt adolescentia nostra tunc fuit nec abdita illa et a fronte remota rerum penetrauimus nec tum accuratione satis excerpsimus, quidquid ad meliorem vsum.

Scilicet erraui eumdem errorem, quam plerique hodie mihi compares et pueritiam ado- lescentiamque perigrinationibus dedi, quae iudicium et dilectum profecto quaerunt, id est, virum. Quot mihi in animo et oculis ex istis qui varias terras et maria circulati sunt? Adeo cum nullo suo fructu, vt plerique vitia tantum imbiberint et animi corporisque morbos. Partem eorum Scylla quaedam libidinem abripuit, partem Charybdis aliarum voluptatum. Nos ipsi quod salui fretum hoc enauimus, nunquam alteri adscripserim, quam bono meo Deo. Iam illi qui rem fecisse sibi atque aliis videntur, quid referunt ex hoc mercatu? Externos gestus, vestitus, linguas, boni moris ac virtutis, pauci igniculum aliquem aut semen.

Atque vt Appion ille, falso Polyhistor, cum Homerum ab inferis magno molimine euocasset, nihil eum interrogauit nisi: vnde domo? Sic plerique istorum adolescentium in occasione praeclara discendi futilia tantum confectantur. Itaque vt veram perigri- nationem laudo susceptam maturo iudicio, maturo aeuo – dux enim illa, non nego, ad prudentiam et rerum vsum- sic iuuenilem et vanam hanc iure nunc damno et abhorreo, quae mihi similis longae nauigationi videtur sine meta, sine portu. Iactantur in naui, circumaguntur variis ventis et cum ad terram et ad seipsos flectunt oculos, vident non multum se, sed diu nauigasse.

Sed aberro et in hoc perigrinationis sermone a re mea ipse perigrinor. Domum et ad me, imo ad te redeo, cui donum mittimus, imaginum eiusmodi aliquot amphitheatralium declineationes. Ac pluria sane superesse scio in Italia, Hispania, Gallia, sed cum omnia fere ad par exemplum, quid opus pluribus exemplis? Illustria aut nouata sumpsi et dono per se tenui ac vix dono, bracteam aliquam verborum circumdedi et velut lucem nostrae interpretationis. Tu, mi Orteli, paruum hoc, sed non fallax animi mei monumentum habe, monumentum, cui ex vetere formula dolus certe malus abest, vale

Appendix VII: kleiner Brief an den Leser

Aufgenommen in die Ausgaben 1584, 1585, 1589 und 1598

Ad lectorem,

Monitum te volo, lector, incidisse me, cum haec scripsissem, in Eliae Vineti eruditissimi viri libellum, qui Burdigalensium Antiquitates continebat vulgata Gallorum lingua. In eo de amphitheatro eius vrbis haec fere: situm esse ab urbe veteri cccc circiter passibus, longitudinem arenae eius esse pedum ccclxx, latitudinem ccxxx. Vulgo palatium Gallieni appellari, fortasse eo quod is princeps extruxerit, vocari etiam arenam idque nomen exstare in monumentis ecclesiae Sancti Seuerini. Formam eius etiam vidi et accepi ab amico, sed in qua pretium nullum expressionis.

(An den Leser,

Leser, ich möchte sie darauf aufmerksam machen, dass ich, als ich dies geschrieben hatte, auf das Büchlein von dem sehr gelehrten Herrn Elia Venetus stieß, das die Altertümlichkeiten der Burdigalensen in der altäglichen Sprache der Gallier enthielt. Darin steht ungefähr das Folgende über das Amphitheater seiner Stadt: Es ist etwa 400 Fuß von der alten Stadt gelegen. Die Länge der Arena ist 370 Fuß, die Breite 230. Man nannte es üblicherweise den Palast von Gallienus, vielleicht darum, weil dieser Kaiser es gegründet hatte. Sie nannten es auch die Arena. Dieser Name kommt noch vor in den Akten der Kirche von Sankt Severinus. Eine Abbildung habe ich auch gesehen und von einem Freund übergenommen, aber es ist nicht die Mühe einer Besprechung wert.)

Appendix VIII: Lobgedicht für Lipsius

Aufgenommen in die Ausgabe 1585

Ad librum De Amphitheatro Iusti Lipsii viri clarissimi
Nullis ludorum pompam non laudibus aequas
et credis maius, Dardana Roma, nihil.
Mobile roboribus se soluens, amphitheatrum
effers, quod populo bina theatra dedit.
Moli Caesareae septem miracula mundi,
Bilbilice o vates, inferiora canis.
Venit iam tempus, Romana attende propago
quo vestra haec, nullo sint in honore, opera.
Omnis Lipsiaco cedit decor amphitheatro,
laudem, multorum quae fuit, vnus habet.

Ad eumdem
Moribus antiquis[6] res stat Romana virisque
eximium antiquis moribus ecce virum
ritibus et studio antiquus, sed cetera Belga,
munera dat priscis ritibus et studio.
An ne ergo e tenebris superas emergit ad oras,
unde nouam lucet, Martia Roma, facem?
Fallor, quid Marti et Musis? Venerabile Iusti
Lipsii Apollineo numine nomen agit.
Dignam igitur Musis Romanam surgere gentem
Fascia Phoebaea viget, Martia Roma iacet.
Amphitheatralem Charites sine sanguine pompam
ac Suada et Phoebi turba nouena colunt
Tu Martem Stygiis, Musas aequabis Olympo
Delphicola o Romae Romaque Delphicolae
Θεοῦ δῶρον Ἡσύχος.

---

6   *Moribus antiquis* ist Lipsius' Leitspruch.

Appendix IX: Gedicht von Justus Raphelengius

Aufgenommen in die Ausgabe 1589

Ad librum De Amphitheatro
Iusti Lipsii viri clarissimi
Quod fuerat magnis quondam decus amphitheatris
longaeua annorum sustulerat series
et quamuis olim cunctorum in se ora trahebant
cognita et Eois cognita et Hesperiis
ignorata diu tamen atque inhonora iacebant
nilque erat e prisca nobilitate super.
Ipsum etiam nomen periisset, si modo certum
ferre recusasset Lipsius auxilium.
Ast hic illorum casum miseratus acerbum
amphitheatra suo restituit decori.
Et, quae iure bono potuissent rudera dici
antiquo tanden nomine digna facit
iure igitur dubites quoniam pro talibus ausis
Lipsiaden potius condecores titulo
An Caesar dicendus erit, qui plus facere vnus
ingenii mira dexteritate potest
quam tot caesareo gaudentes nomine quorum
Roma diu celsu paruit imperio?
Nam quae millenos vix hi potuere per annos
praestitit exiguo Lipsiades spatio.
Adde, quod horum quae fragili sunt condita dextra
cedant damnosi temporis arbitriis
sed quae Lipsiadae docta sunt condita mente
vincent damnosi temporis arbitria,
quare aliquid maius quaerendum est, quod mage dignum
sit dio magni Lipsiadae ingenio
quid tamen inueniam? Tantum illud dixero Lipsi
nulla tuas laudes pagina mensue capit.

Iustus Raphelengius

Appendix x: Priuilegium von Rudolphus

Aufgenommen in die Ausgabe 1598

Priuilegium Caesareum

Rudolphus secundus diuina fauente clementia electus Romanorum imperator semper Augustus ac Germaniae, Hungariae, Bohemiae, Dalmatiae, Croatiae, Sclauoniae rex, archidux Austriae, dux Burgundiae, Stiriae, Carinthiae, Carniolae et Wirtembergae et cetera, comes Tirolis etcetera nostro et sacri imperii fideli dilecto Iusto Lipsio gratiam nostram caesaream.

Postquam inter alia, quae Deus immortalis hominibus liberali manu dedit dona, illustria imprimis illa et quasi diuina sunt, quae in litteris liberalibusque disciplinis consistunt, quibus scilicet homines non tantum ab animalibus ceteris rationis expertibus, sed a rudi etiam et imperito hominum vulgo ita distinguuntur, vt tanquam dii quidam splendescere in terris videantur. Rem sane praeclaram seque dignam illi praestant, qui diligentem iis ipsis in litteris ac disciplinis operam ponunt, praeclarissimam vero et reipublicae vtilissimam, qui eas ita excolunt, vt aliorum menti docendo, scribendo lumina praeferant eosque ex ignorantiae tenebris quasi manu educant. Quos excitare, quos amare atque animare ad dignitatis nostrae munus, ad quod diuino vocati beneficio concessuque sumus imprimis pertinere existimamus.

Cum itaque ab iis, quorum nobis spectata fides quique iudicare de litteris possint, acceperimus insignes te animi ingeniique tui dotes tibi a natura insitas a primis temporibus aetatis tuae ita litterarum ac disciplinarum studiis excoluisse atque exornasse, vt olim iuuenilibus adhuc annis praeclara florescentis minimeque vulgaris eruditionis specimina praebueris, dum obscura in antiquis scriptoribus loca, quae quaedam tanquam lustra erant, illustrasti quaeque in iis iniuria temporum deprauata et corrupta fuerunt, restituisti, dum vetusta latinae antiquitatis rudera in nouam subinde structuram singulari artificio eleganter conuertisti ad exquisitam adeo et raram doctrinam, quae magnam de te apud doctos quosque viros opinionem excitarit, peruenisse eamque variis abs te libris acri et graui cum iudicio scriptis atque in lucem editis ostendisse, vt in eo quod tam feliciter tractes scriptionis genere paucos tibi pares hodie reperire sit, iam vero matura te aetate virum, viro magis magisque digna et viris doctis grata ac reipublicae vtilia scribere quaeque a primis illis romanis olim auctoribus scripta fuerunt a mendis purgare et lectissimos quosque ex Musarum hortis in quibus assidue verseris, flores colligere, concinnare, quibus lectores mirifice recrees et eorum pectus ad prudentiam probitatemque informes, haudquaquam praetermittere voluimus, quin reipublicae, ad quam haec abs te ornamenta conferuntur, causa caesareo te nostro

elogio decorandum et quamuis per te satis ipse animatus sis, animandum magis patricinioque nostro defendendum pro benigna nostra in te susciperemus voluntate.

Quoniam vero lucubrationibus atque operibus tuis in lucem edendis peculiarem te eligere velle typographum accepimus, diplomate hoc nostro priuilegioque te et typographum tuum aduersus quoruncumque fraudem, qui lucri causa, quod fieri solet, eadem excudere aut typis imitari forte velint, munitos cupimus. Quamobrem pro auctoritate nostra caesarea decernimus, statuimus vetamusque ne quis typographorum, bibliopolarum aut aliorum, qui librariam negotiationem exercent, eos libros quos tu editurus es quocunque modo charactere aut forma siue integros siue aliquam eorum partem typis imitari, edere, excudere aut venundare intra sacri romani imperii regnorumque ac dominiorum nostrorum haereditariorum fines triginta annis proximis a primo editionis die computandis absque tuo tuorumue haeredum consensu audeat: hac autem lege addita vti tria vt minimum cuiusque libri exemplaria, quemadmodum moris est, ad imperialem nostram cancellariam mittantur. Si quis vero edictum hoc nostrum transgredi, violare aut contemnere deprehensus fuerit, eum non solum eiusmodi libris tibi haeredibusue tuis auxilio magistratus vbicunque reperti fuerint vendicandis priuari, sed triginta etiam marcharum auri puri mulcta cuius semissis quidem fisci nostri procuratori fraudis vindici, alter vero semissis tibi haeredibusue tuis pendatur puniri volumus.

Mandantes vniuersis et singulis nostris et sacri romani imperii subditis et fidelibus dilectis tam ecclesiasticis quam politicis cuiuscumque status gradus aut ordinis extiterint, praesertim vero iis qui in magistratu constituti vel suo vel superiorum suorum loco aut nomine ius dicunt iustitiamue exercent, ne quemquam hoc priuilegium nostrum impune violare, spernere aut negligere patiantur, sed si quos contumaces compererint, constituta a nobis mulcta eos puniri et quibuscunque modis coerceri curent, ni et ipsimet grauissimam nostram in se conuertere indignationem velint. Id quod hoc diplomate manu nostra subscripto et caesarei nostri sigilli impressione munito confirmamus. Datum in arce nostra regia Pragae die prima mensis augusti anno domini millesimo quingentesimo nonagesimo secundo. Regnorum nostrorum romani decimo septimo Hungarici vigesimo et Bohemici itidem decimo septimo.

Subsignatum
Rudolphus[7]

---

7   Kaiser Rudolphus II (1552–1612) war der älteste Sohn und Nachfolger von Kaiser Maximilian
    II.

Appendix XI: Priuilegium von Philippus

Aufgenommen in die Ausgabe 1598

Summa Priuilegii Regii

Philippus Dei gratia Hispaniarum etcetera rex catholicus diplomate suo sanxit, nequis Iusti Lipsii historiarum in alma vniuersitate Louaniensi professoris et item historiographi sui libros quoscunque a censoribus legitimis approbatos praeter ipsius heredumue eius voluntatem intra triginta annos a prima singulorum librorum editione computandos imprimat aut alibi terrarum impressos in has inferioris Germaniae ditiones importet venalesue habeat. Qui secus faxit praeter librorum confiscationem triginta marcharum auri puri illatione mulctabitur. Vti latius patet in litteris datis Bruxellae xiv. februarii MDXCVIII

Signatum
Verreycken[8]

Appendix XII: Approbatio

Aufgenommen in die Ausgabe 1598

Approbatio

Hos duos Iusti Lipsii de amphitheatro libros dignos censeo qui recundantur tum ob genus dictionis priscum astrictumque, tum quod eruditis eiusdem de gladiatoribus ac venatione libris qui veterum monumentis plurimum lucis adferunt, veluti facem praeferant nihil interim admiscentes quod sanae fidei quoquo modo repugnet. Hac 22 julii 1598

Guilielmus Fabricius Nouiomagus, apostolicus ac regius librorum censor[9]

---

8 Louis Verreycken (starb am 23. Oktober 1521, 69 Jahre alt) war Statssekretär unter König Philippus von Spanien.

9 Guilielmus Fabricius Noviomagus/ Smit/ Schmidt Fabricius Wilhelmus (Nijmegen 1553–1628 Leuven) war Theologe und wurde am 5. November 1596 *censor librorum*.

Appendix XIII: für die Verleger von Plantijn

Aufgenommen in die Ausgabe 1598

Tibi, Ioannes Morete, pro amicitia quae mihi cum Plantino (heu, quondam meo) et Plantinianis est ac fuit, tibi, inquam, permitto, vti hos De Amphitheatris libros auctos et correctos typis tuis excudas ac diuulges. Nequis alibi alius praeter te cupio siue iubeo ex lege quam magnus caesar et rex meus dixerunt.

Iustus Lipsius

Antuerpiae ex officina Plantiniana apud Ioannem Moretum MDXCVIII

Literaturverzeichnis

Primärliteratur: Renaissance Ausgaben

Erasmi Opera Omnia II,4, Adagia, ed. F. Heinimann und E. Kienzle, Amsterdam 1987.

Erasmi Opera Omnia II,5, Adagia, ed. F. Heinimann und E. Kienzle, Amsterdam 1981.

Erasmi Opera Omnia II,8, Adagia, ed. A. Wesseling, Amsterdam 1997.

Erasmi Opera Omnia, Leiden 1703–1706.

Iusti Lipsii De Amphitheatro liber in quo forma ipsa loci expressa et ratio spectandi cum aeneis figuris omnia auctiora vel meliora. Antuerpiae ex officina Plantiniana apud Ioannem Moretum, MDXCVIII, cum priuilegiis caesareo et regio.

Iusti Lipsi De Amphitheatro liber in quo forma ipsa loci expressa et ratio spectandi cum aeneis figuris, Antuerpiae apud Christopher Plantinum, Lugduni Batauorum ex officina Christophori Plantini, MDLXXXIV.

Iusti Lipsi De Amphitheatro liber in quo forma ipsa loci expressa et ratio spectandi cum aeneis figuris, Antuerpiae apud Christophorum Plantinum, MDLXXXV.

Iusti Lipsi De Amphitheatro liber in quo forma ipsa loci expressa et ratio spectandi cum aeneis figuris, Antuerpiae apud Christophorum Plantinum/ Lugduni Batauorum ex officina Christophori Plantini, MDLXXXIX.

Iusti Lipsii De amphitheatris quae extra Romam libellus in quo formae eorum aliquot et typi, Antuerpiae ex officina Plantiniana apud Ioannem Moretum MDXCVIII cum priuilegiis Caesareo et regio.

Iusti Lipsii De amphitheatris quae extra Romam libellus in quo formae eorum aliquot et typi, Antuerpiae apud Christophorum Plantinum MDLXXXIV.

Iusti Lipsii De amphitheatris quae extra Romam libellus in quo formae eorum aliquot et typi, Antuerpiae apud Christophorum Plantinum MDLXXXV.

Iusti Lipsii De amphitheatris quae extra Romam libellus in quo formae eorum aliquot et typi, Lugduni Batauorum ex officina Plantiniana apud Franciscum Raphelengium MDLXXXIX.

Iusti Lipsii De Recta Pronunciatione Latinae Linguae Dialogus, editio ultima Antuerpiae, ex officina Plantiniana, apud Ioannem Moretum 1599.

Justus Lipsius, *De Constantia, Von der Standhaftigkeit, Lateinisch-Deutsch, übersetzt, kommentiert und mit einem Nachwort von F. Neumann*, Mainz 1998.

Lipsius, *Over standvastigheid bij algemene rampspoed, vertaald, ingeleid en van aantekeningen voorzien door P.H. Schrijvers*, Baarn 1983.

Von der Geistesstärke, Die Constantia des Justus Lipsius übersetzt von Karl Beuth, Internetpublikation: www.lipsius-constantia.de.

Justus Lipsius, *Twee boecken vande stantvasticheyt, vertaald door J. Mourentorf met inleiding en aantekeningen door H. van Crombruggen*, Amsterdam, Antwerpen 1948

Justus Lipsius, *von der Bestendigkeit (de Constantia), facsimiledruck der deutschen Über-setzung des Andreas Viritius, nach der zweien Auflage von c. 1601 mit den wichtigsten Lesarten der ersten Auflage von 1599, herausgegeben von Leonard Forster*, Stuttgart 1965.

Iusti Lipsii Physiologiae Stoicorum libri III L. Annaeo Senecae aliis auctoribus illustrandis, Antuerpiae ex officina Plantiniana apud Ioannem Moretum 1604.

Iusti Lipsii Manuductionis ad Stoicam Philosophiam libri tres, Antuerpiae ex officina Plantiniana apud Ioannem Moretum 1604.

Iusti Lipsii ad Annales Corn. Taciti liber Commentarius sive notae, Lugduni apud Ant. Gryphium, MDLXXXV.

Iusti Lipsi de duplici concordia oratio, non prius edita, Tiguri 1600.

Kyriaci Anconitani Itinerarium nunc primum ex ms. cod. in lucem erutum, ed. Laurentius Mehus, Florentiae 1742.

M. de Montaigne, *Les Essais*, ed. D. Bjaï, B. Boudou, J. Céard und I. Pantin, Paris 2001.

Iosephi Scaligeri Iulii Caes. F. Ausoniarum Lectionum Libri Duo, Heidelbergae MDLXXXVIII.

Sebastianus Serlius, *Antiquitates*, Antwerpen 1553.

Caroli Sigonii Historiarum de Occidentali Imperio libri xx, Basileae, MDLXXIX.

Martini Smetii inscriptionum antiquarum quae passim per Europam liber, accessit Auc-tarium a Iusto Lipsio, ex officina Plantiniana apud Franciscum Raphelengium, 1588.

C. Iulii Solini Collectanea Rerum Memorabilium, ed. T. Mommsen, Berlin 1895.

Vita Hippocratis secundum Soranum, ed. I. Ilberg, Leipzig, Berlin 1927.

C. Suetonii Tranquilli XII Caesares, Theod. Pulmanni Craneburgii opera et studio emen-dati, in eisdem Annotationes atque Lectiones Varietates et Doctissimorum Hominum Scriptis, et ex Vetustis Vulgatisque Libris ab eodem collectae, ... Ioann. Baptistae Egna-tii, D. Erasmi Roterodami et Henrichi Glareani in Suetonium Annotationes, Antuer-piae, ex officina Christophori Plantini Archetypographi Regii, 1574.

Iusti Lipsi Ad Annales Corn. Taciti Liber Commentarius sive Notae. Antuerpiae, ex offi-cina Christophori Plantini Architypographi Regii 1581.

Roderici Ximenii de Rada Historia de Rebus Hispanie sive Historia Gothica, ed. J.F. Val-verde, Corpus Christianorum Series Latina, Turnhout 1987.

Torelli Saraynae De origine et amplitudine civitatis Veronae, Verona 1540.

Adriani Turnebi Regii quondam Lutetiae Professoris Opera nunc primum ex Bibliotheca Amplissimi Viri, Stephani Adriani F. Turnebi Senatoris Regii in unum Collecta, Emen-data, Aucta und Tributa in tomos III ..., Argentorati Sumptibus Lazari Zetzneri Bibliopolae Anno Domini 1600.

Domitii Ulpiani Fragmenta Libri Singularis Regularum et Incerti Auctoris Collatio Legum Mosaicarum et Romanarum, quibus notas adiecit Joannes Cannegieter, Trajecti ad Rhenum, apud Gulielmum Henricum Kroon, bibliopolam, 1768.

Maurus Servius Honoratus, *Commentarius in Bucolica, Georgica et Eneidem Vergilii*, Argentorati, Joh. Mentelin., c. 1470–1471 (i.e., nach dem Bibliothekkatalog, denn die Titelseite ist nicht vorhanden, es gibt auch keine Paginierung und auch keine Zeilennummerierung).

L. Annaei Flori Epitomae Libri II et P. Anni Flori Fragmentum De Vergilio Oratore An Poeta, ed. O. Rossbach, Leipzig 1896.

P. Victoris De Regionibus Vrbis Romae Liber, sine loco, sine anno.

Widukindi Monachi Corbeiensis Res Gestae Saxonicae, ed. G. Waitz und K.A. Kehr, Hannover, Leipzig 1904.

Ioannis Xiphilini Epitome Dionis, Domitianus, Romanae Historiae scriptores Graeci minores, qui partim ab urbe condita, partim ab Augusto imperio res romanas memoriae prodiderunt ... Dionis Epitome per Ioannem Xiphilinum facta ... tomus tertius, Francofurdi apud Andreae Wecheli heredes, Claudium Marnium et Ioannem Aubrium anno Christi 1590.

Nicht publizierte Quelle

Die Akten des Kirchenvorstands, 4 Bände im regionalen Archiv Leiden (Nederlandse Hervormde Kerkenraad, Bd. 1, 21, 141 und 160). Diese Bände geben Informationen von ab 1574.

Moderne Ausgaben und Übersetzungen von Lipsius

Gerlo, A., M.A. Nauwelaerts und H.D.L. Vervliet, *Iusti Lipsi Epistolae*, pars I: 1564–1583, Brüssel 1978.

Nauwelaerts, M.A. und S. Sué, *Iusti Lipsi Epistolae*, pars II, 1584–1587, Brüssel 1983.

Sué, S. und H. Peeters, *Iusti Lipsi Epistolae*, pars III, 1588–1590, Brüssel 1987.

De Landtsheer, J. und J. Kluyskens, *Iusti Lipsi Epistolae*, pars V: 1592, Brüssel 1991.

De Landtsheer, J., *Iusti Lipsi Epistolae*, pars VI: 1593, Brüssel 1994.

De Landtsheer, J., *Iusti Lipsi Epistolae*, pars VII: 1594, Brüssel, 1997.

Papy, J., *Iusti Lipsi Epistolae*, pars XIII: 1600, Brüssel 2000.

Justus Lipsius, *De Constantia, Von der Standhaftigkeit, Lateinisch-Deutsch, übersetzt, kommentiert und mit einem Nachwort von F. Neumann*, Mainz 1998.

Justus Lipsius, Leuven, beschrijving van de stad en haar universiteit, Latijnse tekst met inleiding, vertaling en aantekeningen door J. Papy, Leuven 2000.

Iusti Lipsii Saturnalium sermonum libri duo, qui de gladiatoribus, Lipsius' Saturnaliengespräche, eine textktitische Ausgabe mit Übersetzung, Einführung und Anmerkungen, ed. Andrea Steenbeek, Leiden, Boston 2011.

Sekundärliteratur

Abel, G., *Stoizismus und frühe Neuzeit, zur Entstehungsgeschichte modernen Denkens im Felde von Ethik und Politik*, Berlin 1978.

Auffarth, C., *Living Well and Living On: Matyrdom and the imago vitae in the Early Modern Age* in: J. Dijkstra, J. Kroesen und Y. Kuiper, edd., *Myths, Martyrs and Modernity, Studies in the History of Religions in Honour of Jan N. Bremmer*, Leiden 2009, S. 569–592.

Beuth, K., *Weisheit und Geistesstärke, eine philosophiegeschichtliche Untersuchung zur „Constantia" des Justus Lipsius*, Frankfurt am Main 1990.

van de Bilt, A.M., *Lipsius' De Constantia en Seneca*, Nijmegen 1946.

Dilthey, W., *Weltanschauung und Analyse des Menschen seit Renaissance und Reformation*, Gesammelte Schriften II. Band, 11. unveränderte Auflage 1991, Stuttgart, Göttingen 1991.

Dusoir, R., J. de Landtsheer und D. Imhof, edd., *Justus Lipsius (1547–1606) en het Plantijnse huis*, Antwerpen 1997.

Enenkel, K.A.E., *Humanismus, Primat des Privaten, Patriotismus and Niederländischer Aufstand: Selbstbildformung in Lipsius' Autobiographie*, in: K. Enenkel und C. Heesakkers, *Lipsius in Leiden, studies in the life and works of a great humanist on the occasion of his 450th anniversary*, Voorthuizen 1997, S. 13–45.

Enenkel, K.A.E., *Lipsius als Modellgelehrter: Die Lipsius-Biographie des Miraeus*, in: *Iustus Lipsius, Europae Lumen et Columen, Proceedings of the International Colloquium Leuven 17–19 September 1997*, ed. G. Tournoy, J. De Landtsheer and J. Papy, Leuven 1999, S. 47–66.

Günther, J., *Lebensskizzen der Professoren der Universität Jena seit 1558 bis 1858, eine Festgabe zur dreihundertjährigen Säcularfeier der Universität ...*, Jena 1858.

Heesakkers, C.L., *Justus Lipsius and the Dousa Family*, in: *The world of Justus Lipsius: a contribution towards his intellectual biography, Proceedings of a colloquium held under the auspices of the Belgian Historical Institute in Rome*, ed. M. Laureys e.a., Brussel, Rome 1998, S. 355–271.

Heesakkers, C.L., *Lipsius en de Leidse vrienden* in: J. De Landtsheer, *Lieveling van de Latijnse taal, Justus Lipsius te Leiden herdacht bij zijn vierhonderdste sterfdag*, Leiden 2006, S. 231–237.

Heesakkers, C.L., *Lipsius, Dousa en Jan van Hout ...* in: *Lipsius in Leiden ...*, ed. C.L. Heesakkers und K.A.E. Enenkel, Voorthuizen 1997, S. 93–120.

van Houdt, T. und J. Papy, *Modestia, Constantia, Fama: Towards a Literary and Philosophical Interpretation of Lipsius' De Calumnia Oratio*, in: *Iustus Lipsius, Europae Lumen et Columen, Proceedings of the International Colloquium Leuven 17–19 September 1997*, ed. G. Tournoy, J. De Landtsheer and J. Papy, Leuven 1999, S. 186–220.

Imhof, D., *The Illustration of Works by Justus Lipsius published by the Plantin Press*, in: *Ius-*

tus Lipsius, Europae Lumen et Columen, Proceedings of the International Colloquium Leuven 17–19 September 1997, ed. G. Tournoy, J. De Landtsheer and J. Papy, Leuven 1999, S. 67–81.

Lagrée, J., *Juste Lipse, l'âme et la vertu*, in: *Iustus Lipsius, Europae Lumen et Columen, Proceedings of the International Colloquium Leuven 17–19 September 1997*, ed. G. Tournoy, J. de Landtsheer and J. Papy, Leuven 1999, S. 90–106.

Laureys, M., *Lipsius and Pighius: The Changing Face of Humanist Scholarship*, in: *The world of Justus Lipsius: a contribution towards his intellectual biography, Proceedings of a colloquium held under the auspices of the Belgian Historical Institute in Rome*, ed. M. Laureys e. a., Brussel, Rome 1998, S. 329–344.

De Landtsheer, J., *Lipsius' Letters of Comfort: a Tribute to Consolatio in Cicero and Seneca*, in: *Iustus Lipsius, Europae Lumen et Columen, Proceedings of the International Colloquium Leuven 17–19 September 1997*, ed. G. Tournoy, J. De Landtsheer and J. Papy, Leuven 1999, S. 17–33.

De Landtsheer, J., *Lieveling van de Latijnse taal, Justus Lipsius te Leiden herdacht bij zijn vierhonderdste sterfdag*, Leiden 2006.

De Landtsheer, J., *Pius Lipsius or Lipsius Proteus?* In: *Between Scylla and Charybdis ...*, ed. J. De Landtsheer und H. Nellen, Leiden 2011.

Molhuysen, P.C., *Bronnen tot de geschiedenis der Leidsche universiteit*, 1. Bd., 1574–7 februari 1610, Den Haag 1913.

Morford, M.P.O., *Stoics and Neostoics, Rubens and the circle of Lipsius*, Princeton, New-Jersey 1991.

Morford, M.P.O., *Life and Letters in Lipsius' Teaching*, in: *Iustus Lipsius, Europae Lumen et Columen, Proceedings of the International Colloquium Leuven 17–19 September 1997*, ed. G. Tournoy, J. De Landtsheer and J. Papy, Leuven 1999, S. 107–123.

Nellen, P., *Lipsius, Scaliger and the Historians*, in: *The world of Justus Lipsius: a contribution towards his intellectual biography, Proceedings of a colloquium held under the auspices of the Belgian Historical Institute in Rome*, ed. M. Laureys e. a., Brussel, Rome 1998, S. 233–254.

Nordman, V.A., *Justus Lipsius als Geschichtsforscher und Geschichtslehrer, eine Untersuchung*, Helsinki 1932.

Oberman, H.T., *Van Leiden naar Leuven, de overgang van Justus Lipsius naar eene Roomsche Universiteit*, in: *Nederlandsch Archief voor Kerkgeschiedenis* 5, ed. J. Pijper, 's-Gravenhage, 1908, S. 68–111, 191–227, 269–304.

Oestreich, G., *Geist und Gestalt des frühmodernen Staates*, Berlin 1969.

Otterspeer, W., *Groepsportret met dame*, Amsterdam 2000.

Papy, J., *The Ulysses Theme in Justus Lipsius's Correspondence*, Neulateinisches Jahrbuch: Journal of Neo-Latin Language and Literature, 2 (1999), S. 183–198.

Papy, J., *Erasmus's and Lipsius's Editions of Seneca: A ‚Complementary' Project?* Erasmus of Rotterdam Society Yearbook, 22 (2002), S. 10–36.

Papy, J., *The Use of Medieval and Contemporary Sources in the History of Louvain of Justus Lipsius (1547–1606): the Lovanium (1605) as A Case of Humanist Historiography*, Lias: Sources and Documents relating to the Early Modern History of Ideas, 29 (2002), S. 45–62.

Papy, J., *An Antiquarian Scholar between Text and Image? Justus Lipsius, Humanist Education, and the Visualization of Ancient Rome*, Sixteenth Century Journal, 35 (2004), S. 97–131.

Papy, J., *Justus Lipsius and the German Republic of Letters: Latin Philology as a Means of Intellectual Exchance and Influence*, in: ed. E. Keßler und H.C. Kuhn, *Germania Latina/Latinitas teutonica: Politik, Wissenschaft, humanistische Kultur vom späten Mittelalter bis in unsere Zeit*, Humanistische Bibliothek: Texte und Abhandlungen, I-Abhandlungen/54, München 2003, S. 523–538.

Papy, J., *Lipsius's (Neo-)Stoicism: constancy between Christian faith and Stoic virtue*, in: ed. H.W. Blom und L.C. Winkel, *Hugo Grotius and the Stoa*, Assen 2004, Grotiana, N.S. 22–23, 2001–2002, S. 47–72.

Papy, J., *Neostoizismus und Humanismus: Lipsius' neue Lektüre von Seneca in der Manuductio ad Stoicam philosophiam (1604)*, in: ed. G. Boros, *Der Einfluss des Hellenismus auf die Philosophie der frühen Neuzeit*, Wolfenbütteler Forschungen, 108, Wiesbaden 2005, S. 53–80.

Papy, J., *Justus Lipsius über Frieden und Krieg: Humanismus und Neustoizismus zwischen Gelehrtheit und Engagement*, in: N. Brieskorn – M. Riedenauer (Hrsg.), *Suche nach Frieden: Politische Ethik in der Frühen Neuzeit III, Theologie und Frieden*, 26, Stuttgart 2003, S. 155–173.

Roegiers, J., *Justus Lipsius academicus*, in: *Lipsius en Leuven, catalogus van de tentoonstelling in de centrale bibliotheek te Leuven, 18 september–17 oktober 1997*, ed. G. Tournoy, J. Papy en J. De Landtsheer, Supplementa Humanistica Lovaniensia 13, S. 19–31.

Rogge, H.C., *Caspar Janszoon Coolhaes, de voorlooper van Arminius en der Remonstranten*, 2 Bde, Amsterdam 1865.

Saunders, J.L., *Justus Lipsius, The philosophy of renaissance stoicism*, New York 1955.

Schmitt, C.B., Q. Skinner, E. Kessler und J. Kraye, ed., *The Cambridge history of renaissance philosophy*, Cambridge 1988.

Schrijvers, P.H., *Justus Lipsius, Grandeur en misère van het pragmatisme* in: M.F. Fresco e.a., *Voordrachten faculteitendag 1980*, Leiden 1981, S. 43–54.

Schrijvers, P.H., *Literary and philosophical aspects of Lipsius' De Constantia in publicis malis*, in: *Acta conventus Neo-Latini Sanctandreani, Proceedings of the fifth international congress of Neo-Latin studies*, ed. I.D. McFarlane, Medieval and renaissance texts and studies 38, Birmingham, New York 1986, S. 275–282.

Schrijvers, P.H., *Justus Lipsius: over standvastigheid bij algemene rampspoed*, in: *Lampas, tijdschrift voor Nederlandse classici*, 16e jaargang, Muiderberg 1983, pp. 107–128.

Steuer, A., *Die Philosophie des Justus Lipsius* (erster Teil), Münster 1901.

Sué, S., *Justi Lipsii vita illustrata ab Othonio Sperlingio, Une Bibliographie inedité de Juste Lipse 1547–1606*, in: *LIAS* II (1975) 1, S. 71–108.

Thomas, W., *Martin Antonio Delrio and Justus Lipsius*, in: *The world of Justus Lipsius: a contribution towards his intellectual biography, Proceedings of a colloquium held under the auspices of the Belgian Historical Institute in Rome*, ed. M. Laureys e.a., Brussel, Rome 1998, S. 345–366.

Tournoy, G., *Ephemerides Lipsianae*, in: *Lipsius en Leuven, catalogus van de tentoonstelling in de centrale bibliotheek te Leuven, 18 september–17 oktober 1997*, ed. G. Tournoy, J. Papy en J. De Landtsheer, Supplementa Humanistica Lovaniensia 13, S. 1–7.

Vanderhaeghen, F., *Bibliographie Lipsienne, Oeuvres de Juste Lipse I.1, I.2: Oeuvres de Juste Lipse, II: Auteurs latins anciens publiés ou annotés par Juste Lipse. Pièces de Lipse disséminées dans divers ouvrages. Quelques ouvrages concernant Juste Lipse*, Gand 1886–1888.

Verbeke, G., *The presence of Stoicism in medieval thought*, Washington 1983.

Waszink, J.H., *Inventio in Lipsius' Politica: Commonplace books and the shape of political theory*, in: K. Enenkel und C. Heesakkers, *Lipsius in Leiden, studies in the life and works of a great humanist on the occasion of his 450th anniversary*, Voorthuizen 1997, S. 141–162.

Waszink, J.H., *Virtuous deception: the politica and the Wars in the Low Countries and France, 1559–1589*, in: *Iustus Lipsius, Europae Lumen et Columen, Proceedings of the International Colloquium Leuven 17–19 September 1997*, ed. G. Tournoy, J. De Landtsheer und J. Papy, Leuven 1999, S. 248–267.

van Winden, J.C.M., *Stoa en Christendom*, in: Lampas, tijdschrift voor Nederlandse classici, 16e jaargang, Muiderberg 1983, S. 98–105.

Witkam, H.J., *Introductie tot de dagelijkse zaken van de Leidse Universiteit van 1581 tot 1596*, sine loco 1969.

Young, R.V., *Lipsius and Imitation as Educational Technique*, in: *Iustus Lipsius, Europae Lumen et Columen, Proceedings of the International Colloquium Leuven 17–19 September 1997*, ed. G. Tournoy, J. De Landtsheer und J. Papy, Leuven 1999, S. 268–280.

IJsewijn, J., *Justus Lipsius (1547–1606): Verdiensten en betekenis van een groot geleerde*, in: *Lipsius en Leuven, catalogus van de tentoonstelling in de centrale bibliotheek te Leuven, 18 september–17 oktober 1997*, ed. G. Tournoy, J. Papy und J. De Landtsheer, Supplementa Humanistica Lovaniensia 13, S. 9–17.

Wörterbücher und Nachschlagewerke

van der Aa, A.J., K.J.R. van Harderwijk und G.D.J. Schotel e.a., *Biographisch Woordenboek der Nederlanden ...*, 6. Bd., Haarlem 1886.

Bibliotheca Belgica, bibliographie générale des Pays Bas, fondée par Ferdinand van der Haeghen, rééditée sous la direction de Marie-Thérèse Lenger, 3. Bd., Bruxelles 1964.

Grammatici Latini, ed. Henricus Keil, 8 Bde., Leipzig 1855–1870.

Lexicon der lateinischen Zitate, ed. H. Kudla, München 1999.

Lewis, Ch.T., Ch.S. Short, *A Latin Dictionary*, Oxford, 1879.

Liddell, H.G. & R. Scott, *Greek-English Lexicon*, Oxford 1968.

Menge, H., *Langenscheidts Großwörterbuch Latein*, 26. Ed., Berlin, München, Wien usw. 2001.

Otto, A., *Die Sprichwörter und sprichwörterlichen Redensarten der Römer*, Leipzig 1890.

Lexicographi Graeci recogniti et apparatu critico instructi, 9. Bd., ed. E. Bethe, Leipzig 1900.

Bartelink, G.J.M., *Griekse citaten en gezegden*, Zwolle 1993.

The Cambridge History of Renaissance Philosophy, ed. C.B. Schmitt, Q. Skinner, E. Kessler und J. Kraye, Cambridge 1988.

Der kleine Pauly, Lexikon der Antike, 5 Bde., ed. K. Ziegler, W. Sontheimer, München 1979.

Pons Wörterbuch für Schule und Studium, Latein Deutsch, Stuttgart 2007.

Flavii Sosipatri Charisii Ars Grammatica, ed. C. Barwick, F. Kühnert, Leipzig 1964.

Suidae Lexikon, ed. A. Adler, 5 Bde., Leipzig 1928–1938.

Voet, L., *The Platin Press (1555–1589), a bibliography of the works printed and published by Christopher Plantin at Antwerp and Leiden*, 3. Bd., Amsterdam 1981.

Namenregister

Titelregister

Orts- und Länderregister

Völkerregister

Lateinisches Sachenregister

Deutsches Sachenregister